亚洲世纪

世界即将亚洲化

[美] 帕拉格·康纳（Parag Khanna）著
丁喜慧 高嘉旋 译

The Future is Asian

Commerce, Conflict, and Culture in the 21st Century

中信出版集团 | 北京

图书在版编目（CIP）数据

亚洲世纪：世界即将亚洲化 /（美）帕拉格·康纳著；丁喜慧，高嘉旋译 . -- 北京：中信出版社，2019.6

书名原文：The Future is Asian: Commerce, Conflict, and Culture in the 21st Century

ISBN 978-7-5217-0690-1

I. ①亚… II. ①帕… ②丁… III. ①国际形势—研究 IV. ① D5

中国版本图书馆 CIP 数据核字（2019）第 101695 号

亚洲世纪——世界即将亚洲化

著　　者：[美] 帕拉格·康纳
译　　者：丁喜慧　高嘉旋
出版发行：中信出版集团股份有限公司
（北京市朝阳区惠新东街甲 4 号富盛大厦 2 座　邮编　100029）
承 印 者：中国电影出版社印刷厂

开　　本：880mm × 1230mm　1/32　　印　　张：12.5　　字　　数：346 千字
版　　次：2019 年 6 月第 1 版　　印　　次：2019 年 6 月第 1 次印刷
京权图字：01–2019–3774　　广告经营许可证：京朝工商广字第 8087 号
审 图 号：GS（2016）2938 号
书　　号：ISBN 978–7–5217–0690–1
定　　价：59.00 元

目 录

引　言　亚洲优先

亚洲世纪何时始？

亚洲崛起的预言始于200年前的拿破仑，他曾戏称："中国是一头沉睡的雄狮，一旦醒来将震撼世界。"

在近一个世纪之前的1924年，德国将军卡尔·豪斯霍费尔曾预言"太平洋时代"即将到来。但亚洲绝不仅限于环太平洋地区的国家。从地缘上来看，亚洲西起地中海和红海，东至太平洋，横跨欧亚大陆的2/3，共有47个国家，[1]40多亿人口，其中包括14亿中国人。因此，当亚洲各国融为一体时，会比其各部分相加的总和更具影响力，那时便是亚洲世纪开始之时，而现在，各国融合正在进行之中。

当站在2100年回溯历史，我们会发现由亚洲主导的世界秩序始于2017年。2017年5月，第一届"一带一路"国际合作高峰论坛在北京召开。这一次亚非欧国家领导人的聚首标志着人类历史上最大规模的基础设施投资合作计划开始实施。全体在场的领导人达成决议，在未来10年将投资数万亿美元来推动全球人口最密集地区的商业合作和文化交流，这标志着新丝绸之路时代的到来。

“一带一路”倡议是21世纪最重要的外交政策，其重要性和影响力堪比20世纪中叶成立的联合国、世界银行、马歇尔计划这三者的总和，而它们之间的最大不同在于：“一带一路”倡议由亚洲发起，在亚洲建立，由亚洲人领导。

这是一个有关亚洲的故事，讲述了亚洲及亚洲人对21世纪世界产生的影响。

在大部分有文字可考的历史中，亚洲都是世界上最重要的地区。英国经济学家安格斯·麦迪森生前曾说过：“到19世纪中叶为止，按购买力平价计算，中国、印度和日本在过去2 000年里创造的国内生产总值要远超过美国、英国、法国、德国以及意大利的总和。但工业革命之后，西方开始了现代化的进程，开始殖民扩张，并占领了亚洲大部分地区。欧洲主导世界达两个世纪之久，在此之后，因为取得了美西战争的胜利（并由此控制了古巴和菲律宾），并在第一次世界大战中发挥了决定性作用，美国逐渐成为世界大国。

二战之后，西方资本主义强国停止相互侵略，开始建立以西方为中心的世界秩序。这具体体现在，美国不断增长的军事及经济实力，北大西洋公约组织的建立，以及联合国、世界银行、国际货币基金组织和其他国际组织的成立。70年前，尤其在冷战时期，世界各国分属不同阵营，没人知道这些协议和组织能存在多长时间。直至冷战结束之后，西方国家才自信地宣称自由、民主及资本主义制度取得了胜利。20世纪90年代，诸多前苏联成员国加入欧盟和北大西洋公约组织，许多发展中国家也加入了世界贸易组织等机构，这些组织推进了“华盛顿共识”中关于自由贸易和放宽经济管制理论的发展。从那时起，世界秩序才开始在世界范围内运行。西方法律、西方干预、西方货币、西方文化组成了全球议程。

但从2001年的“9·11”恐怖袭击事件，2003年的伊拉克战争，2007—2008年的金融危机，到2016年11月特朗普的成功当选，近20年来的诸多事件都表明西方占统治地位的时代已经过去。失败的阿富汗战争和伊拉克战争，脱节的金融经济与实体经济，笼络俄罗斯和土耳其计划的失败，以及被民粹主义窃取的民主果实，这一系列重大问题都使西方精英群体对自身政治、经济和社会价值观的未来忧心忡忡。同时，西方社会也深受本国问题的困扰，包括累积的负债，严重的不平等现象，政治多极化以及文化战争。美国千禧一代经受着反恐战争、收入的减小、越发尖锐的种族问题、无人管控的枪支暴力以及政治煽动等现实问题，而欧洲青年也被经济紧缩和高失业率困扰，同时还要面对不知民间疾苦的政治家。西方无论是在通信还是医学方面都有领先世界的科技成就，但其民众却没有享受到相应的成果。

在西方为赢得冷战胜利忙得焦头烂额之时，亚洲开始奋起直追。在过去40年里，亚洲在全球经济增长中所占的份额最大，而西方国家，尤其是中产阶级的产业工人却恰恰相反。亚洲的经济增长源自亚洲制造业的发展。[2]在过去20年里长大成人的数十亿亚洲人见证了亚洲稳定的地缘政治、繁荣的经济以及不断增强的民族自豪感。他们所知道的世界已不再由西方主导而是由亚洲主导。1998年，我新加坡的同事马凯硕出版的一本名为《亚洲人会思考吗？》的书，引发了巨大争议。在书中，马凯硕称全球重心已转向亚洲，同时，亚洲和欧洲的学习也是双向的，而不再是亚洲单方面学习欧洲。[3]因为亚洲人已经开始接受共同的世界观，所以我们现在应该探索的不是亚洲人是否会思考，而是他们在思考什么。

亚洲人再一次将自己视为现在及未来世界的中心。亚洲经济圈包括西部的阿拉伯半岛和土耳其，东部的日本和新西兰，北部的俄罗斯以及南部的澳大利亚。①现在，亚洲经济圈占全球国内生产总值的50%，同时占有全球经济增长2/3的份额。[4]世界中产阶级的消费有望在2015—2030年增加到30万亿美元，其中欧洲的中产阶级预计只占1万亿美元，其余的绝大部分都来自亚洲。[5]亚洲无论是生产、出口还是进口、消费的商品数量都超过其他地区，亚洲各国也多与其内部国家（而非欧洲和北美）进行贸易和投资。亚洲拥有几大世界经济体，持有大部分世界外汇储备，经营着许

---

① 在本书中，作者在讨论地缘政治和经济等问题时，将澳大利亚和新西兰放在了亚洲体系中，澳大利亚和新西兰在地理上实际归属于大洋洲。——编者注

多大型银行以及工业、科技公司，同时也坐拥世界上最强大的军队。全球 60% 的人口都分布在亚洲，这是欧洲总人口的 10 倍，北美总人口的 12 倍。随着世界人口逼近 100 亿，亚洲的总人口将永远多于其他洲人口的总和。他们现在拥有了发言权，让我们准备好从亚洲人的角度看世界。

你真的了解亚洲吗?

《国家地理》探险家保罗 · 萨洛佩克为追随早期人类的脚步正在进行长达 10 年的环球徒步旅行。在保罗穿越帕米尔高原时，我遇见了他。可以称作当代马可 · 波罗的保罗已经拥有了文学上的荣誉，他的报道曾两次获得普利策奖。但他现在最宏大的事业就是一项名为“走出伊甸园”的徒步旅行，这绝对是前无古人、后无来者的。保罗已经走过了亚洲的很多地方，但也还有很多地方尚未涉足。当谈到对亚洲的评价时，保罗说：“亚洲地域无边无际且复杂多变，我仿佛置身于一个拼接的微观世界里，不知是何力量将它们松散地连接起来。”这一实在又模糊的描述恰到好处地体现出了亚洲既拥有广袤的土地，各部分又能神奇地保持统一的特性。

大多数人，甚至亚洲人都不了解“亚洲”的字面意思。亚洲拥有广袤的土地和自给自足的文明，近代又一直处在内忧外患之中，因此，如今大多数亚洲人对亚洲的范围以及自己的国家到底在多大程度上属于亚洲持有完全不同的观点。[6] 虽然亚洲是世界上最具多样性的地区，但因为亚洲人有相同的心理基础，相似的审美标准以及一些有别于其他地区的文化关联，各地区也开始渐渐融合。

从幼儿园到军校，学生们都误认为亚洲是一个大陆，但严格来说，亚洲是东起日本海，西至红海的一片广袤区域。[7] 世界上国土面积较大的几个国家有一半位于亚洲，包括俄罗斯①、中国、澳大利亚、印度以及哈萨克斯坦；[8] 人口总数排名前 20 的国家大部分也都在亚洲，包括中国、印度、印度尼西亚（简称印尼）、巴基斯坦、孟加拉国、日本、菲律宾以及越南；按人均拥有的财富来算，世界上最富有的国家有一些也在亚洲，比如卡塔尔和新加坡。但亚洲也有国土面积很小的国家，如马尔代夫和瑙鲁；有人口稀少的国家，如图瓦卢和帕劳；也有非常贫穷的国家，如阿富汗和越南。

首先，亚洲是一个地域符号。我们通常会依据自身喜好创造一些简便但是错误的地理符号。近几十年来，俄罗斯、土耳其、伊朗和高加索地区的国家从文化和外交上都将自己视为西方国家，在联合国与欧洲统一战线。虽然大部分俄罗斯人和澳大利亚人属于欧洲民族，但这并不代表他们不是亚洲人。从种族的角度上看，俄罗斯人和澳大利亚人应该被视作（他们也将自己视作）亚裔白人。许多专家认为“亚洲”等同于“远东”，但我们不能简单地认

---

① 俄罗斯的疆域横跨欧洲与亚洲，在本书中，作者认为俄罗斯日益向亚洲靠拢，因此他视俄罗斯为亚洲国家。——编者注

为亚洲就等于东亚地区，中国毗邻许多没有明确定义的亚洲次区域，因此，我们应该用“东亚”来指代环太平洋地区。毕竟，对美国人来说，将位于美国西部的环太平洋地区称为远东实在太过奇怪。因此，“东方”是指相对方位，而“亚洲”是指地理区域。同样地，人们也经常用“中东”来指代摩洛哥和阿富汗之间的区域，即北非到中亚之间的次区域（甚至半岛电视台的新闻主播也使用“中东”这个术语，因为主播们说的是英语）。虽然北非大部分是阿拉伯人，但埃及以西的那些北非国家与亚洲并无多少关联。将土耳其、伊朗、海湾国家以及这之间的国家称为西亚和西南亚更为合理。比起殖民时代的名称，中立的地域符号总是更有代表性。

亚洲人的亚洲

亚洲各地早在 2 000 多年前便有了贸易往来，但因为文明迥然不同，从地中海、里海到印度河流域，各地区的冲突不断。到 15 世纪时，亚洲已经成为一个西起安纳托利亚，东至中国的外交、经济、文化统一体。但欧洲的殖民入侵迫使亚洲分裂成了许多割裂的地区，经济落后且依附于西方列强，各方面发展都陷入停滞。冷战又进一步将亚洲划分为不同的势力范围。渐渐地，阿拉伯人和土耳其人自称为“中东”，中国和日本则为“远东”。亚洲不再是一个统一的整体。[9]

在后冷战时代，经历了200年的四分五裂后，亚洲开始重新建立统一的体系。这一体系内的国家通过地理位置、外交、战争和贸易相互联系。它们都是独立的主权国家，但在经济和安全问题上相互依赖。联盟、组织、基础设施、贸易、投资、文化和一些其他模式都推进了这一体系的形成。当一些国家不但地理位置相近，而且能在此基础上开展重要合作时，一个体系就诞生了。

正如英国学者巴里·布赞在《世界历史中的国际体系》一书中所说，人类历史在很大程度上是关于不同地区体系的故事。[10] 小规模的体系包括美索不达米亚古老的城邦国家，雅典的提洛同盟以及中国战国时期的诸侯国。相较而言，大蒙古国和大英帝国曾统治着幅员辽阔的地区。近几个世纪以来，全球体系逐渐成形，但全球体系中也包括无数的地区体系，其中以欧洲、北美和亚洲体系最为重要。

现在的欧洲是一体化程度最高的地区体系。二战之后，欧洲国家不但进行重建，而且通过建立欧洲煤钢共同体结成了重要的行业联合体。在成立之初，欧洲煤钢共同体只有6个成员国，其中还包括法国和德国这一对竞争对手，没人能想到，它能扩大成现在拥有近30个成员国的超国家机构，各成员国拥有共同的货币，甚至实行军事一体化。现在，作为一个体系的欧洲远比作为一个地区的欧洲强大。

北美的一体化程度仅次于欧洲。美国、加拿大和墨西哥既是战略伙伴，也是各自首要的贸易对象。[11] 目前三国之间的边境贸易非常发达。虽然有 20 多年历史的《北美自由贸易协定》正在重新进行商议，但即使没有这一协定，这一区域也会在更加广泛和有效的经济、人口、文化以及其他方面的合作中成立北美联盟。

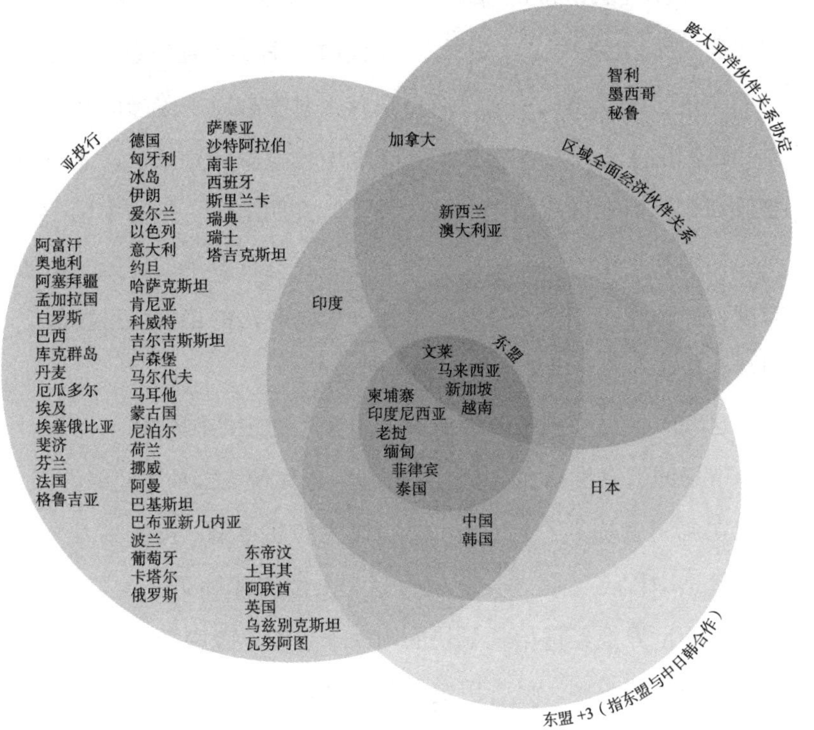

图 0–1 亚洲建立的外交体系

为推进合作，并对国家和地区间的贸易、基础设施建设和资本流动进行调整和管理，亚洲各国迅速成立了外交机构。亚洲基础设施投资银行（简称亚投行）的成员已有 97 个，同时，无论是以国内生产总值还是贸易总额来计算，区域全面经济伙伴关系都将涵盖世界最大的自由贸易区。

尽管亚洲幅员辽阔，文化复杂多样，各国之间不甚明朗的历史和文化联系，但最终却演变成了经济上深刻的相互依赖，并进一步达成了战略合作。日本学者及记者船桥洋一 1993 年在《外交事务》（*Foreign Affairs*）杂志上发表了一篇关于“亚洲的亚洲化”的文章，预见性极强。[12] 船桥洋一谈到了一种新的地域意识，即不再关注过去的反殖民主义，而是积极应对冷战以来美国的必胜主义和欧洲的单一市场。他指出，在全球化竞争的背景下，亚洲需要亚洲化。而亚洲化始于一些“筷子”文明地区，例如中国、日本、韩国和越南，最终会扩展到一些正在进行改革的国家，比如印度。船桥洋一相信，经济的增长、地缘政治的稳定、科技的应用都会让亚洲人对世界秩序持有不同观点。

这一时代已经到来。工业资本主义、稳定的国内环境以及对国际市场的追寻推动了欧洲国家崛起，也促使美国成为超级大国，而现在亚洲也具备了上述条件。在过去的几年里，按购买力平价来计算，中国已经超过美国成为第一大经济体和第一大贸易体，印度成为世界上经济增长最快的国家。东南亚吸引的外资投资总额超过印度和中国。尽管历史上曾关系紧张，但目前亚洲各大国之间的关系总体稳定。它们也成立了共同的组织，例如亚洲开发银行、东盟地区论坛、东亚共同体、区域全面经济伙伴关系和亚投行，旨在促进国家间商品、服务、资本和劳动力的流通，同时为跨境经济合作区的建设引入了数万亿资金。美国赢得冷战胜利，并主导亚洲秩序近 25 年，而现在，几乎上述所有的组织都将美国排除在外。

看到东亚和南亚崛起的西亚也开始重新审视其在亚洲的版图。作为一位老练的印度公务员和外交官，我的祖父一直将海湾国家称为“西亚”，而非“中东”。这似乎也更加恰当，因为海湾国家的石油大都出口到亚洲其他区域，而非西方世界。[13] 事实上，阿拉伯地区的石油产出国在20世纪90年代末也曾用对待欧洲和美国的方法来应对亚洲石油短缺大国对石油的需求——与其签订长期合约。东亚和南亚的经济增长速度领跑全球，西亚也开始借鉴东亚和南亚的经验，调整它们的策略，而伊拉克、阿富汗和其他经济落后的亚洲国家也不再是美国的附庸，它们开始在亚洲体系内规划自己的未来。

这些觉醒的亚洲国家开始融合。2014年，中国国家主席习近平在上海亚信峰会上指出：“亚洲的事情，归根结底要靠亚洲人民办。亚洲的问题，归根结底要靠亚洲人民来处理。亚洲的安全，归根结底要靠亚洲人民来维护。”[14] 虽然其他国家的领导人也担心中国的飞速增长会带来威胁，但他们都赞同此观点，亚洲的规则应该由亚洲人自己设立。任何一个亚洲国家都会首先考虑自己的国家利益而非为美国做事，即使是美国的同盟国如日本、韩国、沙特阿拉伯也是如此，这就好像亚洲人也在说着“亚洲优先”。美国总统特朗普的“美国优先”已经成为一个口号，意指美国经济受到影响，主要原因是亚洲经济体对美国有巨大的贸易顺差。亚洲人也想确保国际规则能让自身受益而非受损。

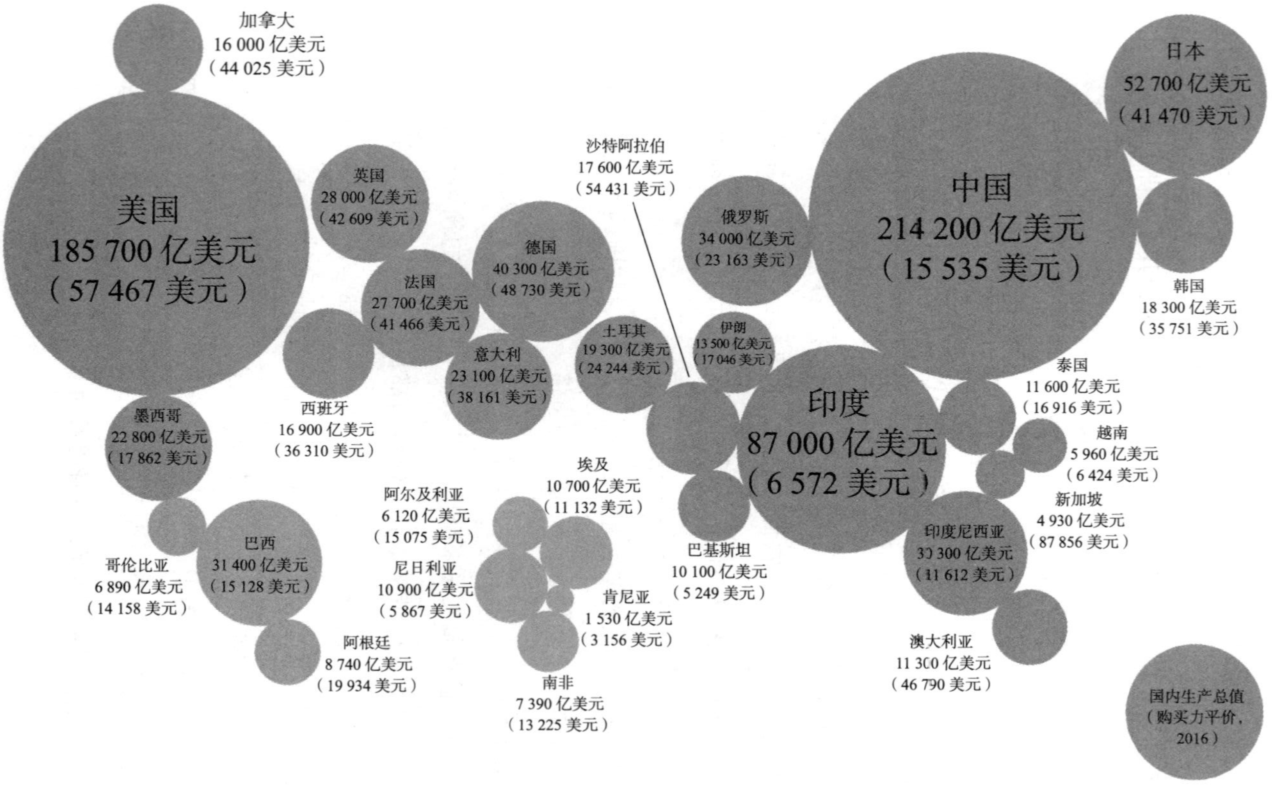

图 0–2　除国内生产总值，还需考虑购买力平价

亚洲人能以相对低廉的价格购买亚洲产品，以购买力平价计算，中国早已超越美国成为世界第一大经济体，而亚洲的国民生产总值约占全球国民生产总值的一半。亚洲各国之间的贸易往来越频繁，其商品价格便越低廉。

然而，西方与亚洲的世界观大不相同。许多西方评论家认为当今的地缘政治格局是“无序”的，他们认为西方制定的错误政策是西方影响力下滑的原因，但只要美国和欧洲再度联手，西方国家将会重回巅峰。而亚洲人视自身的崛起为历史的必然，完全没有考虑美国和欧洲的因素。与其说无序，不如说现在正在建立亚洲主导的世界秩序，并影响着全球大部分人口。

这不是说亚洲就不再有冲突。世界大部分的地缘政治冲突点都在亚洲，像是逊尼派掌权的沙特阿拉伯和什叶派掌权的伊朗之间的冲突，朝鲜半岛的纷争，还有中国与印度、越南和日本都有领土和海洋争端。阿拉伯国家和以色列正准备对叙利亚的俄罗斯和伊朗军队发起进攻，而不堪一击的伊拉克则进退两难。矛盾的是，相比来自外部的制约，邻国之间的冲突有利于建立统一的体系。战争和贸易、外交一样都是体系的一部分，摩擦证明了体系内的各国无论是作为盟友还是对手，对彼此而言都十分重要。历史上，欧洲各国也是在二战后才建立了欧盟。因此，亚洲过去、现在和将来的战争以及战争的平息都是建立亚洲体系的必要过程。

虽然冲突很多，但近几十年来，亚洲总体保持稳定。亚洲三大强国——中国、印度和日本都在军队上投入了大量资金，能够直接在陆地上和海上进行小规模战斗。但是它们也尽力避免争执，以免造成不可挽回的后果。美国仍在协助其同盟国阻碍中国发展，日本、印度、澳大利亚、越南等亚洲的国家也开始增进联系以对抗中国。同时，新成立的组织也通过邻国和竞争对手抑制中国的发展。卷入这一博弈的亚洲国家越多，亚洲体系就会变得更加有活力也更加复杂。

多个亚洲国家之间持续性的“对冲战略”是亚洲外交体系得以自下而上形成的条件。亚洲体系没有也不会有欧洲体系如此正式的规则。亚洲体系没有超越国家权限的亚洲议会、中央银行或军队，澳大利亚前总理凯文·拉德曾一针见血地说道，亚洲没有“亚洲联盟”。[15] 相反，亚洲统一的方法是互补和搁置争议，从根本上说，亚洲人追求的不是征服而是尊重，充分尊重彼此国家的利益就足够了。

但是，欧洲战后几十年的做法提醒我们，要想形成稳定体系，最重要的是政治精英、商人、学者、智库、记者、体育俱乐部、青年组织和其他团体的社会化。在很长一段时间里，亚洲人都因为历史原因对邻国有抵触情绪。虽然现在各国之间的猜忌和消极成见仍然存在，尤其是印度人和巴基斯坦人，中国人和日本人，沙特阿拉伯人和伊朗人，但亚洲人正通过外交、商业、旅游业、学生交换和区域传媒更好地相互了解。无论是从半岛电视台还是中央电视台的节目中都可以看出，亚洲年轻人十分了解其他的亚洲国家，也更能接受他们的亚洲特性。渐渐地，观念会转变，利益会一致，政策会改变，合作会深化。亚洲各国之间的交流越多，它们越能更加自信地一同解决问题。

亚洲在全球秩序中的位置

2017年秋，德国总统弗兰克-瓦尔特·施泰因迈尔邀请我参加有关西方文明未来的电视讨论。讨论伊始，总统便问我一个问题："亚洲人对此有何看法？"我的回答是，亚洲人的看法是历史未曾结束，只是回到了原来的位置。人口众多，经济体量庞大的亚洲已经飞速实现了现代化，主要大国之间能保持稳定，同时它们的领导人也知道如何应对复杂的世界。沾沾自喜的西方精英群体混淆了现实环境与思想观点，虽然观点无法反映事实，但仍能让西方精英们自鸣得意。但思想竞争不应脱离现实，而应立足在思想对现实世界的影响之上。

在过去30年里，重大的地缘政治变革不断出现：苏联的解体，欧盟的巩固，中国的崛起，美国的页岩能源革命以及目前亚洲体系的诞生。全球秩序关乎权力的分配及管理。目前西方自由主义国际秩序的影响力衰微，由此可知，全球秩序的核心并非一定是一个国家或一系列价值观，新兴全球秩序的基础是美国、欧洲和亚洲体系的集合体。每一个体系都为全球提供了重要的服务，例如军事保护、金融投资以及基础设施建设。我们生活的年代不再是一国崛起伴随一国衰落，而是第一次出现了美欧亚三足鼎立，实现了真正多极化、多元文明的世界秩序。亚洲不是要取代而是想改变美国及西方国家。

如果要感慨世界秩序重组速度之快，不如想想二战后发生的种种。美国接过战时同盟英国的重担，在冷战时为欧洲提供安全保护以助其重建。现在的欧盟是比美国更大的经济体，在国际贸易中发挥着更大的作用，同时也能够输出更多资本。美国也在冷战中为日本和韩国提供安全保护，助其经济实现腾飞。经济全球化自20世纪70年代起飞速发展，中国利用美国主导的全球贸易体系取代日本成为亚洲第一大经济体，中国贸易伙伴的数量是美国的两倍。虽然苏联的解体使美国成为世界上唯一一个超级大国，自20世纪90年代至21世纪头10年是“一超多强”的时代，但这也仅是昙花一现。美国的神话在战争的失败和金融危机中破灭，与此同时，欧洲和亚洲现在也开始摆脱美国的控制，自己发号施令。欧洲和亚洲之间的贸易量远超过它们任何一个与美国的贸易量。许多欧洲和亚洲国家都认为“一带一路”倡议能够促进欧亚大陆的经济发展，因为美国是局外人，所以它们都不在乎美国对“一带一路”倡议的怀疑态度。曾经作为国际秩序基础的跨大西洋关系已成为过去时，但还弥漫着一股令人不安的怀旧情绪，就像是你向前开着车，却看着车的后视镜。全球地缘政治易主的速度之快令人瞠目结舌。

作为目前重塑世界秩序的主要力量，亚洲正在建立以自我为中心，横跨印度洋，直达非洲的经济和外交体系，重新调整对美国和欧洲的经济策略，同时将亚洲的政治和社会准则宣扬到全世界。地缘政治预测家喜欢制定出一份一目了然的权力等级排名，且永远只关心权力最大的国家。简单地比较静态指标并不能衡量权力的大小。美国仍是世界上最重要的军事大国和能源生产国，同时也拥有最广阔的金融市场。欧洲仍在市场规模、民主制度和人民生活水平方面领先世界。总体上，亚洲人，尤其是中国人在全世界人口中占比最大，拥有最大规模的军队和最高的储蓄率，同时拥有最多的外汇储备。美欧亚的权力类型不同、数量不同、范围不同，所以无法判断谁是老大。

有趣的是，中国的崛起并不像“一超多强”时代有那么大的意义。几十年来，美国都是世界上最大的经济体且拥有最强大的军事实力。美国保护着全球公共资源，成为最终的消费者，同时也拥有着世界上唯一的国际货币。而现在，美国、欧盟和中国的国内生产总值都超过 10 万亿美元，而十几个其他国家的国内生产总值的总和才超过 1 万亿美元。许多国家都具备独自或联合其他国家保护本国主权的军事实力。中国是超级大国，但中国的崛起证明了世界的多极化，中国不想借此取代任何国家。

同样重要的是，亚洲内部如同整个世界一般，也是多极化的格局。日本曾经是亚洲最有影响力的国家，但现在变成了中国。印度的人口更加年轻化，人口总量很快就会超过中国。俄罗斯和伊朗也开始大显身手。塞缪尔·亨廷顿在其所著的《文明的冲突》中讲道，世界上大部分的文化区都在亚洲，如印度文明、佛教文明、中华文明、伊斯兰文明和日本文明，还有大部分的东正教地区。这其中任何一个文明都不曾长时间统治另外几个文明，亚洲体系也不曾成为亚洲集团。相反，许多亚洲子区域在大部分历史时间里都能保持稳定，保持流动性而非阶级性。因此，无论是在全世界或是在亚洲，都不存在中国的单极化，亚洲人比美国人更能接受世界多极化这一概念。自近代以来，美国人的大多数学术理论一直都在追求以美国为首的单极化世界秩序。但世界多极化的程度越高，全球的未来便与亚洲的过去越发相似。

全面认识亚洲

是时候全面感受亚洲的活力了。亚洲人不必为自己的历史和现实正名、解释或道歉，想象一下，若将西方人放在这样一个尴尬的处境——40 多亿亚洲人根本不关心西方人的想法，反而要西方人主动与亚洲人拉近关系，会怎么样呢?

美国人逐渐开始重视存在于美国与亚洲之间的、漫长且复杂的反馈回路。美国将工作外包给亚洲，同时美国的产业基础也不断瓦解，这些是美国工人阶级失望的主要原因，也是特朗普入主白宫的主要推力。成千上万的美国军人冒着生命危险驻扎在伊拉克、叙利亚和阿富汗，还有更多驻扎在日本和韩国。亚洲现在是美国能源的主要输出地，2011—2016 年，美国跨太平洋的石油出口量增加了 5 倍，主要是出口到中国。事实上，如果不是不断增加的石油出口量，美国对亚洲的贸易逆差会更加巨大。这些事实都使美国人很难将重心转向国内问题。

虽然美国最大的战略问题在于亚洲，但亚洲也想像北美那样高度自给自足。美国销售给沙特阿拉伯、印度和日本的武器数量急剧增加，但韩国等部分亚洲国家的国防开支有很大一部分用于减少对美国的依赖。亚洲各国一边努力从北极、俄罗斯、中亚和非洲地区获取更多的能源，一边投资开发天然气、核能、太阳能、风能、生物质能等可替代能源和可再生能源。美元仍是世界上主要的储备货币，但亚洲人开始使用本国货币进行贸易，同时减少美元储备。亚马逊和苹果等美国公司主要依赖在亚洲的销售额获取利润，但亚洲的监管部门和企业会不惜一切代价在亚洲和世界上占有更大的市场份额。

这些例子反映出亚洲人视美国为服务提供商而非霸主。美国的武器、资本、石油和技术都在全球市场上占有一席之地。美国是供应商而亚洲是其最大的消费者和竞争者。曾经有一段时间，美国是武器、资本和科技的唯一提供者，但亚洲人逐渐开始自给自足，美国远没有它自己想象的那么重要。

要想从亚洲人的角度看待世界需要改变几十年来刻意养成的、对亚洲视而不见的习惯。西方人经常曲解亚洲人的观点，认为亚洲人只会渲染根深蒂固的传统西方叙事。但现在，西方代表世界潮流的观点很快就会不攻自破。事实上，“全球经济危机”并未影响全球：亚洲的经济仍不断增长，且几乎囊括了世界上所有发展最为迅速的经济体。据报道，2018 年全球经济增长最快的国家分别是印度、中国、印度尼西亚、马来西亚和乌兹别克斯坦。亚洲持续施行了被美国和欧洲放弃的经济刺激措施和超低利息率。同样，从英国脱欧到特朗普当选，英国和美国的民粹主义政治并未波及亚洲，因为亚洲政府十分务实，将重心放在包容性增长和社会凝聚力上。美国和欧洲故步自封，亚洲却开放进取。与回忆过去、自怨自艾、消极悲观相比，无数的亚洲人选择放眼未来、开放融合、积极进取。

这些盲点的出现通常是因为各国在对外分析时只关心美国而忽略亚洲。各国在分析时直接假定亚洲（实际上是除美国以外的所有国家）战略发展迟缓，无法独立做出决策，只能等待美国的指示。但从亚洲人的角度来看，美国在过去 20 年里经历了小布什政府的无所作为，奥巴马政府的半心半意以及特朗普政府的不可预测。美国将“伊斯兰国”、伊朗、朝鲜和中国视为潜在威胁，说明其将重点放在亚洲，但又不曾制定全面解决问题的战略。美国人用“印太战略”应对中国的“一带一路”倡议，事实上，美国没有意识到亚洲的陆地和海洋之间有着千丝万缕的联系。鉴于亚美之间的差异，亚洲人已经意识到，相邻地区远比美国不切实际的承诺更切实际。我们能从中获取的教训是：美国是太平洋强权国家，在亚洲海洋中也占有重要地位，但不是亚洲强国。

西方对亚洲最大的误解是亚洲完全以中国为中心。地缘政治预测家一直在寻找“最强国”，许多人掉入了“两国集团”的陷阱之中，认为美国和中国在竞争世界霸主的地位。但无论是全世界还是亚洲都不是中国的天下，和谐的全球体系也不受中国的儒家法则统治。虽然与邻国相比，中国目前可以行使更大的权力，但其人口数量渐趋稳定，预计将在2030年达到峰值。亚洲40多亿人口中，有近30亿不是中国人。中国庞大的债务、令人担忧的人口问题以及国内市场的激烈竞争，都使全球更青睐人口更多且更年轻的其他亚洲次区域，因为较中国而言，这些区域的市场能吸纳更多西方产品。现在总体情况是：中国的人口只占亚洲的1/3左右，其国内生产总值占亚洲生产总值不到一半，投资方面，中国仅占约半数的对外投资以及少于半数的对内投资。因此，亚洲绝不仅仅是“中国加其他国家”。

亚洲的未来绝不仅是由中国决定的。中国在历史上不曾是殖民国家，与美国不同，中国十分注重外部因素，它需要的是国外的资源和市场，而非国外的殖民地。中国对中国南海、阿富汗和东非的战略是为了保护四通八达的全球补给线，在全球进行基础设施建设的宏伟战略以及大规模投资替代能源都是为了减少对国外供应商的依赖。中国发起“一带一路”倡议不是为了统治亚洲，而是提醒世人中国的过去和未来都深深地根植于亚洲。西方质疑中国发起的“一带一路”倡议，但“一带一路”倡议事实上加速了周边国家的现代化和经济增长，正如美国在冷战时期对欧洲和亚洲同盟国的帮助一样。

放眼未来，亚洲的面貌将变得更加清晰。与历史上的大部分时间相同，亚洲是一个多极化的地区，拥有无数独立于西方但又能和谐共生的优秀文明。虽然人们更愿意看到西方再度富有自信心和活力，但这并不会影响亚洲的复兴。亚洲的崛起是结构性的而非周期性的。还有很多傲慢无知的英国人和美国人坚信随着中国经济增长放缓，亚洲经济也会受到冲击，甚至在民族主义的影响下会面临崩盘，这些观点毫无逻辑且漏洞百出。亚洲国家一边吸取别国成功的经验教训，一边利用不断积累的财富和自信扩大在全世界的影响力。亚洲的亚洲化只是世界的亚洲化的第一步。

世界的亚洲化

世界上大部分国家都受到 19 世纪欧洲化和 20 世纪美国化的影响，主要包括欧洲殖民地的划分及管理，美国的军事侵略或军事援助，与美元挂钩的货币、美国软件和社交媒体等。无数人都与西方建立了个人和心理联系。他们以英语或法语为第一或第二语言，亲属在美国、加拿大或英国，会为英超联赛的足球队呐喊助威，从来不错过任何一部由喜爱的好莱坞明星主演的电影，同时还知道美国总统政治的来龙去脉。

21 世纪，亚洲化在世界文明中的兴起犹如地理学中最新的沉积层的形成。受到欧洲和美国的影响，亚洲化也有多种形式，但普遍形式是向中国销售商品，从印度雇用软件工程师，从沙特阿拉伯购买石油，去日本或印度尼西亚度假，从菲律宾招募护士，在韩国招募施工队，在阿拉伯联合酋长国（简称阿联酋）做学徒，等等。因为有很多免签证特权，亚洲人走遍世界都不怕。在恒理环球顾问事务所颁布的“最强大护照”排行榜中，新加坡和日本超过德国名列前茅，韩国的排名也胜过绝大多数欧洲国家，马来西亚的护照也比许多欧洲国家的护照更加有用。亚洲化的新形式正悄然融入人们的身份和日常生活。纵观世界，学生们学习中文和日语，企业家在亚洲大都市创办企业，游客们涌入阿曼和菲律宾的沙滩，印度人和泰国人之间的联姻也更加常见，越来越多的年轻人信仰伊斯兰教，电影院也开始放映宝莱坞电影。

亚洲人的行为准则正在全世界传播。各国政府也正在通过更有力的手段强化经济建设的中心地位。民主冲动和技术治理也达到了微妙的平衡。西方社会在鼓吹权利的同时也谈及责任，西方官员、商人、记者、学者和学生都在亚洲游历，寻找建设大规模的和世界级的基础设施及未来城市的秘诀，研究亚洲各国政府如何利用现实情况和数据来发展产学结合，同时还调查社会政策如何促进民族团结。在许多方面，不是亚洲人学习西方人，而是西方人在向亚洲人学习。其实，这一范式的转变从新加坡国立大学李光耀公共政策学院旗舰出版物的名称便可以看出——《全球化的亚洲》。

同时，亚洲化的强化并不意味着美国化和欧洲化的削弱，亚洲化就像是为已经上色的油画添彩。伟大的英国历史学家汤因比曾说过，文明不仅仅是相互替代，否认对方思想并取代其已成体系的意识形态。在此种精神的引领下，亚洲化从过去借鉴了很多东西并在此基础上将其发扬光大。19 世纪的欧洲化创造出经济殖民地、当代政府机构以及自由主义启蒙哲学。这些又反过来推进了民族主义的兴起，各殖民地掀起了独立运动，其中以后来成为世界强国的美国最为激进。20 世纪的美国化设立了联合国等正式的多边组织来推进民主自决，通过全球贸易和投资协定促进了资本主义和工业化的发展，同时保障贸易自由不受侵犯。亚洲化批判性地吸收了前人的观点，推行新重商主义的产业政策，而非欧美的自由资本主义，即政府与企业结合，共同谋取最大的商业份额。亚洲也奉行官僚主义及多边关系，但最近由亚洲主导的组织既是西方组织的合作者又是其竞争者。许多亚洲国家都继承了西方的议会制，但在此基础上又增加了技术统治以追求社会福利。亚洲化不是要替代过去的一切，而是对其进行补充和修正。

历史的车轮滚滚前进，不会有哪一种模式完全取代另一种模式。相反，亚洲规范一边取代西方规范，一边融合西方规范以创造出全球规范。一些西方的规范仍在全球生活中占据中心地位，尤其是英语、资本主义、对科学人才以及技术突破的追求。但久而久之，西方其他方面的影响力将消散，例如对美国式民主和难以为继的消费主义的追求，现在的问题不是谁会主导世界秩序，而是亚洲将以何种方式重塑影响我们每个人的世界秩序。

同几个世纪前的西方化一般，亚洲化目前尚在萌芽阶段。就像没有人可以预见欧洲对亚洲及环大西洋国家实行经济扩张，或美国加入一战一样，亚洲化的结果有不可预见性。无论是 19 世纪的欧洲化、20 世纪的美国化还是现在的亚洲化都是一把双刃剑。与无数人对美国化的观点一样，你可能对全球的亚洲化也持矛盾态度。但众所周知，美国成功地重塑了世界，而亚洲也在追随美国的脚步。所有人都对自身欧洲化和美国化的程度了如指掌，现在我们也在试着了解自身亚洲化的程度。你有多亚洲化?

过去的40年里，我见证了全球亚洲化的开端。我出生于印度，20世纪70年代，我跟随全家移民到阿联酋，无数支持阿拉伯石油开发的印度人和巴基斯坦人也来到了这里。然后，在10年间，纽约一个小城镇上的印度裔美国家庭从我们一家增加到几十家。在大学时，我看到越来越多的亚洲学生在研究亚洲，并在学校活动中展现自己的文化自豪感。甚至越来越多的亚洲人在美国华盛顿的智库和外交政策的制定过程中扮演着主要角色。在柏林、日内瓦和伦敦工作时，我在学术界和日常生活中接触到的亚洲人也越来越多。现在我在新加坡定居，作为一个大熔炉，新加坡不仅能充分包容过去的欧洲化和美国化，也能包容现在及未来的亚洲化。

我也见证了世界需要重新认识亚洲的紧迫性。无论是叙利亚、伊朗、中国还是朝鲜，亚洲占据了西方各大新闻的头条，但西方的政策制定者和民众缺少对亚洲历史的了解。多年来，亚洲的经济政策正在重塑美国产业，但即使这些政策是美国政治的中心议题，美国的国家领导人也无法完全理解美国和亚洲经济体系之间动态的反馈回路。美国和欧洲的公司都十分重视中国市场，但对中国人的喜好一无所知，甚至对余下的近30亿亚洲人也知之甚少，要知道，这可是西方人新的目标市场。同时，亚洲人自身的知识差距也十分巨大。中国正在亚洲进行成百上千亿美元的投资，一些地区积极欢迎，但另一些地区却表示反对，这使得中国也不确定下一步该如何进行。与亚洲利益交错的印度人、阿拉伯人、土耳其人和波斯人也要应对陌生的政治和社会体系。我们到底遗忘了多少？几个世纪以来，亚洲国家通过丝绸之路进行交流合作并互相理解，而西方通过殖民主义也发现并吸收了亚洲文化。那么，在探寻亚洲的未来之前，先让我们回忆一下亚洲的过去。

第一章　亚洲视角下的世界史

西方国家的历史书通常在开篇就会讲到美索不达米亚文明和埃及文明，随后是希腊和罗马，中世纪和文艺复兴，哥伦布和哥白尼，拿破仑和启蒙运动，英国殖民主义和美国的独立，其中还夹杂着两次世界大战。随着学生学习的不断深入，课程会更深入地讲述古代史、中世纪史和近代史，这就出现了更多戏剧性的人物和事件：恺撒和克娄巴特拉[①]，神圣罗马帝国和黑死病，马丁·路德和路易十四，奴隶贸易和工业革命，维也纳会议和克里米亚战争，罗斯福和斯大林，然后便进入了社会研究的领域。

总的来说，在西方的历史叙事中，非西方社会只被提及曾经与西方有接触。毕竟，蒙古人确实在 1241 年跨过维也纳的边界。但即使在大学修过历史课之后，西方人也未必了解释迦牟尼和孔子的生活年代和生平，莫卧儿帝国的遗产，中国明朝的海洋探险以及亚洲的其他历史遗产。欧洲诸国曾于 15—20 世纪在全球进行殖民统治，所以欧洲人比美国人更了解国外。然而，虽然殖民史在西方历史中占据重要地位，但西方人在讲课时并不会涉及过多。

① 克娄巴特拉，古埃及托勒密王朝最后一任女法老，俗称埃及艳后。——编者注

当然，亚洲的历史书也主要描述自己国家和文明的历史，而少有对埃及史和希腊史的叙述。此外，日本和韩国同欧洲一样，它们的史书喜欢掩盖或直接省略侵略别国或犯下罪行的部分。但因为西方对亚洲的殖民统治，亚洲历史与西方息息相关。

西方和东方之间联系密切，因而公正地记录世界历史就十分重要。但塞巴斯蒂安·康拉德在《全球史是什么》一书中提到，欧洲中心主义和民族中心主义的历史观仍占主导地位，这削弱了非欧洲文明的影响力，同时也放缓了全球进程，例如将世界联系起来的资本主义。[1]全球史的实质是描述当今不同文化的共同发展，理解它们的相互影响。要记住，现在的历史和未来的规则都由胜利者书写，而亚洲正在朝这个方向努力。如果亚洲的优势继续发展，亚洲人将自己书写西方历史的空白。亚洲人如何看待自己的历史呢？

古代亚洲：文明的曙光

众所周知，人类文明起源于西亚。在美索不达米亚和小亚细亚（安纳托利亚），新石器时代的人类制造出简单的农具，从狩猎采集氏族转向更加稳定的农业集体，并开始驯养马和狗之类的家畜。黎凡特东部地区的纳图夫人便是狩猎采集者，他们在大约 1.5 万年前就开始碾碎小麦制作面包。在比布鲁斯、阿勒颇和杰里科发现的防御工事表明，公元前 7000 年就有人在此定居，这三个城市是世界上最早有人居住的城市。考古人员在如今的土耳其发现了哥贝克力和恰塔霍裕克遗址，并出土了有图案的瓷器、排列整齐的砖瓦房甚至还有宗教图案。公元前 3800 年，底格里斯河和幼发拉底河孕育了苏美尔城邦乌尔、基什和巴比伦。

东亚的史前文明也十分繁盛。公元前 6000 年，农业在东南亚已十分盛行，古代日本和中国在这一时期也已开始发展农业。在青铜时代，印度河流域的哈拉帕和摩亨佐－达罗（位于今巴基斯坦）是古印度文明的代表，那里有宽阔的街道、浴场、下水道和水库。印度人信奉多神，其中包括女神夏克提。约公元前 1800 年，中亚的雅利安人移民至此。印度－雅利安文明向南影响了恒河平原上的文明。恒河平原的生活传统和社会结构都记录在《吠陀经》的梵文赞歌中，而《吠陀经》也是印度教的基础。

青铜时代中期，也就是约公元前 2300 年，强盛的阿卡德帝国攻占了苏美尔人的城邦，后来又被亚述帝国取代，亚述帝国统治着更广阔的领土，征服了位于安纳托利亚的邻邦——赫梯帝国，后者拥有制造工具和武器的钢铁冶炼技术。亚述帝国和在汉谟拉比统治下的古巴比伦王国形成了规范社会生活的法律体系，以及复杂的社会分工。它们也开始与埃及进行外交和贸易，向其销售橄榄油、红酒、雪松和用于制作木乃伊的树脂。公元前 667 年，亚述帝国征服了埃及，埃及的金字塔时代到此结束。

亚洲文明在各方面都有先进性。公元前 1500 年，航海业发达的黎凡特腓尼基人发明了字母，这些字母记录在埃及的莎草纸上，同时，其地中海主要的贸易伙伴希腊，也采用了这些字母。就内陆地区来说，在里海附近，掌握了骑兵战术的游牧民族斯基泰人攻占了中亚的草原，并袭击了当地的米底人（这一战争发生在现在的伊朗），同时，他们与希腊、波斯、印度的贸易自公元前8世纪起就十分频繁。

这些陆路贸易和文化的影响力远及中国，公元前1000年，中国巩固了其在长江流域的统治。夏、商、周三个朝代在纵横与征战中逐渐丰富了中华文明，也同化了西部边界上的戎蛮。同时，周朝也开始与西伯利亚南部的游牧民族以及定居的巴克特里亚人进行贸易，当时的巴克特里亚人广泛使用单轴战车。西周首创了“中国”（即“中央的王国”）这个词，用以区分西周王朝、诸侯国和北部平原上有权势的封地。周朝人所著《易经》将人类行为与自然界的周期性运动联系了起来。[2]

3 000年前，无论是地中海沿岸的国家还是中国都不再通过贸易、冲突和文化的方式进行交流，而是诉诸武力、进行扩张。约公元前550年，游牧民族阿契美尼德人通过占领斯基泰人所在的波斯地区建立了古代疆域最为广阔的帝国，西起巴尔干半岛东至印度河流域。其国王居鲁士下令修建的皇家大道从苏萨绵延至安纳托利亚西部的萨里斯，全程1 700英里①。驿使骑马走完大道只需7天，在当时是最快的交通方式。居鲁士和大流士缔造了很多富足

① 1英里≈1.609千米。——编者注

的城市，如都城波斯波利斯，地中海人对此十分嫉妒。（希腊历史学家希罗多德认为波斯包括现在大部分的亚洲地区。）阿契美尼德人与南亚人有很多相同点：其一，他们都说梵文；其二，社会阶层皆依次为祭司、统治者、战士、农民。阿契美尼德人信奉的琐罗亚斯德教①是一神教，对当地的宗教，如处于美索不达米亚和尼罗河之间，在地中海东部海岸的犹太人的宗教信仰有深刻影响。

公元前6世纪中叶，印度是新宗教运动的中心。恒河平原东部地区（今天印度的比哈尔邦及尼泊尔南部和孟加拉国西部）的古代王朝十分兴盛，与印度–雅利安人所在的北方迥异。乔达摩·悉达多在摩揭陀国拒绝追随象征永恒秩序和法律的印度教达摩，成为苦行僧，在菩提伽耶开悟并在鹿野苑传教。佛陀涅槃不久，第一次佛教结集会就在摩揭陀国都城王舍城召开。[3]

现在谈谈古代中国。周朝发达的农业得益于冶铁技术的发展，而水坝、堤坝、运河等水利设施则使得长江上游的水可被用于灌溉。周朝还应用了十进制计数和先进的丝织技术。战国时期动荡不堪，但“百家争鸣”却十分辉煌。军事理论家孙子著作的《孙子兵法》中囊括了很多谍战和军事技巧，而圣人墨子、孟子和孔子的哲学思想则对社会价值观产生了深远影响，自然哲学流派道家也应运而生，揭示了阴阳对立统一的关系。

---

① 琐罗亚斯德教，在古代波斯及中亚等地广为信奉的宗教，古代中国称其为祆教或拜火教，对后来的犹太教、基督教、伊斯兰教、佛教都有深远影响。——编者注

公元前221年，秦朝创立，社会重归稳定。秦始皇统一六国，统一了语言、度量衡、货币和税收制度并实施了人口普查。为了对抗西部的匈奴，秦始皇下令修建长城，同时，在击败了东部和南部的敌人之后，秦人又跨过鸭绿江，在朝鲜半岛击败了古朝鲜。而后，秦人和朝鲜人又都穿过对马海峡到达日本九州岛，日本弥生时代已经有了与众不同的陶瓷、青铜钟、神道教以及万物有灵的信仰体系。秦人将秦朝的手稿和文字传播到日本，成为日本和其他东亚国家的语言基础。中国古代中部地区的汉人也大规模移民至越南北部，在那里，原为秦朝将军的赵佗创建了南越国，疆域包括现在的云南、广西和广东。

公元前207年，秦二世驾崩，秦朝四分五裂。而后，更强大的汉朝建立，标志着一个动荡年代的结束。在汉朝，儒学被奉为正统，是所有皇家官僚集团的必修课，尤其是在汉武帝统治的50多年时间里，汉朝从分裂走向统一，在征服南越国之后，更是如虎添翼。汉朝势力强大，可以将性烈如火的匈奴人变为汉朝子民，其疆域由富饶的河西走廊扩张到塔里木盆地，直到帕米尔高原。同时，汉朝还通过陆路和海路与印度、锡兰[①]、埃及和罗马开展贸易，建立了稳定的亚洲贸易体系。

汉朝西征，将位于今天新疆的游牧民族月氏驱赶至喀喇昆仑山脉和帕米尔高原，在那里，月氏人建立了贵霜帝国，定都白沙

① 锡兰，即现在的斯里兰卡。——编者注

瓦。月氏人吸收了南部恒河流域的佛教文化，并将其传播到了北部的中亚。粟特人在中亚占领了阿姆河到锡尔河之间的区域，而阿姆河和锡尔河孕育了丝绸之路上伟大的城市撒马尔罕和布哈拉（位于今天的乌兹别克斯坦）。同时，在另一方向上，阿契美尼德王朝继续东征，最后征服了粟特，并将其变成了一个傀儡省。

但阿契美尼德人的西方边界也存在威胁，马其顿王国的国王亚历山大大帝东征，到达印度河流域。亚历山大大帝击败了大流士三世，但保留了阿契美尼德王朝的行政体系和税收制度。在阿契美尼德东部的犍陀罗，波斯文化、琐罗亚斯德教文化、印度教文化、恒河佛教文化并行不悖，它的首都从贾尔瑟达迁往塔克西拉。孔雀王朝发端于恒河东部的摩揭陀国。听从谋士考底利耶的建议，旃陀罗笈多王北征塔克西拉。孔雀王朝在塔克西拉扎根之后，旃陀罗笈多之孙阿育王在犍陀罗建造了佛教舍利塔。公元前232年，阿育王逝世，孔雀王朝也随之衰落，亚历山大大帝的继承者，巴克特里亚王国的德米特里一世得以长驱直入，约公元前200年，征服了犍陀罗。随后，生于巴格拉姆（今喀布尔北部）的米南德一世开始建造“大干道”，这条大干道起自中亚，途经富庶的旁遮普，一直延伸至恒河口。

那时，继承了阿契美尼德文明的帕提亚帝国在里海东部拔地而起，统治疆域西起安纳托利亚，横跨幼发拉底河和波斯，东至中国边界。虽然曾与罗马（其继承了希腊的势力）在地中海盆地和高加索地区发生冲突，但帕提亚帝国和粟特人推动了丝绸之路贸易的发展。罗马人主要购买印度香料、中国的茶和瓷器，而中国人主要购买罗马的玻璃器具、金银制品和象牙。汉朝皇帝也派遣张骞等外交使臣出使西域，与帕提亚帝国互通有无。

虽然亚洲地域广阔，文化复杂多样，但佛教成功将亚洲各地区的文明联系了起来。巴米扬成了学习佛教思想的中心，巴米扬大佛融合了伊朗、印度和犍陀罗文化的独特艺术风格。位于塔里木盆地的敦煌，山上有精妙绝伦的石窟，这里同时也是蒙古、西藏、帕提亚和黎凡特几条贸易路线的十字路口。汉朝的僧侣和商人沿着丝绸之路寻找启示，将粟特人翻译的佛经带回了中国。因此，汉朝时，佛教从西方和南方，从印度和东南亚沿着一个钳子一样的路线，经汉朝向外扩展。公元 155 年，汉桓帝刘志将佛教仪式与儒家思想一同列为官僚集团的必修课程。在东亚，各种思想并行不悖：儒家思想以仁义为核心，是社会治理的基础，而佛教、中国的道教、日本的神道教则帮助人实现精神追求。

在连接古代亚洲各国方面，海上丝绸之路比陆上丝绸之路的作用更大。公元前 1 世纪，每年有 120 支希腊船队随着季风穿过红海，抵达印度港口。返航时满载着从苏门答腊岛和爪哇岛等地购买的美玉、珠串和香料。与印度次大陆之间的贸易加速了东南亚的印度化，尤其是湄公河下游三角洲的扶南国和高棉王国（今柬埔寨）。高棉人与印度商人通婚，将印度教手稿翻译为缅甸语、爪哇语和泰语。印度医药学也在丝绸之路上传播，并被吸收进中国的医学典籍。伴随着扶南国的衰败，著名佛教中心三佛齐王国崛起。在来自尼泊尔李查维王朝和中国唐朝妻子的影响下，吐蕃王朝赞普松赞干布也接纳了佛教。

印度和中国在中亚和东南亚交流频繁，这也是印度语和汉语，佛教和儒学之间的交流，并且促使古代亚洲成为文化中心，直至2世纪汉朝分崩离析才终结。高句丽在汉朝衰败以及南北朝动乱之时趁机摆脱了汉朝统治，建立了朝鲜半岛规模最大的独立国家，横跨鸭绿江和辽东半岛。另一个朝鲜国家百济在此时也已建国并开始与中国进行贸易。在4世纪时，百济欢迎犍陀罗的僧侣传播佛教，随后越来越多的印度僧侣在百济建造寺庙。印度阿约提亚的公主甚至与朝鲜半岛的贵族通婚。

如同朝鲜半岛，在古代日本，诸多王国开始崛起，大和民族合并成了一个强大的政权。在圣德太子的统治下，佛教在飞鸟时代的日本社会非常流行，儒家思想在官僚集团中也十分兴盛。大和民族采用中国的历法，派遣日本学生到中国学习佛教和儒学。同时，日本也希望能与中国平起平坐，而非始终只是中国的附庸。中国、朝鲜和日本争夺领土，但持续不断的移民又使三者同属一个贸易和跨文化学习体系。

南亚也继续在人才和文化方面领先世界。在迦腻色伽的领导下，贵霜帝国崛起，虽然孔雀王朝已经衰落，但迦腻色伽承袭了阿育王和米南德一世重佛的传统，将佛教发扬光大。公元150年，迦腻色伽的统治范围从塔里木盆地的大夏（今新疆）一直延伸至恒河流域。在公元320年占领恒河流域的笈多王朝有众多文化和科技成就，包括史诗《摩诃婆罗多》的著成，数学零点和象棋的发明[①]。那烂陀大学也吸引了远至中亚和朝鲜的学生，并在7世纪下半叶迎来了中国僧人玄奘和义净，他们将几十本梵文佛经译成了中文。笈多王朝也东征孟加拉国，并与三佛齐王国有频繁的贸易往来。夏连特拉王朝用近100年的时间在爪哇岛的婆罗浮屠建成了史上规模最大的佛寺，该王朝受三佛齐王国影响颇多。笈多王朝一直向罗马出口纺织品和香水，直至5世纪左右，笈多王朝和西罗马帝国都被侵略者降服。

亚洲各地区联系十分密切。纸张、丝绸、火药、奢侈品、哲学思想和宗教教义都通过丝绸之路在各地区广为传播。西亚也产生了新的信仰，在罗马巴勒斯坦省，耶稣传教士的信徒开始在黎凡特和高加索地区传教，使徒圣托马斯等早期传教士曾到远至印度南部喀拉拉邦的地方为基督徒洗礼，同时，脱离罗马教廷的拜占庭基督教堂也在安纳托利亚君士坦丁堡建成。在萨珊王朝拥有众多信徒之后，基督教继续向东传播，横跨中亚，远至中国。在贸易、冲突和文化的影响下，古代亚洲丰富多样的文明共同发展。

亚洲帝国的扩张

拜占庭帝国不是唯一一个在罗马帝国衰亡之后东征的宗教帝

① 关于象棋的起源尚存争议，这里采用的是印度起源说。——编者注

国。阿拉伯半岛信奉多种宗教，包括琐罗亚斯德教、犹太教、景教和很多本地宗教。公元 610 年，先知穆罕默德在麦加启迪阿拉伯人走出亚洲。穆罕默德逝世之后，在四大哈里发的组织之下，穆斯林开始融合并进军埃及和北非其他地区，并推翻了东部的萨珊王朝和波斯王朝。但为争夺继承权，伊斯兰世界的统一宣告结束，倭马亚王朝内部的逊尼派和什叶派之间冲突不断。8 世纪上半叶，伊斯兰教已经传播到欧洲伊比利亚半岛和印度边界。

倭马亚王朝衰落之后，阿拔斯王朝同化了费尔干纳盆地（今乌兹别克斯坦）上强大的突厥部落，并在公元 751 年的怛罗斯之战中与突厥部落和吐蕃结盟，在靠近天山（今吉尔吉斯斯坦）的地方共同打败了唐朝的军队（唐朝的军队首领是高句丽将军高仙芝）。吐蕃的疆域包括今天的塔里木盆地、喜马拉雅山、孟加拉国和云南。虽然战胜了唐朝，但公元 755 年阿拔斯王朝也帮助唐朝平定了叛乱，平叛首领是拥有粟特和突厥血统的安禄山。

虽然阿拉伯 – 突厥 – 吐蕃联盟一同将唐朝驻军赶出了中亚，但他们的士兵和商人（包括游牧民族维吾尔人）向西传播了唐朝先进的造纸术。阿拔斯王朝第二任哈里发曼苏尔在底格里斯河河岸，前萨珊王朝首都泰西封的北部建立了名为巴格达的新城市。后来，哈里发哈伦 · 赖世德（786—809 年在位）创办了学者聚集地——智慧之家，其中波斯数学家和天文学家阿尔 · 花拉子密开拓了代数学和印度数字；基督教智者侯奈因 · 伊本 · 伊斯哈格将 100 多部古希腊哲学家柏拉图和亚里士多德的著作译为叙利亚语和阿拉伯语；

利用这些译本中的知识，德高望重的数学家和天文学家阿尔·比鲁尼于 997 年在旁遮普山的南达纳堡垒（Nandna Fort）上计算出地球周长。可见，伊斯兰教促进了区域宗教、人才和经济的发展。

虽然在怛罗斯之战中战败，但中国唐朝文化仍然具有世界性的影响。唐之前的隋朝虽然历史短暂，但成功统一了中国的南方和北方，建成大运河连接北京和杭州等城市，为运送士兵和粮食带来便利。隋朝也汉化了众多少数民族，并确立了佛教的国教地位。唐朝欢迎来自马来、阿拉伯和波斯的商人，甚至邀请他们在中国定居。这些移民占当时广州 20 万人口的 2/3，因此，中国的第一座清真寺——怀圣寺也在广州建成。唐朝的商船也体现了这种多样性，船员中有基督徒、琐罗亚斯德教徒、穆斯林和犹太教徒。唐代商船跨过爪哇海和马六甲海峡，用无数精美瓷器和其他物品交换印度织物和阿拔斯玻璃器具。

那时，唐朝有 6 000 万左右的人口，占世界人口的 1/4，它的城市规模也大于欧洲和印度的任何城市。唐朝国富民强，开始向北、向西、向南扩张。8 世纪时，近 100 个亚洲民族向中国皇帝进贡。唐朝也极大地影响了朝鲜和日本，8 世纪下半叶，佛教徒开始与日本的权力集团争权夺利。日本两个主要的佛教中心——奈良和京都都是仿照长安建设的。但唐朝的内乱对晚唐政局产生了巨大影响，越南和朝鲜乘机独立，中亚的权力真空也使游牧民族突厥有机可乘。塞尔柱人等突厥民族在 1055 年时统治的疆域横贯波斯，征服了阿拔斯王朝，并于 1071 年在曼齐克特击败拜占庭帝国，推进了安纳托利亚地区波斯人和突厥人的融合。伽色尼王朝的苏丹马哈茂德，是突厥和波斯的混血儿，吸收了伊斯兰教逊尼派思想和塞尔柱的勇士精神，数次远征印度。德里苏丹国崛起之后，打击佛教，在文学、音乐和建筑方面推崇印度伊斯兰文化。

塞尔柱侵略者向北劫掠了诸多印度教王国，而南印度在朱罗国的统治下走向强盛，9 世纪时因发达的航海业达到巅峰。朱罗国侵略了斯里兰卡、马尔代夫、孟加拉国和东南亚其他地区，并在高棉王国和爪哇岛地区传播印度教和佛教。朱罗国征服了三佛齐王国，成为印度洋海上贸易的霸主，其商会和寺庙都开始资助去往也门和东非的商船。

10 世纪晚期，宋朝建立了中央集权政权，重新开始在印度洋和太平洋进行贸易，并传播了指南针以及造船技术。德里苏丹帝国东征，在 12 世纪末占领孟加拉国并在马六甲海峡、苏门答腊岛和爪哇岛地区传播伊斯兰教。在宋晚期，穆斯林的航海技术发达，在中国进出口贸易中扮演着主要角色。

虽然宋朝远不及唐朝辉煌，但宋朝通过吸收资本主义文化和使用纸币也盛极一时。宋朝率先将“朝贡制度”商业化，朝贡倾向于通过与其他国家的贸易获利，不会给民众造成沉重的赋税。与此同时，蒲甘王国统一了缅甸的中部和沿海地区，以及马来半岛部分地区，巩固了连接孟加拉湾和中国云南的陆上贸易路线。朱罗国、宋朝和三佛齐王国都竞相控制像马六甲海峡一样的海上战略通道，但也推进了三国之间的贸易往来，以及本国经济的发展。

同时，欧亚大陆另一端的欧洲在罗马帝国衰败之后陷入了长时间停滞。11 世纪，教皇试图与拜占庭帝国和解，以击退突厥人，并收回巴勒斯坦的圣地。但 1204 年，十字军东征，侵占君士坦丁堡，基督教进一步分裂，罗姆苏丹国从中获益最大。在波土战争的时代背景之下，神秘主义学者和诗人莫拉维 · 贾拉勒丁 · 鲁米步入成年，开始撰写文学著作，宣扬对真主之爱，并通过音乐和舞蹈达到与真主精神合一的境界。在中亚，喀喇汗王朝与突厥各部族也在奋力抵抗塞尔柱人的进攻。在分裂为诸多汗国，成为塞尔柱帝国的附庸之前，喀喇汗王朝也拥有从喀什到撒马尔罕的统治权。布拉哈的伊斯兰学校（madrassas）[①] 主要教授突厥语和伊斯兰文化。

但塞尔柱帝国和突厥都难以抵抗蒙古军队的进攻。1206 年，在统一了东北亚的众多部落之后，年轻的勇士孛儿只斤 · 铁木真开始在欧亚大陆推行奴隶运动，铁木真尊号成吉思汗，意为“拥有海洋四方”。在 1227 年逝世之时，成吉思汗已经建立了历史上规模最大的帝国，其疆域东至东海（日本海），西达里海。成吉思汗的儿子和孙子们继承其遗志，在 1240 年横扫基辅，1241 年包围匈牙利并进军维也纳。1258 年，蒙古人洗劫了巴格达。1276 年，宋朝被成吉思汗的孙子忽必烈打败，10 年之后，整个中国，包括北部的戈壁滩和西伯利亚，都被蒙古人建立的元朝统治，忽必烈将

① 伊斯兰国家的宗教学校，已延存近千年，可以免费学习传统伊斯兰法律、阿拉伯语、《古兰经》等，并提供免费住宿。

帝国首府定在元大都。

尽管蒙古人以残忍著称，但大蒙古国却十分包容。3/4 的汗国民众都信奉伊斯兰教，而元朝统治者信仰佛教。蒙古人也十分擅长融合不同的文化，并与主要家族通婚。成百上千的阿拉伯人、波斯人、突厥人都在中国担任官职，这削弱了中国儒家士大夫的影响。波斯物理学家拉施特是孛儿只斤·旭烈兀当政时伊利汗国的宰相，并主持编纂了三卷本编年史《史集》，记述蒙古、波斯和其他文化的融合。

蒙古人为欧亚大陆提供的安全稳定推进了各文明在丝绸之路上的贸易。欧洲的商人旅队也将商品和游客带至元朝，其中包括 13 世纪晚期来自威尼斯的旅行者马可·波罗。但这种贸易往来也使瘟疫迅速蔓延到整个中亚。14 世纪中叶，约 1/3 的波斯人死去，欧洲一半的人口也未能幸免于难。瘟疫减少了丝绸之路的贸易量，也削弱了大蒙古国的影响力。

因此，奥斯曼帝国得以在 14 世纪借机在美索不达米亚开疆拓土，同时占领了巴尔干半岛、阿拉伯半岛和北非的大部分地区。在击败拜占庭军队之后，苏丹奥斯曼一世将拜占庭人的母语从希腊语改为土耳其语，宗教信仰从基督教改为伊斯兰教，但保留了基督和犹太团体的自治权。很快劲敌便出现了，自称成吉思汗后裔的帖木儿率领军队恢复了波斯化的蒙古穆斯林王朝，统治着中亚和印度西北部地区。1405 年，帖木儿病逝，奥斯曼帝国从帖木儿手中夺回了安纳托利亚东部的统治权。亚洲各国在大炮和步枪等野战兵器的影响下开始进行军备竞赛。

帖木儿帝国的遗民向南迁徙，定居在印度。自 15 世纪早期，帖木儿的后代巴布尔为莫卧儿帝国的兴盛奠定了重要基础，莫卧儿帝国的疆域自费尔干纳盆地横跨整个印度次大陆。鉴于其一半的突厥血统，莫卧儿的统治者很快就与奥斯曼苏丹建立了外交联系。莫卧儿帝国的统治者并不如奥斯曼帝国的统治者宽容，他们破坏印度教神殿，并残害非伊斯兰教徒。但随着巴布尔的儿子胡玛雍和孙子阿克巴向北、向南扩张，莫卧儿人逐渐开始与欧洲人进行贸易，并设立更先进的官僚机构，对宗教信仰也持开放态度。阿克巴之子贾汉吉尔在 17 世纪早期平定了一系列叛乱，巩固了王朝统治，而阿克巴之孙沙贾汉则使国家更加富强，并在国内建造泰姬陵等伊斯兰建筑。

在莫卧儿时代，萨非王朝伊斯法罕什叶派穆斯林的祖先来自突厥、库尔德和阿塞拜疆。萨非王朝在无数竞争者中脱颖而出，成为自萨珊王朝后第一个统一波斯的本土势力，控制了安纳托利亚东部、高加索地区和西突厥地区。萨非王朝建立了连接欧洲和印度的南北贸易路线。估计有两万印度商人曾在萨非王朝生活和工作过，而莫卧儿商人也在主要贸易中心，如舍马罕和巴库建造了几十个商队旅馆，在那里，商人们收集来自莫斯科大公园（今俄罗斯）的皮毛、铜和鱼子酱，并将其经由阿富汗带回印度，或从阿巴斯港经水路运至苏拉特。

在帖木儿帝国和莫卧儿帝国统治中亚和南亚时期，元朝的内部叛乱削弱了蒙古人的统治。1368 年，明朝控制了长江流域，并宣称会延续盛唐时期的辉煌。与宋朝的资本主义和蒙古的开放主义不同，明朝洪武帝抑制对外贸易，并建立了高度中央集权的统治，向朝鲜等邻国示威，朝鲜成为中国的藩属国并吸纳了中国文化。相比之下，日本则与中国保持距离，镰仓幕府抵挡了多次蒙古军队的侵犯，其继承者足利尊氏也未向洪武帝投诚。在 15 世纪时，日本才与中国重新建立了外交和贸易联系。

洪武帝的第四子永乐大帝朱棣继续扩展疆域，他帮助维吾尔人抵御帖木儿帝国的进攻，效仿唐朝吞并安南国，并发展与西藏噶玛巴活佛的关系。帖木儿病逝后，明朝与波斯地区重修旧好。明朝是出口大国，主要港口位于珠江流域的广州和长江流域的上海和南京，当时的南京或许是当时世界上规模最大的城市。为了展现国力，永乐大帝派遣信仰伊斯兰教的郑和下西洋，与吕宋、苏禄（今菲律宾）、文莱和苏门答腊岛建立贸易往来，后又穿过印度洋到达东非。在国内，永乐大帝疏通大运河，下令修建紫禁城，设立严格的科举考试制度，并命人编撰有关中国历史和文化的百科全书《永乐大典》。虽然永乐大帝在位期间明朝制造武器和船只的技术领先全球，但在 15 世纪 20 年代时，明成祖开始专心防御北方边界上的蒙古人和鞑靼人，发展农业并限制外国人在南方港口通关。

明朝闭关锁国的主要后果是大量中国人移民至东南亚国家，与当地女性通婚，并融入了万丹国（爪哇岛）、马尼拉、暹罗大城府、会安（越南）和金边（高棉王国）。在暹罗，中国移民为了更加本地化，通常会改姓，暹罗国王拉玛一世也拥有中国血统。从马来半岛到湄公河流域到吕宋岛，东南亚在 15 世纪时已经成为多民族的集合地。东南亚地区的宗教也很多元。从苏门答腊岛起，东至爪哇，北至马六甲都信奉伊斯兰教。马景甲王朝的国王拜里米苏拉 1414 年在马六甲皈依伊斯兰教，并改名为伊斯坎德尔沙阿。当时基督教在印度南部的喀拉拉邦已广泛传播，葡萄牙和西班牙传教士、探险家的到来更加速了基督教的发展。

亚洲和西方帝国

奥斯曼帝国在 1453 年击败信奉基督教的拜占庭帝国，占领君士坦丁堡，那时，很多欧洲国家都深受内战困扰。欧洲的海上强国尝试开发更多通往亚洲的安全路线，希望能够到达马鲁古群岛，购买肉豆蔻和丁香。15 世纪末，意大利探险家哥伦布横渡大西洋来到了加勒比群岛（而并非他期待的亚洲）。几年后，葡萄牙探险家达·伽马绕过非洲好望角，与印度的卡利卡特和古吉拉特邦建立了贸易关系。1521 年，在马六甲的向导恩里克的帮助下，葡萄牙探险家麦哲伦伴着太平洋信风在宿务附近的荒岛上登陆。这些海上通道弱化了丝绸之路在欧亚大陆的影响力。1580 年，葡萄牙在印度洋击败了奥斯曼帝国舰队，扩大了欧洲在蒙巴萨至瓜德尔等地的影响力，葡萄牙则占据果阿和澳门为殖民地。

当明朝撤回印度洋舰队，欧洲则利用建造船只和武器的最新技术建立与非洲、美洲和亚洲的贸易联系。欧洲人与日本南部的琉球王国建立了强大的贸易网，同时对其进行政治和宗教上的控制。伊比利亚人、荷兰人和英国人曾遍布该地区，他们的商人把印度穆斯林商人赶出了马六甲，并广泛地开始信仰基督教，1557年，葡萄牙人获得了在澳门的居住权。1571年，沦为西班牙殖民地的马尼拉成为越洋贸易的中心，主要进行白银贸易，这些白银是用帆船从墨西哥阿卡普尔科运来的，而在过去，船只主要将明朝的商品运到欧洲。[4]对白银的巨大需求成为明朝的软肋，西班牙和日本都减少了白银出口量，造成了中国货币体系和贸易的失衡。因为中国国力下降，在1590年统一日本的将军丰臣秀吉入侵朝鲜和明朝，但朝鲜和明朝誓死抵抗，丰臣秀吉只能无功而返。丰臣秀吉死后，德川幕府开始掌权，但因对欧洲传教士的过分猜忌，日本自1640年开始施行孤立主义的外交政策。

1644年，明朝国力衰微，清朝取而代之，文化相依的游牧民族塞尔柱人和蒙古人也都被其征服。清朝统治者统一了信仰佛教的游牧民族，并设立新疆省管理准噶尔穆斯林。清朝皇帝康熙、雍正、乾隆在位时，国家繁荣稳定，清朝时期的中国是18世纪全世界最富强的帝国。

莫斯科大公国在摆脱蒙古人的统治之后也开始了扩张之路。16世纪，其国土面积以每年1.4万平方英里①的速度增加，并不

---

①　1平方英里≈2.589平方千米。——编者注

断向东扩张，占领冻原和平原，在横扫西伯利亚汗国，获得额尔齐斯河以西的主权之后，其势力又横穿勒拿河，到达太平洋沿岸。俄国商人和军队向南进发，在黑龙江与清朝发生冲突，最后签订了《尼布楚条约》，将贝加尔湖以东的所有土地和所有通向北京的贸易路线划归俄国，而黑龙江流域属于中国。俄国东部和南部的稳定环境使沙皇彼得一世在位时得以大展身手。彼得一世侵略斯堪的纳维亚半岛，为获取黑海的统治权，与奥斯曼帝国发生数次冲突。19 世纪，俄国也从恺加王朝手中夺取了整个大高加索地区的控制权。

由于人口的爆炸性增长，加上财政压力和腐败，清朝的统治岌岌可危。作为亚洲最大的帝国之一，清朝统治者拒绝改变，此时，一些欧洲小国已超越清朝，成为世界强国。从 17 世纪末到 18 世纪，荷兰全面取代葡萄牙，获得了霍尔木兹海峡和马六甲海峡的统治权。19 世纪时，荷兰在一些地区建立了殖民地，包括巴达维亚、爪哇岛、苏门答腊岛、马鲁古群岛和曾是清朝附属国的兰芳大统制共和国（位于加里曼丹）。欧洲在东南亚的经济扩张主要依靠分散各地的中国人和印度人，他们有稳定的信用网络，能够打通欧洲和亚洲本土市场。19 世纪，越南、老挝和柬埔寨成为法国殖民地，在当时统称为法属印度支那。通过精明地平衡西方列强的利益，拉玛一世及其继承人得以维护暹罗的独立。19 世纪，欧洲列强从殖民国家演变为全球帝国。

英国的工业革命为欧洲人的长期征战提供了保障。工业革命的发明有蒸汽船、机车和工厂。因为棉花纺织品等工业品生产过剩，英国不得不开发非洲和亚洲市场。与莫卧儿帝国在印度西海岸发生小规模冲突之后，英国东印度公司在恒河口加尔各答和孟加拉地区设立要塞，借此在印度大部分地区提高税收，并扩大政府监管。1784 年，英国王室掌控东印度公司，开始直接管理旁遮普到东南亚的印度次大陆，包括缅甸、马来亚和新加坡港。在 19 世纪英国统治时期，印度是苏伊士运河以东地区，即亚洲所有英国殖民地的中心。英国在印度修建了铁路网，并创办了大学和现代行政机构。但同时，英国人奴役了数百万印度人，使无数人死于饥荒，压迫国内企业，并煽动印度教教徒和穆斯林对立。

在殖民主义的影响下，亚洲也成为民族大熔炉。印度人被英国人带至缅甸，成为学校老师和土木工程师，而被送往马来亚的泰米尔人则成为橡胶种植园的劳工，还有无数印度人被送往北非修建乌干达铁路。估计有 2 000 万来自广州、福建和香港等英国沿海租界或其附近地区的中国人迁至东南亚，与当地人通婚，增加了东南亚民族的多样性。

英国也为中亚规划了宏伟蓝图。在完全统治印度、尼泊尔和不丹之后，英国开始探寻直达布哈拉汗国的贸易路线。英国人也希望利用奥斯曼帝国作为阻止俄国通过印度洋的缓冲地（英国曾在 19 世纪 50 年代克里米亚战争中与奥斯曼帝国结盟，共同抵抗俄国）。

英国军队从旁遮普向北进发，入侵阿富汗，与锡克人发生冲突，并将恺加王朝的统治者逐出了赫拉特。英国和俄国间的博弈从突厥斯坦一直蔓延至西藏，1893 年，两国最终达成协议，保留阿富汗作为缓冲国。但从北方来看，俄国迅速向东延伸铁路线，轻而易举地侵占了希瓦汗国、浩罕汗国、布哈拉汗国和塔什干。俄国在新疆边界伊犁河地区与清朝发生冲突，在胜利后巩固了其对突厥斯坦的统治。

英国的殖民扩张使清朝的形势更为严峻。为了增加贸易顺差，英国强迫清朝从印度进口更多鸦片，鸦片有很强的依赖性，清朝民众开始上瘾。1840 年，英国以中国销毁两万箱鸦片为由发动鸦片战争，满载炮火的战船沿着珠江三角洲一路向北。在 19 世纪 50 年代，英国又发动了第二次鸦片战争。欧洲帝国增加了清廷的耻辱，它们乘机霸占中国上海、天津、宁波、福州、厦门和香港 6 个港口。除此之外，清朝还深受太平天国等内部动乱的困扰。19 世纪末，光绪帝试图建立君主立宪制，但慈禧太后发动政变，阻挠改革。义和团也起义驱逐外国侵略者，但遭到英国、法国、德国、美国联军和清政府的联合镇压。起义失败，清朝政府只能通过割地赔款平息骚乱，这无疑加重了清朝的负担。

日本和中国都遭受了西方列强的侵略，但结果却完全不同。美国人的舰队在 1853 年抵达江户湾，迫使德川幕府推行现代化改革，并重新确立了天皇的统治地位。明治天皇将江户改名为东京，以其为中心进行中央集权统治，并在全国修建铁路，大力发展造船业等重工业。在成为东亚强国之后，日本一方面想赶超西方国家，另一方面也开始与西方争夺地区贸易的统治权。日本通过军事侵略证明了自身的实力，1894 年，甲午海战爆发，日本最终击败清朝，控制了满洲、朝鲜、台湾和琉球群岛。另一方面，美国想方设法将欧洲势力逐出西半球，这也影响了亚洲的局面。美西战争之后，古巴解放，美国控制了菲律宾，以及从前由西班牙统治的诸多岛屿，包括帕劳、关岛和马里亚纳群岛。

为证明自身实力，俄国逼迫日本将满洲归还给中国，借此，俄国的西伯利亚大铁路得以延伸至大连。1905 年，日本在对马岛战役中击败俄国，重新夺回满洲，获得库页岛南部的土地，并迫使俄国让出一部分朝鲜的统治权。1910 年，日本进一步吞并朝鲜，将朝鲜政府流放至上海和重庆。1911 年，中国的革命者推翻清朝，结束了中国的封建统治，孙中山任中华民国临时大总统，总部设在广州，但军阀势力仍在全国范围蔓延。

日本战胜俄国，激发了亚洲人反抗外国侵略者和殖民者的勇气。俄国是奥斯曼帝国北部的劲敌，日本能打败它，且未西方化就实现现代化，这极大地鼓舞了奥斯曼帝国。提出“亚洲一体论”的日本思想家冈仓天心，是泛亚洲主义的核心人物。冈仓天心在其著作中不仅提到了东亚诸国的历史渊源，也提及了中国人和穆斯林的前世今生。与冈仓天心同时代的诺贝尔奖获得者泰戈尔周游日本、朝鲜和波斯，主张亚洲理想和传统的回归。泰戈尔在中国的知己是著名知识分子梁启超，梁启超认为欧洲殖民者破坏了亚洲各国历史上相互依存的关系，使得亚洲内战不断。在 20 世纪

20 年代，民权律师甘地通过非暴力对抗，反对英国对印度的统治，昂山也带领缅甸走上了同样的道路。

1914 年，欧洲帝国之间的冲突最终发展为第一次世界大战。因为协约国承诺将山东归还中国，因此中国在一战中与协约国（英国、法国、俄国、意大利和美国）站在了一边，1918 年，德国宣布投降。但在 1919 年巴黎和会上，中国的领土却被交给日本。中国人民深感背叛，此时正值俄国十月革命，列宁领导工人阶级，推翻了俄国沙皇的专制统治，中国人民深受鼓舞，民族主义继而兴起。中国人认为，列强的压迫来自中国自身的软弱，为了不再重蹈覆辙，中国官员开始向在 19 世纪末快速实现工业化的日本学习，还在 20 世纪初，邀请了许多西方学者造访中国。1921 年，陈独秀、李大钊等知识分子创建中国共产党。1926 年 7 月，为统一中国，蒋介石领导国民革命军誓师北伐，1928 年，蒋介石领导的南京国民政府正式成为中国的合法政府。俄国内战结束之后，新生的苏维埃联邦社会主义共和国实行农村集体化和工业现代化，后又与中华民国达成协议，获得了东西伯利亚的广袤土地。

1918 年一战结束之后，奥斯曼帝国土崩瓦解，最后一位苏丹穆罕默德六世在 1922 年被迫退位。在不到一年的时间里，土耳其军队首领，支持现代化的凯末尔就建立了土耳其共和国，定都安卡拉。英法秘密签订《赛克斯－皮科协定》，奥斯曼帝国东部地区被瓜分，叙利亚、黎巴嫩被划给法国，而巴勒斯坦和伊拉克划归英国。伊拉克在 1932 年独立，民族主义者拉希德·阿里·盖拉尼任首相。除了科威特、巴林、卡塔尔等受英国保护的小国，沙特阿拉伯吞并了奥斯曼帝国在阿拉伯半岛的领土。

奥斯曼帝国解体之后，落后且冲突不断的波斯地区重焕生机。1925 年，正式成为伊朗巴列维王朝的君王之后，礼萨汗开始推行基础设施的建设和学校的现代化，并宣称，虽然与德国（德国未在伊朗殖民）建立了贸易往来，但伊朗对欧洲联盟持中立态度。因为伊朗在英伊石油公司中所占份额过少，所以礼萨汗也取消了其特权。为了扩大德国的疆域，独裁者阿道夫·希特勒背弃了与苏联联手瓜分东欧的秘密条约，在 1941 年入侵苏联。英国人担心德国战胜苏联之后，控制伊朗的石油炼油厂，为保证对伊朗石油的控制和美国援苏物资通道的安全，英苏联军入侵伊朗。英国征召了无数印度士兵入伍，苏联利用中亚生产的物资击败伊朗军队并抵抗纳粹。

20 世纪 30 年代早期，日本与德国是反共同盟，在国共内战时趁机再次侵略中国东北。日本在泛亚洲主义的基础上，为实现政治野心，提出了“大东亚共荣圈”政策。在以英国、法国和美国为首的同盟国忙于对抗欧洲的纳粹和伊朗时，日本开始在亚太地区对同盟国发起进攻。首先，在 1941 年空袭珍珠港和关岛，并向统称为法属印度支那的缅甸、马来亚和新加坡三国发起进攻，仅在新加坡，日本人就囚禁了 8 万多英国、澳大利亚和印度士兵。英国首相丘吉尔称 1942 年初新加坡的沦陷是英国历史上最大规模的投降。日本征服亚洲标志着欧洲帝国在亚洲统治的结束。

欧洲和亚洲的战争都十分惨烈。日本对中国的侵略战争造成1 400万人死亡，1亿人颠沛流离、无家可归，无数中国人和韩国人成为奴隶。1942年至1945年，美国在太平洋群岛上对日本发起猛攻，包括经济禁运和海军突袭。解放缅甸之后，同盟国也帮助中国和韩国分别夺回中国南部地区和朝鲜半岛。苏联也加入了太平洋战争，在中国东北大败日军。1945年8月，美军向日本广岛、长崎投放了两颗原子弹，随后日本投降。

冷战中的亚洲

日本投降之后，中国又爆发内战，1949年，毛泽东领导的中国共产党取得胜利，蒋介石领导的国民党政府败退台湾。许多美国政策制定者在看到毛泽东的胜利之后，敦促总统杜鲁门施行"亚洲优先"政策，借以制约东亚共产主义的发展。美国增派军队驻扎在日本和韩国，并继续派遣海军阻止中国解放台湾，并在1951年与澳大利亚和新西兰签订《澳新美安全条约》。美国"中心辐射式"的同盟体系成为亚洲秩序的基础。

美军同时也向东南亚进发。美军秘密帮助越南民族主义者胡志明驱逐越南北部的日本人。1945年，越南摆脱法国统治，胡志明希望美国继续提供援助，但美国转而扶持南方的法国殖民军，以图保留法属印度支那。1954年，法国不得不从越南撤退，并允许老挝和柬埔寨独立。美军则帮助吴庭艳领导的越南共和国对抗苏联和中国支持的越南民主共和国。

亚洲其他国家独立的代价也都十分高昂。印度在二战后立即完全独立，1947 年，依据宗教信仰（印度教和伊斯兰教）的不同，划分为印度和巴基斯坦，分别由尼赫鲁和穆罕默德·阿里·真纳统治。近 1 500 万人需要移民至相对应的国家，估计有 100 万人在途中死亡。缅甸和锡兰也在 1948 年独立。但边界问题仍然存在：印度和巴基斯坦因克什米尔地区（该地区主要信仰伊斯兰教）发生冲突。日本投降后，印度尼西亚反殖民主义领袖苏加诺即宣布摆脱荷兰统治，但直至 1950 年，才正式宣布成立印度尼西亚共和国。马来半岛、北婆罗洲和新加坡也在 1963 年宣布独立，组成马来西亚，但马来西亚和以华人为主的新加坡之间种族和经济冲突不断，马来西亚国会在 1965 年通过决议将新加坡逐出马来西亚。总的来说，民族独立意味着新国家的出现，原有的国家或是被解放，或是走向分裂，但这仍是一次巨大的胜利。

在无数冷战参与国相互斗争之际，美国、苏联和中国都开始扩大自身的影响力。美国支持反共产主义的威权体制，如印度尼西亚的苏加诺，同时还协助镇压菲律宾人民抗日军[①]。美国也在 1954 年签订地区安全协定，成立东南亚条约组织，这是亚洲版的北约，成员国包括澳大利亚、巴基斯坦、菲律宾和泰国等。美国的干涉也推进了东南亚地区独裁统治的发展。1958 年，缅甸总理

① 在二战期间，由菲律宾共产党领导的抗日军队，主要领导人为塔鲁克。——编者注

吴努领导的民主政府因无法镇压暴动，成为军事看守政府。1962年，吴奈温将军发动政变，正式成立军政府。泰国在短暂实行民主之后，也开始了军事独裁统治，但仍保留了普密蓬·阿杜德的国王称号。

在亚洲西南部，约旦、叙利亚和黎巴嫩在20世纪40年代末独立。1945年成立的阿拉伯国家联盟代表泛阿拉伯民族主义，但阿拉伯人的利益与犹太人领导的犹太复国运动相冲突，犹太人视耶路撒冷和巴勒斯坦为自己的家园。虽然联合国委员会提议让犹太人和阿拉伯人分管巴勒斯坦，但在1948年巴勒斯坦摆脱英国统治之后，内战爆发，针对（新建国的）以色列的阿拉伯地区性冲突也同时爆发。以色列驱逐了阿拉伯军队，并夺走了原本按照分割计划属于阿拉伯人的土地。大量来自欧洲和相邻阿拉伯国家的犹太人涌入以色列，巩固了以色列的统治，而100多万阿拉伯裔巴勒斯坦人无家可归。

由于石油带来的巨额财富，美国在亚洲西南部变得更具侵略性。在英国和苏联入侵伊朗之后，废黜了礼萨汗转而扶持其子穆罕默德·礼萨·巴列维，直至1946年，两国才从伊朗撤离。苏联继而支持位于伊朗北部的阿塞拜疆和独立的库尔德斯坦共和国（仅存在了11个月），并帮助伊朗共产党人成立了伊朗人民党。在此过程中，美国也曾有短暂的参与。摩萨台在被选为伊朗首相后，开始将国内的石油业国有化，1953年，美国和英国情报机构资助了反对派推翻摩萨台的政变，并恢复了穆罕默德·礼萨·巴列维的权力。亚洲西南地区的权力争斗十分激烈。美国支持以色列，并保障其在伊朗和沙特阿拉伯的利益，苏联则希望阿拉伯地区与埃及、叙利亚和伊拉克（1958 年伊拉克的君主制不复存在）一同反对以色列。

许多亚洲强国拒绝成为冷战的牺牲品。为避免被苏联压制，毛泽东在中国坚持推行独立的社会主义。韩国的李承晚和朝鲜的金日成为本国利益也开始参与大国政治，分别支持美国和中国，以图实现两国的现代化目标。尼赫鲁执政时，印度积极与印度尼西亚、南斯拉夫、埃及和其他国家合作，推行不结盟运动，以保障共同的安全，而不需要在美国和苏联之间选边站。

印度的不结盟运动将美国和苏联从南亚的大部分地区驱逐了出去，而印度与其最大的石油供应商伊拉克的贸易来往密切。1962 年，中印爆发边境冲突，中国获胜，印度惨败。印度和巴基斯坦因克什米尔地区的冲突，在 1965 年爆发战争，造成了联合国管理的僵局，之后，印度偏向苏联而巴基斯坦偏向中国。1971 年，印度资助孟加拉国的民族主义军队，帮助东巴基斯坦——孟加拉国独立。

东北亚稳定之后，经济现代化成为地缘政治影响力的评判标准，对日本来说更是如此。日本政府监管机构，尤其是通商产业省和日式企业集团（keiretsu）一同推进电力和自动化行业飞速发展，1958—1965 年，日本的年均经济增长率维持在 10%。20 世纪 70 年代中期，在二战结束 30 年后，日本成为世界第二大经济体。“亚洲四小龙”包括朴正熙领导的韩国，中国台湾，（当时还被英国政府控制的）香港和李光耀领导的新加坡。在仿照日本推行国家资本主义后，这几个国家和地区都实现了经济腾飞，国家资本主义主要以出口拉动经济增长，同时也支持在国外投资。

但亚洲人口最多的两个国家经济都陷入停滞甚至倒退。因为20世纪50年代国有化运动，对私有企业严格的监管措施以及制约贸易发展的关税制度，印度陷入社会主义停滞。中国则在继续进行社会主义探索。

20世纪70年代，地缘政治面临重大重组。1969年，毛泽东领导下的中国（1964年，中国第一颗原子弹爆炸成功，成为第五个拥有核武器的国家）和赫鲁晓夫领导下的苏联在新疆和塔吉克苏维埃社会主义共和国（苏联加盟共和国之一）边界发生冲突，但苏联总理柯西金和中国总理周恩来通过协商防止了矛盾进一步激化。70年代初，中国开始考虑与美国建交，通过与尼克松政府的秘密协商，美国总统于1972年访华。虽然美国希望通过与中国建交以制约越南民主共和国，但在1973年战败之后，美国不得不从越南撤出，1975年，西贡（后更名胡志明市）陷落之后，越南实现统一。同年，波尔布特的革命军进军金边，红色高棉成为民主柬埔寨的执政党。在1979年越南军队推翻红色高棉政权之前，波尔布特领导下的柬埔寨已经出现了很多问题。越南和中国也在1979年因为边界问题爆发战争。

1978年，在邓小平的领导下，中国抓住了全球经济发展的机遇。邓小平倡导中国发展非集体农业，允许设立私营企业，同时发展对外贸易和投资。1980 年 5 月，位于珠江三角洲的深圳成为中国第一个经济特区，通过减免税收和放宽条件吸引外资，深圳的年增长率很快达到 30%，从一个只有 3 万人口的小城镇发展成人口超过 1 000 万的繁华都市。作为发展中国家，中国成了外商投资的主要目的地，同时，中国也开始发展与美国和苏联的关系。

虽然冷战使西方国家和苏联的关系僵化，但土耳其加入了 1949 年成立的欧洲委员会，1952 年又加入了北大西洋公约组织，并在 1959 年开始申请欧洲经济共同体的准会员及正式会员资格。西亚的其他地区仍十分不稳定，20 世纪 60 年代末到 70 年代初，埃及和以叙利亚为首的阿拉伯军队分别在西奈半岛和戈兰高地与以色列发生过几次战争。1973 年第四次中东战争时，沙特阿拉伯创建了“石油卡特尔”——阿拉伯石油输出国组织（后更名为石油输出国组织），开始对主要西方国家实施禁运，冲击了全球经济。海湾国家通过石油获取了大量财富，吸引了数百万南亚劳工和白领参与该地区的基础设施现代化工程。20 世纪 70 年代中期至 80 年代中期，有 100 万韩国人前往海湾国家加入大型工程项目。

阿拉伯和伊斯兰国家也经历了剧变。1979 年上半年，霍梅尼推翻了伊朗巴列维王朝，成立伊朗伊斯兰共和国，自此，伊朗持续了 2 000 多年的君主制宣告结束。1979 年 11 月，逊尼派极端主义者在麦加大清真寺囚禁了众多朝圣者作为人质，沙特阿拉伯和伊朗开始向外传播伊斯兰教，尤其是在巴基斯坦。1979 年 12 月，阿富汗国内发生政治暴动，苏联乘机入侵并成立傀儡政府，这激起了美国支持的伊斯兰国家的强烈抵制。1980 年，因担心伊朗革命会使伊拉克什叶派有所行动，萨达姆·侯赛因借机侵略伊朗，开始了长达 10 年的战争。以逊尼派为主的阿拉伯国家与伊拉克结盟，而伊朗则支持什叶派，例如黎巴嫩真主党。伊拉克忙于战争，伊朗也在进行神权分离革命，而沙特阿拉伯开始成为世界上最大的石油生产商，也成为保卫地区安全的重要力量。1981 年，沙特阿拉伯联合海湾君主制国家成立海湾阿拉伯国家合作委员会，目标是实现市场、军事、货币一体化。1985 年，伊朗、土耳其和巴基斯坦成立经济合作组织，以更好地推进跨境贸易和投资。

1985 年，苏联因与阿富汗的战争和经济问题损耗极大，戈尔巴乔夫推行了一系列改革以图实现政治、经济和社会的更加开放，缓和与美国的关系并取消对东欧共产主义国家的全面干预政策。波兰、捷克斯洛伐克和其他苏联的附庸国相继爆发革命。1991 年，苏联解体为 15 个独立国家。冷战结束后，地缘政治和意识形态的重组变得更有利于推动亚洲重新在全球秩序中占据中心地位。

亚洲觉醒

冷战结束之后，人们更为关注西亚。1988 年，两伊战争结束，因为战争、经济隔离，以及 1989 年阿亚图拉·霍梅尼的逝世，伊朗实力削弱，而伊拉克试图通过侵略其南部同盟——石油资源丰富的科威特以重整旗鼓。几个月后，美国派遣 20 万军队保卫沙特阿拉伯，以期解放科威特，同时大力反击萨达姆军队。因为军事上的优势，美国开始在伊朗和伊拉克推行“双重遏制政策”。虽然美国长期寻求解决巴勒斯坦外交问题的方法，但以色列和阿拉伯少数民族的关系持续恶化。1987 年，巴勒斯坦解放组织、泛阿拉伯地区穆斯林兄弟会和新伊斯兰组织哈马斯领导了反抗以色列侵略的起义运动，这场起义以 5 年后签订的《奥斯陆协议》告终。协议中规定了巴勒斯坦在约旦河西岸和加沙地带的治理范围。

苏联解体之后，很多新兴国家在 1990—1991 年独立。大高加索地区的格鲁吉亚、亚美尼亚、阿塞拜疆，中亚的哈萨克斯坦、乌兹别克斯坦、吉尔吉斯斯坦、塔吉克斯坦和土库曼斯坦，都由苏联时代的政党首领统治。但由于失去了苏联的经济支持，加上亚美尼亚和阿塞拜疆之间的冲突，以及塔吉克斯坦内战的影响，独立国家联合体名存实亡。3 年前，伊斯兰圣战者在阿富汗与苏联的战争中获胜，为中亚地区的穆斯林社会提供了成立新武装集团的条件，例如乌兹别克斯坦伊斯兰运动和伊斯兰解放党（伊扎布特）。苏联的解体也意味着在中亚地区，与中国接壤的国家数量要多于俄罗斯。中国与这些国家解决了边界冲突问题，并利用新疆作为通道获取哈萨克斯坦的原材料，还投资修建了从里海到塔里木盆地的新输油管道。为了与这些新独立的国家建立地区合作，中国在1996年成立了上海合作组织[①]。土耳其也想与中亚的突厥兄

① 上海合作组织正式成立于2001年，1996年已开始与各准成员国进行谈判。——编者注

弟们建立更紧密的联系，但土耳其务实的总理更加重视欧洲。虽然土耳其与希腊因塞浦路斯等岛屿发生冲突，但土耳其仍与欧洲建立了关税同盟。

20世纪90年代，随着全球化发展，东亚的经济重心不断转移。冷战结束后，韩国与中国和越南重修旧好。西方国家的领导人，如1992年当选的美国总统比尔·克林顿，一方面想要制裁中国，另一方面，西方国家为了自身的经济利益都想进入中国的庞大市场。同时，日本受泡沫经济影响，进入了“失去的十年”，这给了韩国家族企业机会，通过利用政府的税收优惠和低息贷款，它们逐渐取代了日本在重工业和电力行业的领先地位。

1997年，中国从英国手中收回香港，1999年从葡萄牙手中收回澳门，这标志着殖民主义在亚洲的彻底终结。20世纪90年代中期，中国对南海拥有了更多的话语权，并在东盟的基础上，成立东盟地区论坛，将中国、美国、俄罗斯、澳大利亚和其他强国置于同一个外交保护伞下，在1995年和1997年，越南、老挝和缅甸分别加入该论坛。虽然地区关系依旧紧张，但中国和韩国开始与朝鲜对话，朝鲜虽然曾保证朝鲜半岛的无核化，却宣布退出《不扩散核武器条约》。

在东亚，民主成为各国的主流。韩国的卢泰愚在1988年赢得了近20年来的第一届总统选举，其任期直至1993年。东南亚各国政治变革的情况不尽相同，1986年，被誉为“亚洲民主之母”的科拉松·阿基诺赢得民主选举，推翻了菲律宾腐朽的马科斯政权，1992 年，菲德尔·拉莫斯执政。出口导向型的经济使东南亚在 1997 年的经济危机中遭受重创，因外汇储备不足，泰国、马来西亚、菲律宾，甚至是经济发达的韩国都面临货币贬值和债务激增的危机。货币崩盘揭露了印度尼西亚等国权贵资本主义的弊端，印度尼西亚总统苏哈托在执政 30 年后失去了军队支持，并于 1998 年在民主浪潮中退位。

苏联解体是印度在 20 世纪 90 年代推行经济改革的主要原因。因与苏联的贸易额骤减，同时海湾战争又导致石油价格翻倍，印度总理纳拉辛哈·拉奥和财政部长曼莫汉·辛格推翻了尼赫鲁时代的中央计划经济以及声名狼藉的“许可证制度”，开始支持国外投资，这些举措使印度摆脱了“印度式经济增长”，步入发展的快车道。同时，克什米尔的暴乱以及与巴基斯坦关系的恶化都促使两国加快了核武器的研发。巴基斯坦的西部边界也不稳定，阿富汗陷入了内战，激进的塔利班组织从白沙瓦难民营中崛起，在数年内夺取了整个阿富汗，随后，在“基地组织”的支持下，开始宣扬伊斯兰革命。

亚洲经济危机之后，因为西方企业外包制造业加上贸易一体化的加速，20 世纪 90 年代至 21 世纪初，部分亚洲地区经济状况好转。2004 年开始，亚洲各国与区域内国家的贸易量超过了与发达国家的贸易量，这也是 2007 年亚洲免受西方经济危机影响的原因。虽然经济改革收效甚微，但印度经济持续增长，并实施“东向政策”，加强了与东亚的贸易和战略合作。印度人、巴基斯坦人和其他南亚人大量涌入海湾地区，从事建筑和政府工作。凭借出口石油和天然气到快速增长的东亚市场，海湾地区的经济迅速增长。中国则在修建穿越中亚，通向伊朗、巴基斯坦和海湾地区的基础设施。

美国以2001年“基地组织”偷袭纽约和华盛顿为由，于2001年入侵阿富汗，2003年进军伊拉克，从而使两国动荡不堪，但与此同时，西亚和东亚的联系却更为紧密。虽然美国镇压阿富汗的塔利班政权和伊拉克的萨达姆政权，但伊拉克当地民兵和“基地组织”联合反抗美国侵略，在阿富汗的北约军队遭受重创，伊拉克难民涌入邻国约旦和叙利亚。同时，第二次反抗以色列的巴勒斯坦大起义于2000年爆发，巴勒斯坦解放组织领导人阿拉法特于2004年逝世。内贾德当选伊朗总统，并秘密开展核项目以期与美国对抗。阿拉伯国家与伊朗的矛盾加深，暴力事件时有发生。2011年初，因粮食安全问题和对腐败的不满，许多阿拉伯国家的人民参加反政府暴动。叙利亚因内战四分五裂，伊拉克和叙利亚的激进组织“伊斯兰国”开始西进，无数难民从伊拉克逃至约旦、黎巴嫩、土耳其和欧洲。

21世纪第一个10年，大多数南亚和东亚国家政治稳定、经济发展。2014年，按购买力平价计算，中国成为世界第一大经济体；日本首相安倍晋三推行改革项目；韩国成为世界上第一个高速网络普及全国的国家；2014年，莫迪当选总理之后，印度大力投资基础设施，简政放权，培养民族自豪感。在东南亚，缅甸军政府释放了民族英雄昂山的女儿昂山素季，后来昂山素季也成为政要。尽管泰国推进基础设施建设和经济改革，但仍再次爆发了反对腐败的西那瓦家族的军事政变。越南则成为工业生产中心。东盟成员国的国内生产总值超过印度，吸引的外资超过了中国。

东亚经济的稳定和统一缓和了因领土争端导致的地缘政治紧张，例如中国和日本的钓鱼岛问题，以及中国与东南亚国家的南沙群岛和西沙群岛问题。然而，朝鲜半岛的局势变得更为紧张：2010 年，朝鲜击沉了一艘韩国舰艇，并在 2017 年连续进行核武器和洲际弹道导弹测试。尽管如此，亚洲一体化正在大踏步前进。几乎所有的亚洲国家都加入了 2015 年成立的亚投行，也参加了 2017 年的“一带一路”峰会，承诺投资数万亿美元用于推进整个亚洲甚至其他大洲的经济发展和文化交流。

第二章　全世界都应吸取亚洲历史的教训

大多数读者都对上述亚洲历史不甚了解，因为西方史学界以欧洲为中心记叙历史，并且历史上曾相互联系的亚洲各地已长时间处于分裂状态。因此，我在前文中简述亚洲历史是想让读者了解亚洲的过去，同时重塑亚洲在世界历史上的中心地位：欧洲各国因侵略亚洲而成为世界强国，目前美国的全球影响力也取决于其与亚洲的关系。最重要的是，亚洲读者可以据此回忆历史并展望未来。

从亚洲的角度看世界，或多或少都有一些不同之处。比如，许多名称就需要纠正。突厥部落和阿姆河东岸粟特民族所包含的范围远比西方所称的"中亚河中地区"广泛。法国在殖民时代用"印度支那"（中南半岛）来指代东南亚，但缅甸人和高棉人永远不会认为自己只是生活在两个大国之间的人。"中亚"也是一个毫无意义的殖民词汇，曾被用来指代英国船只停靠加油的地点。亚洲并不存在"黑暗世纪"，但这并不意味着435—1000年，从地中海到日本之间的地区并未发生重大的历史事件。相反，无数亚洲文明在这一阶段正处于"黄金时期"。

除此之外，还有一些重点需要关注。西方史学界往往更加重视亚历山大大帝对中亚的征服，但相比之下，孔雀王朝的君主旃陀罗笈多和其谋士考底利耶推行的外交政策对该地区的影响更为重要。工业革命前，亚洲各方面的发展都远超欧洲，欧洲只是处于边缘的后发地区。连接地中海地区和中国的丝绸之路的出现远早于欧洲 15 世纪的环球航行。在未被欧洲殖民者发现之前，非洲数世纪以来都是亚欧非贸易体系不可分割的一部分。在欧洲殖民帝国建立之前，大蒙古国早已成为世界上疆域最大的国家。

简单地回顾历史可以帮助我们理解某些现在的事件。比如，当看到塔利班摧毁巴米扬大佛时，你能知道佛教是如何在以宗教激进主义者为主的伊斯兰国家中传播的；当看到来自 200 多个国家和地区的 20 万人参加广交会并签署价值 300 亿美元的贸易协议时，你能知道广州在 1 000 多年前就已经是国际贸易中心；[1] 当在新德里查卡雅布里外交使馆区参加游园会时，你会知道邻国的名字从何而来。基于这些事实，亚洲和世界都要吸取教训，展望未来。

文化问题

西亚、中亚、南亚、东亚和东南亚的历史可追溯至数千年前，几千年以来，亚洲各国不断通过贸易、冲突和文化增进交流。土耳其、阿拉伯、波斯、中国、日本和朝鲜文明 3 000 年来绵延不绝，并互相影响。最简单的例子是语言。古印度的梵文是泰语、藏语和其他一些地区语言的前身，中国的汉字也通过朝鲜传至日本。波斯语、库尔德语、普什图语、乌尔都语等许多语言通过阿拉伯字母得以书面化。土耳其语、波斯语和印地语又在土耳其、波斯和印度衍生出数千个同源词。西方的语言也流传到东方，波斯语是丝绸之路上的通用语。唐朝设立了波斯语学校，以促进与西方商人的贸易往来。东亚社会也愿意接纳经丝绸之路传播的文化思想，尤其是佛教思想。

贸易和冲突也有助于人口迁徙和异族通婚，促进种族和血统的融合。中国、日本和朝鲜都是多种族的社会。中国人通常被认为是汉人，但鉴于隋朝统治者就已非纯汉人血统，元朝是由蒙古族建立，清朝更是由满族统治，世界上并不存在纯正的汉民族。古代中国，尤其是唐朝，有许多阿拉伯人、突厥人、波斯人和蒙古人被封为官员或将军。明朝的郑和便是宋朝波斯穆斯林移民的后代，他带领明朝士兵远下西洋，最远曾到达非洲。清朝军队也是由蒙古族人和满族人担任将领，而非汉族人。同样，阿拉伯人、波斯人和突厥人的融合使阿拔斯王朝成为人才、文化和军事强国，占领印度并建立德里苏丹国。无数亚洲人有蒙古族的血统，亚洲也渐渐融合。

宗教的多样性也是亚洲文明保持稳定的重要因素。婆罗门教、琐罗亚斯德教、神道教和佛教早在基督教产生之前便拥有众多信徒，并且基督教和伊斯兰教都起源于西亚。这些宗教经历了本地化过程后都能和谐相处。佛教的产生与东亚的宗教和文化心理密不可分，儒家思想也是一种共同的纽带，使精英阶层可以相互理解（即使处于敌对状态）。中国有这样的说法："释为日，道为月，儒为星。"[①] 当景教和其宣扬的"一神论"传入后，唐朝皇帝下诏称："道无常名，圣无常体，随方设教，密济群生。"早期的阿拉伯帝国、大蒙古国、莫卧儿帝国和奥斯曼帝国对宗教的包容态度都有助于帝国的扩张，因为归顺的民众不必担心宗教不和。虽然许多国家对少数民族征收歧视性的税款，但大多数情况下并未对其进行迫害。莫卧儿帝国的第三任君王阿克巴颁布法令，称任何皈依伊斯兰教的印度人都可以重新信奉印度教，无须缴纳任何罚款。受当地信仰的影响，阿克巴甚至想为琐罗亚斯德教、伊斯兰教和印度教制定统一的规则。

我们不可能只谈一种信仰的历史影响。在南亚和东南亚，印度教和佛教的融合最为常见，印度大乘佛教也在许多早期的东南亚王国流行。9—13 世纪，占领了中南半岛大部分地区的高棉王国信奉印度大乘佛教。柬埔寨辉煌的吴哥窟本是为了纪念毗湿奴所建的印度教寺庙，但在 12 世纪成为佛教寺庙，甚至波尔布特也不敢亵渎。现在，吴哥窟是柬埔寨国旗上唯一的建筑。苏门答腊岛上的三佛齐王国也信奉印度教和佛教。

南亚和东南亚的文化也受到伊斯兰教的影响。伊斯兰教是阿拉伯商人通过海上贸易传入南亚和东南亚的，千年来都与印度教、佛教和基督教共存。虽然伊斯兰教起源于阿拉伯地区，但经巴基

---

① 出自明代周清原所著的《西湖二集》第七卷，原文为"释为日，儒为月，道为星"。——译者注

斯坦和印度向东传入印度尼西亚，印度尼西亚后来成为世界上穆斯林人口最多的国家。目前，世界上有16亿穆斯林生活在亚洲，3亿穆斯林生活在非洲。[2]因此，伊斯兰教对亚洲人来说并不陌生，也非敌对宗教。有人称宗教信仰的多元化是亚洲各国能和谐相处的原因——各国人民太过不同且都数量众多，以至不可能相互征服，因此，亚洲人只能和谐相处。

总的来说，阿拉伯地区东部的伊斯兰国家也变得更能适应当今世界的政治秩序。但亚洲仍存在局部的动荡，如2017年恐怖组织“伊斯兰国”在棉兰老岛围攻菲律宾南部城市马拉维，最终以军事管制和印度尼西亚主要军事首领被杀而告终。菲律宾的穆斯林人口不足其总人口数的5%，除了宣扬意识形态，他们也热衷于毒品交易。印度尼西亚人主要信仰伊斯兰教，民众一直担心伊斯兰教能否与世俗政府和谐相处。近年来，一些印度尼西亚和马来西亚士兵从叙利亚撤离，并宣布效忠“伊斯兰国”。宗教问题已成为印度尼西亚选举中的政治难题。但印度尼西亚、马来西亚和菲律宾都成立了特遣部队，追击“伊斯兰国”成员以及其他在马来群岛各地活动的武装分子。总成员数近1亿的穆罕默迪亚协会和伊斯兰教士联合会的神职人员也公开发声反对极端主义，主张避谈政治以集中力量于社会发展。受本国历史的影响，他们也呼吁穆斯林尊重民主制度和宗教多元化。

在亚洲其他重要的伊斯兰国家，伊斯兰教也让位于世俗政府。沙特阿拉伯王储穆罕默德·本·萨勒曼推行了更大范围的解放运动，主要针对女权，同时也制约极端主义的瓦哈比教派神职人员对国家伊斯兰身份的控制。巴基斯坦政府禁止激进的伊斯兰组织开展政治运动，同时新兴的市民阶层也公开反对来自极端伊斯兰主义者的恐吓。中亚国家也成功控制了在20世纪90年代变质的伊斯兰组织。乌兹别克斯坦政府出资建造了训练伊玛目的中心。与14世纪时不同，今天的西亚向东亚看齐，并向它们学习如何解决伊斯兰教不断向西进行政治扩张的问题。

亚洲和西方

除了要了解亚洲历史的多样性，我们也要知道前殖民时代各国丰富的交流史。亚洲的商业城市和国际都市一同构成了无数连接多民族和多语言帝国的贸易路线。10世纪时，唐朝的皇家图书馆有8万本藏书，同时代，北欧最大的图书馆坐落于瑞士圣加伦修道院，仅有800本藏书。当时的欧洲探险家也称印度和中国的城市规模要大于伦敦和巴黎。数世纪来，从巴格达到德里，再到长安，城市间互通有无，推动了知识的传播。灌溉、建桥、制钟、制枪、造纸和导航等科学技术在亚洲被发明，随后被传入欧洲。公元751年，阿拉伯帝国战胜唐朝之后，囚禁了中国的造纸工匠，并迫使他们将技术传给巴格达和大马士革的穆斯林手工艺者，由此，造纸术先后传入埃及、摩洛哥、西班牙和意大利。

在每一个历史阶段，有关土地和贸易路线的地缘政治竞争都使得亚洲体系不断扩充。阿拉伯人和蒙古人之间的冲突促使两国开始寻找新的同盟和方法，以征服对方并占领主要市场。早在 13 世纪，蒙古人就成功连接了当时世界上的大部分国家。对外贸易极大地推动了宋朝和东南亚诸国的经济发展，使它们成为海上贸易中心。早在欧洲商人涉足之前，朱罗国、三佛齐王国和明朝就已在争夺印度洋贸易路线的控制权。

在大部分历史时期，亚洲各国的不断扩张推动了亚洲的崛起，尤其是阿拉伯帝国、大蒙古国、帖木儿帝国、清朝和其他强国的扩张。直到 16 世纪，西方仍未进入繁荣的亚洲体系，在 19 世纪之前，中国人、印度人、日本人、暹罗人、爪哇人和阿拉伯人之间的贸易额要远超欧洲内部的贸易额。就在最近几个世纪，亚洲才开始关心西方社会的地缘政治。虽然欧洲帝国在 20 世纪十分活跃，但是日本占领了从符拉迪沃斯托克到达尔文市的泛太平洋地区。目前，虽然美国有军队驻扎在东亚，但中国预测本地区地缘政治动向的能力要远胜美国。

亚洲人认为，欧洲人能入侵亚洲并不断壮大势力，是因为运气而非实力。若奥斯曼帝国不曾洗劫君士坦丁堡，且不曾从东部入侵欧洲，欧洲便不会在发现美洲之后，还如此积极地向西航行进而发现东亚。若明朝不曾在 15 世纪初闭关锁国，欧洲东印度公司不太可能完胜明朝舰队。因此，欧洲攫取了亚洲近代全球化的大部分利益，掌握了亚洲的兵器制造技术和航海技术，而在此之前，这些技术主要被应用于印度和中国之间的贸易往来。因此，当亚洲人回顾殖民历史时，他们应该看到自己的先进而非落后。亚洲人应从历史中吸取的教训是，当区域内发生冲突时，外部势力会乘虚而入。

欧洲国家国土面积小、势单力薄，要想成为世界强国首先要成为亚洲强国。西班牙人首先将亚洲纳入全球跨洋贸易体系之中，但贸易不意味着统治。相反，如果亚洲不是消费者和供应商，全球贸易体系的范围将仅限于大西洋。只有通过军事化手段，欧洲才能确立霸权。然而，即使在欧洲帝国的顶峰时期，西方列强也未能取代亚洲的文化、宗教和语言体系。尽管现在英语是世界上的通行语言，但它无法取代任何地区的母语。法国虽然曾为殖民国，但法语现在在其前殖民地几近消失。提及宗教，西亚对亚洲其他地区宗教信仰的同化程度要远超欧洲。基督教仅在菲律宾占主导地位，在亚洲其他地区并不流行。相反，从地中海东部到伊朗、巴基斯坦、印度和印度尼西亚，伊斯兰教在大部分印度洋沿海地区的主要地位从未削弱。

但西方殖民者带来的资本主义、技术和人力资源确实推动了亚洲的现代化。香港和新加坡成为金融中心，吸引了无数亚洲人才。海湾国家利用石油与西方国家成立合资公司，铁路的建设推动了印度次大陆的统一。谈及移民，殖民主义的持久影响使亚洲变得更加亚洲化。包括葡萄牙和英国在内的欧洲帝国，从马来半岛和印度迁移了数百万商人和奴隶到更广阔的印度洋地区。孟加拉湾和中国南海的蒸汽渡轮也促进了地区间的移民，使之成为常态。同时，19—20 世纪，泛亚洲的反殖民主义运动也有利于亚洲人重新认识自己的领土和政治。虽然殖民时代是亚洲的耻辱，但也为亚洲进入后西方时代奠定了基础。亚洲各国现在可以从彼此身上学到的东西比从西方国家学到的更多。最终，西方在亚洲最大的遗产将是促进了亚洲的发展。

落后于西方的亚洲：对西方经验的学习和滥用

考虑到亚洲各国紧密相连的历史，西方学者用解释西方历史的方式解释亚洲国家的行为就显得十分不合适。德国 19 世纪的崛起历史会比唐朝和明朝的历史更能诠释今天中国的崛起吗？在朱罗国统治时期，古印度航海业十分发达，进入发展的黄金时期，影响力盛极一时。那么，今天美国应该支持印度，将其视为一个与中国相抗衡的陆地力量吗？鉴于在大部分历史时期，波斯帝国的疆域都远至地中海，伊朗能够甘心受制于现在的边界划分吗？既然我们谈论的是中国、印度和伊朗，那么比起西方历史，今天的中国人、印度人和伊朗人以自身历史为参照，才更合理。

宗教冲突是建立西方体系的决定性因素，而亚洲却并非如此，长久以来，亚洲各国都能接纳彼此的宗教信仰，几百年来，不同种族和不同宗教都能和谐共处。借用德国战略学者安德烈亚斯·赫贝格·罗特的话来说，即“各有特色但仍能和谐相处”。目前，虽然宗教信仰不同，但随着军事和商业合作的不断加深，印度与海湾国家、伊朗、印度尼西亚的交流也更加密切。分布在亚洲两端的儒家社会和伊斯兰社会也并不惧怕彼此，它们并不是要建立一个地缘政治轴心而是要重建丝绸之路的商业中心。

类似的逻辑也适用于地形。虽然历史表明欧洲一直惧怕单一地区的霸权，但亚洲的地形决定了其多极化趋势，自然障碍减少了各国间的摩擦。遥远的距离、高大的山脉、广阔的河流和其他自然边界都使得亚洲各国无法过度相互侵犯。总的来说，地形、种族和文化相互作用，促发了近年来亚洲邻国之间的战争，其中包括中国和印度、中国和越南、印度和巴基斯坦、伊朗和伊拉克（最终陷入僵局）。虽然欧洲历史告诉我们，当双方实力不相上下时便会引发战争，但在亚洲是当一方实力远超另一方时才会引发战争。因此，印度、日本、俄罗斯、中国等相邻的国家实力越强，它们之间的冲突便会越少。

同时，虽然欧洲和亚洲历史上的众多帝国都是由定居的民族创建的，但亚洲的许多游牧民族也推动了文字、种族和宗教多样性的发展，例如粟特人就是古代丝绸之路上的传教士、学者和翻译者，将诸多不同的社会与文化连接了起来。匈奴人在印度和欧洲大肆掠夺，斯基泰人和帕提亚人控制了从罗马通向中国的贸易路线，塞尔柱人占领了安纳托利亚东部和美索不达米亚的小部分领土，阿拉伯人穿过中亚航行至印度和东南亚，作为游牧民族的蒙古人建立了前现代社会最大的帝国。

在很大程度上，西方人依据亚洲的发展历程来预测其未来，但这是大错特错的。其中最大的错误在于，他们认为亚洲未来的格局会类似中国明朝和清朝在16世纪末到19世纪中叶施行的朝贡制度，但朝贡制度从未在东亚以外地区施行。同时，朝贡制度仅限于贸易领域，中国甚少实施政治或军事霸权，也从未成为控制整个亚洲的强国。事实上，中国也并非从未经历征战之苦：它于8世纪在怛罗斯战役中战败，13世纪对蒙古人俯首称臣，19世纪成为半殖民地国家，20世纪被日本侵略。欧洲的理论错误地认为亚洲只能在霸权和无序之间做出选择，但事实是，亚洲历史一直处于多文明和多极化的状态。

但亚洲深受欧洲殖民主义的影响，或许这些影响需要漫长的时间来消解：国家间的领土争端、宗教和种族的分裂、消费主义和凌驾于家庭和血缘之上的唯物主义。这些都不属于亚洲文明，但都对其产生了深远影响。亚洲人现在要决定如何对待欧洲遗产和自己的传统。

亚洲当前急需解决的问题是如何划分边界，解决领土争端，而非意识形态和霸权问题。亚洲各国之间的文明冲突远不及领土冲突严峻。亚洲各文明千年来都能相互尊重并互通有无，但二战后，领土和民族主义问题导致边界冲突不断，各国若想关系恢复如初，必定要解决领土争端。因为领土问题本质上是零和博弈，各国需要明确划分其拥有的领土和水域。现代国际法有一劳永逸之法，但各国对扩大领土的诉求加剧了地区冲突。若印度不曾被分割，1947年后，克什米尔地区是否还会爆发国家间的战争、内战和波及10万人的暴动？克什米尔是一个多种族地区，有信佛教的藏族、信印度教的潘迪特、逊尼派和什叶派穆斯林，以及旁遮普的锡克教徒。在经历了莫卧儿人、阿富汗人和锡克教徒几个世纪的暴政后，克什米尔地区社会动荡且民众凝聚力差。但最糟糕的是，英国匆忙从该地区撤出之后，各民族、宗教分而治之。克什米尔和巴勒斯坦的例子只是用来表明，亚洲今天仍冲突不断是由欧洲殖民主义遗存、边界问题和地区民族语言的多样性共同导致的，甚至亚洲面临的外部安全挑战也已成为地区性问题。许多亚洲人，尤其是阿拉伯人和印度人一直认为其悬而未决的边界问题和宗派政治问题应归咎于欧洲，但这种想法于事无补。亚洲人受地区争端的影响要远超欧洲人。

亚洲的地缘政治现状告诉我们，因邻国和国家内部反对势力的顽强抵抗，地区霸权很难维持，更别提永久霸权。亚洲过于多元化，以至任何一个国家都无法完全同化另一个国家，大蒙古国、明朝和日本都是如此。千年来，突厥人、波斯人、阿拉伯人、印度人和俄罗斯人都曾试图在亚洲建立霸权，成为亚洲的中心。但亚洲将一直拥有众多独具特色的文明，其中许多文明，包括中国、印度和伊朗，都有历史中心主义和排外的特点。因此，各国能做的就是在多极化的亚洲发展成繁荣的次区域，这也是亚洲目前的形势。

第三章　伟大亚洲的回归

在经历了数百年的殖民统治和由冷战带来的分裂之后，亚洲又重新开始融合。亚洲所有的次区域都在融合。对横跨欧亚两洲的俄罗斯和土耳其来说，比起倾向欧洲的政治取向，其地理位置一直被认为是次要的。但现在，两国都在亚洲体系内扮演重要角色，同样的情况也发生在中东、黎凡特和海湾地区，它们正减少对西方的依赖，转而在亚洲寻找未来的战略同盟。伊朗、巴基斯坦、中亚和东南亚等核心地区虽曾十分落后封闭，以至无法完全融入亚洲历史，但现在也在亚洲体系中占有举足轻重的地位。作为地区霸主的日本，虽曾有亲近西方的全球定位，但现在仍不可避免地走上亚洲化之路。

俄罗斯的亚洲化

2017 年 7 月，丝绸之路国际汽车拉力赛前夜，我慢跑经过莫斯科红场。在一条起自列宁墓的鹅卵石路上，几十辆崭新的彩色卡车装有巨大的履带轮胎，上面有公司标识，这些卡车会从莫斯科出发，横跨乌拉尔山脉和西伯利亚，经哈萨克斯坦到达中国的西安。那天，莫斯科仿佛不再只是俄罗斯的首都，还是北部丝绸之路的中心。

俄罗斯的 1.4 亿人口中有超过 80% 的人住在乌拉尔山脉以西的欧洲地区，仅有不足 20% 的人住在亚洲地区，但事实上，俄罗斯国土的 80% 都在亚洲，与哈萨克斯坦、蒙古国和中国接壤。俄罗斯首都莫斯科和重要港口圣彼得堡（俄罗斯第二大城市）都在欧洲，但其大部分石油和天然气资源都在西伯利亚，并且主要出口到亚洲市场。俄罗斯到底是桀骜不驯的西方帝国还是连接欧洲和东亚的亚洲通道？

曾经，俄国击退蒙古人，并在 19 世纪“大博弈”时期[①]与英国斡旋，威胁清朝统治，后来，苏联在二战中击败日本并在朝鲜战争和越南战争中扮演重要角色，这都表明俄罗斯的利益一直与亚洲其他国家息息相关。10 年前，俄罗斯最终是否会因地理位置原因而归属亚洲这一话题是被禁止谈论的，那时的俄罗斯政府不断采取措施推动其东部地区的经济发展。10 年后，俄罗斯不再害怕失去东部地区。与百年前不同，现在无论是日本还是其他国家都不会侵略俄罗斯以谋取其石油和天然气资源，因为石油和天然气市场早已供过于求。从前俄罗斯对亚洲化缄口不言，现在亚洲化却已成为其国家战略。

自苏联解体之后，西方战略学家便预言俄罗斯会成为北约的

---

① “大博弈”时期是指 19 世纪中叶到 20 世纪初期，沙皇俄国与大英帝国在亚洲腹地进行的一系列政治竞争。——编者注

一分子，与美国和欧洲建立初级的伙伴关系。毕竟，据传言，俄罗斯的最终目的是获得美国和欧洲的认可。20 世纪 90 年代，克林顿政府称与俄罗斯是“战略伙伴关系”。20 年后，西方分析专家对俄罗斯拒绝遵从西方国家的规则表达了惋惜之情，言外之意是俄罗斯根本不遵从任何规则。

但如今的俄罗斯自认为是亚洲体系内的重要一环。美国前任总统奥巴马及其国务卿提出了“转向亚洲”战略，而俄罗斯也提出“转向东方”战略，允许中国大规模投资其石油、天然气和采矿业以满足中国对石油的巨大需求。2014 年，在进军乌克兰并“占领”克里米亚之后，俄罗斯受到制裁，再加上石油价格不断下跌，促使其迅速达成一系列交易，允许中国在其天然气领域进行大规模投资。在俄罗斯黑客窃取美国民主党绝密文件，并涉嫌干预 2016 年的美国总统选举之后，冷战的氛围再度袭来。德高望重的俄罗斯地缘政治学者德米特里 · 特列宁对我说，他坚信俄罗斯与西方之间仍会冲突不断，即使希拉里 · 克林顿赢得 2016 年美国总统选举，在乌克兰、叙利亚和其他热点地区的僵局也不会被打破。

在地理位置上，俄罗斯与欧洲紧密相连。俄罗斯半数的贸易额都发生在与欧洲国家之间，其最大的投资商是法国和德国。在“占领”克里米亚之后，俄罗斯和德国的谈判并不顺利，但德国前总理格哈德 · 施罗德仍是俄罗斯天然气工业股份有限公司的董事长，也是俄罗斯石油公司的董事，而英国石油公司持有俄罗斯石油公司 20% 的股份。欧洲公司十分不满西方国家政府制裁俄罗斯的行为，因为这削减了公司的利润，同时它们也十分厌恶美国阻止其铺设通向俄罗斯的北溪 2 号管道的行为，如此一来，美国便可以向欧洲出口更多的天然气。虽然西方对俄罗斯的看法不一，但西方评论家普遍认为俄罗斯与亚洲其他国家的合作仅是表面文章，俄罗斯在等待西方对其重新敞开大门，这种想法实在是十分天真。

一旦受到的制裁程度有所缓解，俄罗斯将重新欢迎欧洲国家投资其能源、房地产、金融等领域。但因俄罗斯过去曾切断天然气供给，欧洲人已认识到其不可预测性，转而从美国、阿尔及利亚、北极和高加索地区进口石油和天然气，并增加对风能、太阳能、核能等可替代能源的资金投入，以确保能源安全。10 年后，俄罗斯在欧洲石油市场的份额可能会下降至 10%~15%，届时俄罗斯的能源将主要出口到亚洲其他国家。

现在俄罗斯和中国的关系是除 20 世纪 50 年代共产主义联盟时期外最亲近的时候。2014 年起，中俄两国建立“全面战略协作伙伴关系”。中国 2/3 的军事装备都来自俄罗斯，包括苏 35 战斗机和 S400 导弹防御系统。两国的海军还一同在太平洋、波罗的海和地中海进行演习（就在北约的家门口），同时双方也不断增加太空军事化的合作。有媒体指出，2018 年，中国国防部部长魏凤和首次外访的目的地就是莫斯科，目的是“展示中国人民解放军与俄罗斯军方的密切关系”[1]。2018 年，七国集团首脑会议在加拿大召开，特朗普呼吁俄罗斯重新加入该组织，但俄罗斯总统普京正忙于参加上海合作组织峰会并接受中国的最高荣誉勋章。

中俄能源关系也不断深化。虽然俄罗斯的能源主要出口到日本和韩国而非中国，但俄罗斯天然气工业股份有限公司的“西伯利亚力量”天然气管道和俄罗斯石油管道运输公司的东西伯利亚－太平洋运输管道，会极大地增加从萨哈共和国（俄罗斯最大的行政区）输送到日本海的石油和天然气总量，预计 2019 年时这些管道便可通至中国。俄罗斯北极地区的领土对东亚也有至关重要的战略意义。挪威和加拿大分别是欧洲和北美在北极地区重要的外交掮客，而俄罗斯是亚洲在北极地区的守护者。为能更多地输送俄罗斯北极地区的天然气，日本、中国和韩国都加快了液化天然气运输船的建造，以便将巴伦支海的天然气经白令海峡运送至东亚。除了在北部海上路线投入资金，中国部分企业也有意投资俄罗斯的港口和铁路建设项目，使俄罗斯内陆的商品能够由此进入全球市场。

俄罗斯和中国通过中国的“一带一路”倡议和俄罗斯的欧亚经济联盟通力合作，以确保前苏联成员国间可以互通有无。白罗斯和哈萨克斯坦等国对俄罗斯成立关税同盟的提议并无兴趣，因为它们并不想维护俄罗斯的霸权，但它们倾向于依靠这一协定进行中欧无缝运输，从中攫取利润。中国向乌克兰投资 70 亿美元推进其农场、道路、港口等基础设施建设（乌克兰已宣布 2019 年为“中国年”）。中国正在修缮俄罗斯的多条铁路线，如莫斯科到喀山的铁路以及传说中的西伯利亚铁路。每年有数百万中国游客到边界小镇旅游，如位于中国、俄罗斯、蒙古国三国交界的满洲里，这是前往贝加尔湖等地观赏俄罗斯雄美的自然景观的必经之路。中国黑龙江省的边疆镇有 1/3 的人口是俄罗斯人、华裔俄罗斯人，或是取了中国名字的俄罗斯人。据北京大学发布的“一带一路”倡议成员国与中国贸易、金融和政治合作密切程度的排名，俄罗斯居于首位。

虽然俄罗斯与欧洲的贸易总额仍超过其与亚洲其他国家的贸易总额，但后者增长迅速。近来，中国已取代德国，成为俄罗斯最大的贸易伙伴，中俄贸易额在 2015 年达到 880 亿美元。随着俄罗斯石油价格的下降，中国出现贸易顺差，且中国电子产品的出口额在增加。中国科技公司阿里巴巴的创始人马云与普京会定期会面，阿里物流的市值自 2010 年起在卢布贬值的情况下仍以每年两位数的速度增长。2017 年，在参加“瓦尔代”国际辩论俱乐部年会之前，马云宣布，阿里巴巴会在 7 个城市成立研究实验室，由于俄罗斯在工程研究领域的实力，莫斯科便是其中之一。与欧洲人不同，亚洲投资商愿意遵从俄罗斯极具亚洲特点的当地法律，即要求公司共享技术并创造就业岗位。西方的国防承包商都不愿意在莫斯科之外的地方设立工业园区，研究新型武器。俄罗斯的国有企业开始使用中国而非西方国家制造的电脑。

俄罗斯人意识到俄罗斯与中国在经济和人口方面相当不同。这种不同正是俄罗斯要与中国维持良好关系的原因，加拿大与美国之间的关系也是如此。中国需要俄罗斯的资源，且希望俄罗斯的核战略能一直针对西方而非东方。因此，俄罗斯与其他亚洲国家的友好往来是出于经济互补和战略需要，与文化因素不甚相关。

许多人认为，在俄罗斯与亚洲各国的关系中，俄罗斯居于中心地位，但事实更加复杂。俄罗斯迫切地要与日本、印度等国家发展关系。日本企业与欧洲企业一样对欧洲国家政府制裁俄罗斯的行为十分恼火，因为这损害了其在俄罗斯的利益，尤其是2014年俄罗斯和日本的贸易额已增至350亿美元。事实上，从日本的角度来看，这一制裁将俄罗斯推向了中国。自冷战结束之后，俄罗斯也希望与印度重修旧好，目前俄罗斯40%的武器都出口到印度。虽然中国与印度的战略关系降至冰点，但俄罗斯成功游说印度在2017年加入上海合作组织。2014—2017年，俄罗斯和印度签署了40多份合约，涉及护卫舰、喷气式战斗机、核反应堆和肥料，两国的双边贸易额接近200亿美元。俄罗斯与东盟成员国的贸易额在2014年便已达到200亿美元，且以每年20%的速度增长。同时，俄罗斯想将核能技术出口到越南，还想向菲律宾出口更多武器以助其镇压暴乱。

俄罗斯的亚洲战略也体现在其对西南亚国家的干涉上。俄罗斯和伊朗在叙利亚扶持巴沙尔·阿萨德，这使得俄罗斯可以在地中海塔尔图斯港增派舰队，同时两国还想将叙利亚新兴的石油和天然气产业商业化，并与叙利亚签署价值300亿美元的新能源合作合约，以使伊朗免受西方制裁。俄罗斯与伊朗的合作于2018年4月在德黑兰“瓦尔代”国际辩论俱乐部会议上便已初见端倪，双方的高级官员和学者在会上进行了对话和协商。一个月之后，尽管美国加紧制裁伊朗，但伊朗仍加入了欧亚经济联盟。[①] 未来，这种会议将继续在解决地区矛盾上起重要作用，如俄罗斯向库尔德人销售武器，而库尔德人又与俄罗斯名义上的朋友叙利亚、伊朗和土耳其为敌。2015 年，土耳其击落了一架途经其领空的俄罗斯飞机，自此两国关系十分紧张，但普京和土耳其总统埃尔多安很快便达成和解。俄罗斯向土耳其出口金属和小麦并进口机械和蔬菜，双边贸易额已增加到 200 亿美元。同时，土耳其也购买俄罗斯的核反应堆以降低其高昂的能源成本。

虽然俄罗斯和沙特阿拉伯历来竞争在全球石油市场上所占的份额，加上俄罗斯与伊朗交情匪浅，从而导致俄罗斯与沙特阿拉伯关系十分紧张，但两国仍合作降低石油产量以提高石油价格，并共同发展多元化经济，同时还在天然气开采等方面开展合作。沙特阿拉伯也想减少对美国的依赖，并释放出想要购买俄罗斯武器、核反应堆的信号。俄罗斯既然已将 S400 导弹防御系统销售给了土耳其，那么也有可能将其销售给沙特阿拉伯、卡塔尔和印度，这表明尽管美国制裁俄罗斯的实体企业，但亚洲各国迫切地想要在军事装备上互通有无。

虽然阻止了卡塔尔铺设跨叙利亚的输气管道，但俄罗斯很乐意接受卡塔尔对俄罗斯石油公司投资的 30 亿美元。同时，俄罗斯

① 2018 年 5 月，伊朗和欧亚经济联盟签署建立自由贸易区的协议。——编者注

直接投资基金的60亿美元投资主要来自阿联酋的国有企业——阿布扎比慕巴达拉公司，该基金主要关注俄罗斯和中亚的基础设施建设和新兴企业。此外，有一半俄罗斯血统的慈善家奥马尔·赛义夫·戈巴许担任阿联酋驻莫斯科大使至今已将近10年。虽然俄罗斯和以色列在叙利亚问题上意见不合，但俄罗斯需要以色列的高科技武器，且通过历史上的移民以及犹太教和东正教教徒的朝圣，两国在文化交流方面始终保持着密切联系。一个来自欧洲的外籍雇员在莫斯科新城区大厦吃午饭时对我说："似乎未来所有的新协定都与亚洲息息相关。"事实上，来自阿拉伯地区和东亚的公司占据了莫斯科大部分的商业用地。

俄罗斯在21世纪所有成功的外交关系都与亚洲息息相关，这表明俄罗斯正在重新制定政策方向。几百年来，俄罗斯人都在争论其文化到底归属于亚洲还是欧洲，还是它代表了一种与其故土完全不同的价值观。西化派想让俄罗斯与欧洲建立更为密切的关系，斯拉夫派则想让俄罗斯保持独立的身份，同时反西方人士强调俄罗斯与土耳其人、蒙古人和中国人的历史渊源。考虑到俄罗斯的独裁政府和商品依赖型经济，俄罗斯更符合亚洲范式而非自由民主的西方范式。亚洲人喜欢稳定，以此减少不确定性，降低风险并抓住机遇。

毫无疑问，许多俄罗斯人，尤其是占人口绝大多数的斯拉夫人更亲近西方并将西方视为心理归宿。俄罗斯精英仍将钱财存放于欧洲，将孩子送到西方的学校，通过塞浦路斯、马耳他等国家的公民计划购买前往欧盟的护照，并去里维埃拉和阿尔卑斯山度假。尽管欧洲从未对俄罗斯人开放免签证旅游，但俄罗斯人仍感觉自己属于欧洲。而这并不会让俄罗斯人变成欧洲人，俄罗斯人只是在一个日益亚洲化的国家里的欧洲族群。成千上万的俄罗斯人无法再忍受西方国家签证延迟的问题，同时也发现免签且阳光明媚的泰国是家庭旅游的好去处。

并不是俄罗斯所有的斯拉夫人都认为自己属于欧洲。列宁有一部分蒙古族血统，其祖先在17世纪迁徙至里海西部地区。现在的俄罗斯绝非一个单一的社会，如果你去莫斯科、喀山、新西伯利亚等大城市旅游，你会发现，与这个国家的冰球队不同，俄罗斯社会具有熔炉的特质。俄罗斯有近600万鞑靼人，约占其总人口的4%。俄罗斯对移民有巨大的吸引力，尤其是对贫困的中亚人民，因为他们国家的经济在过去的25年里未实现现代化。俄罗斯的菜市场、建筑工地和出租车上满是阿塞拜疆人、乌兹别克人和塔吉克人。[2] 这个多语言国家几十年前曾统治这些小国，而现在则对来自这些国家的移民存在种族歧视，但这些信奉伊斯兰教的亚洲人及其高出生率都在提醒我们，俄罗斯并非只有一个民族。随着俄罗斯的生育率下降，劳动力短缺，它需要更多的移民来填补劳动力市场的空缺，实现东部的发展以巩固其经济基础。

气候变化会加快俄罗斯的亚洲化。极地地区气温上升最快，这意味着到2040年，加拿大和俄罗斯的气候可能会与美国类似。在过去10年里，俄罗斯的小麦收成翻番，粮食出口量增加了3倍。

俄罗斯出口到东亚和南亚的粮食数量一年内增加了 60%，2017 年，其粮食出口量首次超过了美国和欧盟。由于干旱的西南亚国家遭受了严重旱灾，伊拉克、叙利亚、沙特阿拉伯和伊朗将会与中国和朝鲜一样，从俄罗斯进口更多小麦。俄罗斯较大的私募股权基金，如 Sistema 公司，不但增加了对农业和基础设施的投资，还设立了更多的亚洲办事处以吸引对俄罗斯东部边境的投资。俄罗斯是 21 世纪亚洲的粮仓。

为了让俄罗斯增加粮食出口以满足亚洲其他地区的需求，日本、中国和韩国都想将俄罗斯东部最重要的城市符拉迪沃斯托克（意为“东方之王”）变成经济特区，从事粮食加工和出口产业。符拉迪沃斯托克位于俄罗斯东部的一个狭长地带，是阻碍中国在紧邻日本海的东北地区建港的天然屏障，这使中国不得不使用俄罗斯的港口。符拉迪沃斯托克有许多赌场，主要由来自哈尔滨附近的中国酒店大亨所有和经营，而中国也在翻修哈尔滨的铁路。18 世纪早期，彼得大帝定都圣彼得堡，让俄罗斯更亲近作为世界中心的欧洲。德米特里·特列宁开玩笑说：“若彼得大帝还活着，他会把首都迁至符拉迪沃斯托克。”

俄罗斯战略家想将该国的权力中心转至亚洲地区，以确保下一代有会说波斯语、土耳其语、普通话和日语的外交家。在俄罗斯战略身份的问题上，亲欧洲的西化派和民族主义的斯拉夫派间的争辩已有百年之久，但这已被俄罗斯的“大欧亚伙伴关系”的构想取代，即要同时成为欧洲成员和亚洲强国。

土耳其向东方进发

无论是匈奴人、塞尔柱人还是奥斯曼人，土耳其千年来一直在叩动欧洲的大门。15 世纪，君士坦丁堡陷落，奥斯曼人侵占了信仰基督教的拜占庭帝国。但 20 世纪早期，欧洲人肢解了奥斯曼帝国。自此，凯末尔想使土耳其在文化上（而非军事上）向西方靠近，成为欧洲文明的一员，这使 20 世纪土耳其的外交政策焕发出生机，其申请加入欧盟便是最好的例证。虽然在 20 世纪 90 年代末至 21 世纪初，土耳其自认为前景光明，但土耳其与希腊未能就塞浦路斯问题提出一致的解决方案，也未能在 2003 年美国入侵伊拉克时就北约使用土耳其的防空基地问题与美国达成一致意见。同时，埃尔多安政府严厉镇压反对派，这都使土耳其与欧盟的协商进展缓慢。再加上难民危机和 2016 年埃尔多安对想推翻其统治的政变者展开疯狂报复，土耳其与西方的关系进一步恶化。

2011 年，“阿拉伯之春”运动爆发，许多人称世俗、成熟、民主的土耳其能为周边的阿拉伯国家起表率作用。但事实恰恰相反，阿拉伯人的起义刺激了埃尔多安施行暴政，他囚禁了军官和在野党政要，恐吓知识分子和记者，并流放了前盟友。他甚至想通过开设阿拉伯语和《古兰经》的新课程将土耳其的教育伊斯兰化，以创造“虔诚的一代”。由于卸任遥遥无期，这位颇具奥斯曼风格的领导人成立了所谓的“欧亚人”禁卫军，坚信西方要孤立土耳其。土耳其虽与欧洲矛盾重重，但它仍是欧洲委员会和土欧关税同盟的成员，其国内一半以上的投资都来自欧洲，并且因与土耳其市场息息相关，欧洲的银行帮助土耳其摆脱了经济危机带来的冲击，实现经济复苏。但因欧洲拒绝接受土耳其，而东方机遇与挑战并存，土耳其开始亲近亚洲。

与俄罗斯相同的是，土耳其的大部分领土都在亚洲，与俄罗斯不同的是，土耳其的大部分人口也在亚洲。同时，土耳其是绝对的伊斯兰国家，其 80% 的人口是逊尼派，20% 是什叶派，因此他们对亚洲文化并不陌生。虽然中间隔着高加索地区和中亚地区（旧称突厥斯坦），但土耳其与蒙古国之间有种族、语言和文化的亲近关系。2013 年，土耳其航空公司开通了直飞蒙古国的航班，土耳其还在蒙古国开展了大规模的文化遗产保护工作。土耳其对中亚兄弟国家的提议有利于内陆地区与外界进行贸易往来，过去 5 年来，双边投资推进了连接中亚和安纳托利亚的“21 世纪丝绸之路”货运铁路的建设，还使里海的港口（分别是阿塞拜疆的巴库、哈萨克斯坦的阿克套和土库曼斯坦的土库曼巴希）和经哈萨克斯坦到达中国的能源通道得到翻修。土耳其已经成为将里海能源运送至欧洲和地中海地区的巴库－第比利斯－杰伊汉管线的必经之路，借此，欧洲可以减少对俄罗斯的依赖。不久之后，这一通道还将运送从土库曼斯坦和伊朗出口的天然气。

自 1952 年加入北约之后，土耳其便是北约重要的东部支柱，但它也加入了上海合作组织。毫无疑问，土耳其加入亚洲组织是为了报复西方，俄罗斯看透其意图，因此也接受了土耳其的申请。

虽然北约和俄罗斯处于敌对状态，但土耳其还是在2017年向俄罗斯购买了价值24亿美元的地对空导弹。华盛顿和布鲁塞尔的战略家认为，这一行为迫使西方重新调整对土耳其的战略，土耳其还与其奥斯曼帝国时期的两个对手——俄罗斯和伊朗签订了协议，意在保护其各自在阿拉伯地区的利益不受美国和北约的侵犯。

虽然中国不太可能在土耳其建立军事基地，但在经济层面，土耳其正在加速亚洲化是显而易见的。2007—2016年，土耳其与中国的年贸易额翻番，增至270亿美元，在土耳其的进口总额中，来自中国的商品占13%，来自亚洲其他国家的商品占8%。为了实现双边贸易平衡，中国也派遣商贸团购买土耳其产品，并放宽对土耳其人来华签证的限制，鼓励土耳其企业来华经营。2015年，中国工商银行收购了Tekstilbank，为其融资以扶植土耳其企业。土耳其与伊朗、韩国、印度和阿联酋的贸易总额也迅速增长，可与土耳其和主要欧洲国家的贸易额持平。土耳其与亚洲其他国家的进出口额都有所增加，土耳其主要向亚洲其他国家出口大理石、铜等原材料，并进口纺织品、电脑和其他机械。虽然土耳其与印度、日本和中国都未签署自由贸易协定，但基础设施的完善还是促进了它与这些国家间贸易额的增加。在2018年里拉贬值时，日本投资商帮助土耳其稳定了货币。

在土耳其的战略转向东方的过程中，投资远比贸易重要。中国的中兴通讯买下了土耳其电信近49%的股份，这为两家公司共同推进基础设施建设扫清了障碍。土耳其国家铁路公司计划在国内铺设 9 300 英里的高铁路线，并延伸至邻国格鲁吉亚和伊朗，其中大部分工程都由中国公司承包。有一条货运铁路早已横跨伊朗，连接了土耳其和巴基斯坦，新修的货运铁路也会在 2020 年开通，连接伊斯坦布尔和乌鲁木齐。同时，土耳其也加入了亚投行并成为亚投行十几个大股东之一。2016 年，土耳其获得了 6 亿美元贷款，用于铺设跨安纳托利亚的天然气管道，此管道起自阿塞拜疆，横跨土耳其，直达南欧。欧洲国家可能对土耳其的亲亚行为颇有微词，但它们同样也从中受益。

伊朗的开放也推进了土耳其亚洲化的进程。欧洲游客会乘坐欧洲的豪华列车途经土耳其到伊朗度假，虽然伊朗受美国制裁，但欧洲仍投资伊朗的石油生产，这意味着伊朗会铺设更多经土耳其到达欧洲的石油管道。虽然土耳其和伊朗在有关叙利亚和伊拉克的问题上政见不合，但土耳其和伊朗的银行、企业和货币兑换商都互相合作以规避制裁，并在能源、黄金和其他商品上互通有无。在伊朗受到的制裁有所缓解后，大量土耳其企业家会到伊朗投资，带去更多的黄金珠宝、烟草和食品。

土耳其和伊朗已加强国防合作以保护其边界不受阿拉伯地区政局动荡的影响，同时压制库尔德人侵略的野心。在接纳了 300 多万叙利亚难民之后，土耳其再也无暇关注欧洲，因为它与叙利亚共享着 600 英里的边界线，同时还要镇压库尔德民兵。叙利亚正在重建之中，借此机会，伊朗通过与其签订商业合约赚取利润，包括重建叙利亚电网、供水和排水系统、基础通信设施等，土耳其也将因此认识到与叙利亚重建贸易关系的必要性。伊拉克的军事、政治和经济仍受伊朗影响，其未来尚不可知。在与“伊斯兰国”斗争过程中遭到破坏的摩苏尔和伊拉克其他城市正在被重建，库尔德斯坦则在继续寻求独立。未来有无数的可能，因此土耳其不会容忍任何想独占利益的国家，无论是欧洲国家还是美国。它一方面不想受动荡的阿拉伯邻国影响，另一方面又想从其经济复苏中攫取利润。

东方的曙光：“中东”看向东方

虽然东亚一些国家的生活水平已赶超西方，但西亚深受经济衰退的影响。在亚洲，越往西，社会便越动荡，宗派分裂、内战和政府失灵的现象也越严重。据估计，有 20 万伊拉克人在 2003 年美国入侵伊拉克时丧生，而自 2011 年至今，估计有 50 万叙利亚人丧生。叙利亚很多城市都在内战中化为灰烬，其幸存居民的生活环境重回野蛮时代。相比其他国家，西亚的难民危机也最严重。欧洲近年来接收了 100 多万难民，这与亚洲国家需要接收的难民数量相比简直不值一提——土耳其要接收 300 多万难民，巴基斯坦要接收 150 多万难民，黎巴嫩和伊朗各需接收 100 多万难民。

土耳其、沙特阿拉伯和伊朗是西亚最重要的三支力量。马什里克（意为“日出之地”），也就是欧洲人称为“近东”的地中海东部地区，尤指伊拉克、叙利亚、黎巴嫩、约旦、以色列和巴勒斯坦。亚洲这一区域今日之遭遇与20世纪70年代的东南亚惊人地相似：在后殖民时代结束后，又陷入了多方外部政治势力间的地缘政治斗争，以逊尼派为主的阿拉伯国家和以什叶派为主的伊朗之间斗争不断，双方各自代表的宗派武装力量间有着不可调和的矛盾。虽然叙利亚政府和反动势力所使用的武器都来自遥远的美国、俄罗斯、克罗地亚和卡塔尔，但叙利亚成了亚洲人自相戕贼的典型代表。

沙特阿拉伯和伊朗之间的对立在一些弱小的国家中表现得尤为明显。沙特阿拉伯一直视黎巴嫩为其附属国，因此，2017年，当怀疑黎巴嫩总理萨阿德·哈里里与伊朗支持的真主党关系过于亲近时，沙特阿拉伯便逼迫哈里里在利雅得宣布辞职，并对其实施软禁。同时，对伊朗来说，叙利亚和黎巴嫩不仅仅是其通往地中海的必经之路，而且是其对抗以色列的战略杠杆。沙特阿拉伯计划在也门镇压伊朗支持的胡塞武装组织，在这里，世界上最严重的人道主义灾难仍在继续，并伴随着大规模的饥荒问题。阿联酋经营着亚丁的机场和港口，其军队负责保护也门的国家安全，同时阿联酋红新月会在重建医院。

在过去的25年里，阿拉伯地区一直是西方的问题，因为该地区一直依赖西方的军事干预和财政资助。但现在，阿拉伯地区大部分重要的长期能源合同、基础设施工程和外交活动都与亚洲其他地区息息相关。决定西亚未来的是亚洲其他地区和阿拉伯地区的关系，而非英美强加给阿拉伯地区的绝对命令。该地区各国现在正在修改西方殖民主义时期随意划定的边界，在目前的混乱状况中，唯一明显的趋势是美国的地位逐渐下降。虽然美国认为西亚深受“伊斯兰国”和黎巴嫩真主党的侵扰，但西亚各国正在寻找一种权力平衡的状态，重新制定地区秩序。最新成立的沙伊两国协调委员会维护沙特阿拉伯的利益，而伊朗支持的政党和准军事部队听从伊朗指挥。在2018年2月召开的伊拉克重建国际会议上，美国只为伊拉克提供了30亿美元的信贷额度，而亚洲其他国家对伊拉克的捐赠总额达到了300亿美元。[3]叙利亚曾经很自豪地说自己位于地中海东部，现在叙利亚深知自己的未来与亚洲的阿拉伯地区息息相关。无论国家是否已稳定下来，这些国家都忙于进行经济基础设施建设，以确保未来能与亚洲东部的国家进行更多的贸易往来。中国和印度早已成为伊拉克石油的最大购买者，同时，在2017年袭击“伊斯兰国”时，伊拉克军队使用的是中国制造的无人攻击机。中国华为技术有限公司通过竞标赢得了伊拉克电信基础设施的建设合同，并将在一年内履行。作为亚洲经济的资深观察员，贝哲民建议东亚的商务代表团挖掘伊拉克的经济潜力，因为政治风险和文化差异都是可以解决的问题。贝哲民说：“在商言商，只要有机会挣钱，他们就会想办法解决问题。”

其他阿拉伯国家虽未能在后殖民时代实现经济飞速发展，但它们当前也在把握时机与世界上最大且发展最快的经济体建立深层次的贸易往来。约旦想通过引进亚洲其他地区的投资来巩固经济基础，摆脱来自其他阿拉伯国家和西方的援助。沙特阿拉伯耗资 5 000 亿美元建设新城 Neom，新城坐落在与约旦的交界处，建成后将促进沙特阿拉伯与马什里克地区的贸易往来。约旦是亚投行的创始成员国之一，很快便拿到融资，用于建设使用页岩油和可再生能源的发电厂，并在靠近亚喀巴港口处设立了以制造业与物流业为主的经济特区。同时，约旦还委托中国帮助其建设全国铁路网，该项目合同价值 30 亿美元，其资金也来自亚投行。几年内，奥斯曼帝国时期修建的汉志铁路就会成为亚洲新丝绸之路的一部分。

以色列也想获得亚洲其他国家更多的帮助。因独特的历史条件，以色列是西亚西方化最明显的国家。以色列是多宗教、多党派的民主国家，其中犹太人占总人口的 75%，而且大部分犹太人都是第二代或第三代以色列人。虽然该地区动荡不堪，但在过去 10 年里，移民至以色列的法国、德国、意大利、英国和比利时犹太人数量明显上升。在欧洲恐怖主义和反犹太主义盛行之际，以色列总理本雅明·内塔尼亚胡呼吁所有的犹太人回归以色列，以优化其人口结构。但与土耳其和俄罗斯的境遇一样，以色列也开始被欧盟疏远：一方面，欧盟支持巴勒斯坦的阿拉伯人独立；另一方面，欧洲国家的投资商从以色列撤资并对其进行抵制。对此，以色列开始加倍推行民主反自由主义：2018 年，以色列的议会通过一项决议称以色列是犹太人的家园，是犹太人价值观的体现，绝口不提少数民族的利益。虽然美国向以色列提供了军事援助，特朗普也承认耶路撒冷是以色列的首都，但以色列领导人明白，许多在美国的犹太人认为无须建立特殊联盟或给予以色列政府额外的豁免权。

因此，以色列开始亲近中国和印度。10 多年来，以色列与印度的往来越发密切，很有可能在伊斯兰国家中形成“民主轴心”。2017 年，莫迪成为第一位访问以色列的印度总理。众所周知，以色列是印度的第三大武器供应商，双方也在网络安全、导弹防御等重要领域，以及农业技术和水循环等以色列擅长的经济领域进行合作。[4] 以色列有 9 万印度裔犹太人，同时，为吸引外国工程师，以色列也颁发人才签证以吸引更多印度年轻人投身其科技领域。2017 年，内塔尼亚胡与 130 位以色列官员和商业领袖在印度进行了为期 6 天的访问。

中国与以色列的贸易往来也更加频繁。为了缓解特拉维夫市住房紧张的情况，以色列雇用了近 1 万中国的建筑工人，同时，以色列著名的海法大学和以色列理工学院每年也会招收几百名中国学生。广东以色列理工学院主要研究人工智能。美国越限制中国对美国科技公司的投资，中国便越向以色列靠拢。中国创办中以技术创新基金，主要投资以色列的新兴企业。

在与政治环境复杂的地中海东部地区来往越发密切之际，中国必须学会消除殖民主义的影响，并解决各国利益重合与冲突的问题。中国呼吁巴勒斯坦独立并定都东耶路撒冷，以此获得巴勒斯坦对中国的外交优先权，这与美国的政策相悖，同时也易引发以色列的怀疑。但中国帮助以色列发展物流业，为以色列与其阿拉伯邻国间的合作开辟新道路。2014 年，中国港湾工程有限责任公司开始在阿什杜德建设新港口，此港口的规模要大于目前以色列的海法港口。2016 年，该项目进展迅速，以色列交通部部长称：“中国有神奇的魔力，能让沧海变桑田。”[5] 同时，以色列计划在阿什杜德和红海的埃拉特之间修建一条货运铁路以连接地中海和红海，建成后货物可以不经苏伊士运河进行运输。同时，为增强埃拉特的辐射范围，以色列会趁势继续修建铁路，甚至会将铁路线延伸至亚喀巴港口。中国是苏伊士运河经济区最大的投资商，许多亚洲工业出口国都位列其后，如马来西亚和印度尼西亚，这两国将苏伊士运河经济区当作桥头堡，以增加其在地中海地区的商品销售。

毫无疑问，以色列已经成为阿拉伯地区和亚洲国家安全网络中的一分子。过去 10 年里，以色列和黎巴嫩在边界发生过冲突，以色列还支持库尔德斯坦独立，对叙利亚军事设备发动了数百次空袭，摧毁了伊朗在叙利亚的军事设施，并通过黑客攻击和军事行动等方式阻碍伊朗的核计划。有趣的是，这一行为拉近了以色列和海湾国家的关系。自 20 世纪 90 年代起，以色列就与卡塔尔建立了贸易联系，卡塔尔也成为以色列与军事组织哈马斯进行联系的秘密通道。2015 年，以色列在阿联酋设立大使馆，代表国家在位于阿布扎比的国际可再生能源机构行使权力。2017 年，以色列、阿联酋、希腊、意大利和美国空军开展联合军事演习。沙特阿拉伯和阿联酋都主动表示会减少对以色列的贸易限制，并允许以色列飞机越境，借此推进巴勒斯坦问题的解决。沙特阿拉伯和阿联酋还开始从以色列引进监控技术开展反恐活动。此三国毫不掩饰对伊朗的敌意，后来转变为高级别的战略合作。本雅明·内塔尼亚胡在2018年2月的慕尼黑安全会议上指出，出于对伊朗共同的敌意，“阿拉伯国家和以色列的关系前所未有地亲密”，“这为更多地区带去了和平”。[6]但截至目前，这些表明两国关系正常化的例子并未被以色列认可，虽然两国确实因共同利益来往密切，但就在不久前，两国还拔刀相向。尽管以色列曾试图将自己隔绝在阿拉伯地区以外，亲近欧洲，但它正日益成为亚洲体系的一分子。

波斯湾：亚洲的西部势力

20世纪八九十年代是亚洲经济飞速发展的时代，阿拉伯地区开始向亚洲其他地区出口更多石油。20年来，在能源问题上，阿拉伯地区供给，亚洲其他地区消费，双方互利共生，石油价格上升，消费增长。现在波斯湾的石油和天然气主要出口到东亚，因此，西亚与西方的战略经济关系被削弱，经济和军事冲突不断。

美国在过去50年里一直侵略阿拉伯地区，主要是为了确保欧洲和美国的石油供给。40年前，海湾国家用石油当作对抗西方的武器，在尼克松总统放弃金本位制度之后，海湾国家不再向美国出口石油。当美国在第四次中东战争中支持以色列时，海湾国家将出口到美国的石油价格提高了5倍。但美国逐渐开始自给自足，欧洲也致力于发展可再生能源，因此，双方对海湾国家能源的需求量越来越少。当美国用以确保沙特阿拉伯石油供给的卡特主义宣告结束时，美国便转而向海湾国家出口更多武器，以稳定伊拉克并制约伊朗。近 30 年来，美国与海湾国家合作将萨达姆的军队逐出科威特，并建立基地以促进与阿拉伯地区的军事合作，但美国想将海湾合作委员会发展为“中东北约”的计划仍宣告失败。

2017 年，在沙特阿拉伯和阿联酋与海湾合作委员会成员国卡塔尔的权力博弈中，它们要求美国关闭乌代德空军基地。虽然特朗普政府向海湾合作委员会出口大量武器，但美国仍不能在其海湾地区的同盟国间自由航行。这些都是亚洲化和地区忠诚的表现。虽然因卡塔尔支持地区恐怖主义，沙特阿拉伯想要说服亚洲国家减少与卡塔尔的往来，但土耳其和伊朗仍将经沙特阿拉伯运输的食物和其他物品送至卡塔尔。阿联酋将公司撤出卡塔尔，而印度则为卡塔尔送去钢铁和建筑承包商。卡塔尔为南亚务工人员设置了最低工资，以期改善其与印度和巴基斯坦的关系。亚洲国家和美国驻军都在保卫卡塔尔的领土。虽然美国仍将武器出口到海湾国家，并在沙特阿拉伯、卡塔尔、巴林和阿联酋都建有军事基地，但沙特阿拉伯更愿意购买中国的导弹系统和无人机。沙特阿拉伯希望能与中国建立友好关系，就像中国和伊朗那般。如果伊朗掌握核武器，沙特阿拉伯很可能会从其亚洲同盟巴基斯坦处购买核武器的必备零件。

经济重心的转移反映了海湾国家战略目标的转变。海湾合作委员会各成员国都减少了与美国的贸易量，转而增加与亚洲其他国家的贸易量。东亚 2/3 的商品出口和 4/5 的石油进口都需经过马六甲海峡、苏伊士运河或霍尔木兹海峡。印度几乎所有的商品贸易都要经过苏伊士运河或马六甲海峡。据估计，2015—2030 年，东盟成员国能源的消耗量会增加两倍，而其大部分的石油供给都来自海湾国家。因此，沙特阿拉伯国家石油公司和阿联酋的阿布扎比国家石油公司正与伊朗、伊拉克、尼日利亚和其他国家激烈竞争，希望成为亚洲石油和天然气的第一供应商。结果，因石油生产商都争相博取亚洲长期消费者的喜爱，20 世纪七八十年代，石油输出国组织的内部合作遭受重大挫折。因此，南亚和东亚能稳定地从西亚进口石油，而不受该地区政治动荡局势的影响。

海湾国家与亚洲其他国家之间有着长期密切的贸易往来。海湾合作委员会成员国向印度出口石油和黄金，进口珠宝和纺织品，年贸易额近 2 000 亿美元，中国与海湾合作委员会成员国的年贸易额也有近 1 700 亿美元，同时，双方在贸易中大规模使用人民币，促进了自由贸易协定的签订。过去 10 年，日本和韩国与海湾国家的贸易往来日益频繁，日本也想与海湾合作委员会签订自由贸易协定。日本和韩国为海湾国家提供了其经济转型所需的高端工业器械和电子产品。同时，东盟向海湾国家出口肉、果、茶等农业产品，贸易额在 10 年内翻番，年贸易额达到了 1 300 亿美元。

海上丝绸之路作为重要的能源通道，西起霍尔木兹海峡，东达马六甲海峡，因源源不断的投资，海上丝绸之路不断延伸，这表明亚洲各地区都在亚洲化。2017 年初，沙特阿拉伯的萨勒曼国王在马来西亚、印度尼西亚、日本和中国进行了为期一个月的访问，参加了使用沙特阿拉伯石油的石油精炼厂的剪彩仪式。有很多与萨勒曼国王同一代的沙特阿拉伯人都曾在印度学习，现在也有很多年轻的沙特阿拉伯人进入印度的大学学习，并获得阿卜杜拉国王奖学金。所有的海湾国家都在实施“向东看”战略：科威特和卡塔尔在印度尼西亚投资建造大型石油精炼厂；阿联酋的阿布扎比穆巴达拉发展公司承诺负责保障印度和越南的天然气开采。当然，因东南亚当地的天然气产量增加，海湾国家的石油出口量会减少，但它们仍可以从已有的机器设备中获益。

反向来看，中国企业也通过入股阿布扎比国家石油公司的陆上钻井作业买进阿联酋的油田，同时，一些中国公司通过江苏省海外合作投资有限公司签订了租赁协议以合法使用阿布扎比哈利法港的设施。仅 2016 年一年，中国已向阿拉伯国家投资 260 亿美元，而美国仅向该地区投资 70 亿美元。在北京外国语大学，学习阿拉伯语的人数增长最为迅速。亚洲投资额的增加割裂了美元与石油的关系。作为中国对沙特阿拉伯国家石油公司巨额投资的回报，沙特阿拉伯出口到中国的石油开始以人民币定价，进入以元为单位的石油时代。[7]

若无东亚的支持，海湾地区的经济体绝不可能实现经济多元化。海湾合作委员会主权财富基金管理的资产高达 3 万亿美元，很少投资英镑或低收益率的美国国库券。相反，海湾合作委员会迅速从美国和英国取回了数亿美元，用于雇用亚洲和欧洲承包商，建设交通网和工业园区。2015 年，沙特阿拉伯的公共投资基金买进韩国浦项建设公司 38% 的股份之后，沙特阿拉伯国家石油公司委托韩国现代集团建设造船厂。巴林和阿曼越来越多地与东亚国家的银行进行贸易融资和投资合作。海湾合作委员会成员国预计需要在发电和输电方面投资 1 310 亿美元，欧洲公用事业公司和亚洲核能运营商都争相竞标。[8] 但无论有无石油贸易，海湾国家未来都会越来越看重亚洲市场。

亚洲的主权财富基金和金融集团也与亚洲发展迅速的国家合作建设基础设施。阿联酋的穆巴达拉投资公司与中国国家开发银行成立了价值 100 亿美元的合资企业；迪拜港口世界集团也计划向迅速发展的印度物流业投资 30 亿美元。阿拉伯地区有 4 亿人都在使用亚洲科技公司的产品，其中半数人都是网民。阿里巴巴投资了 6 亿美元在阿联酋杰贝阿里港附近建设“科技城”，将吸引开发机器人和手机软件的公司入驻；腾讯也将微信业务拓展至阿联酋，成百上千万的南亚劳工可用其进行支付和汇款业务；小米公司也针对低薪劳工开发出售价 88 美元的智能手机。

在阿曼首都马斯喀特，所有话题都围绕着与亚洲其他国家的贸易关系展开。阿曼在阿拉伯海上新建了杜库姆港，中国在此投资建设了工业园，帮助阿曼发展造船、自动装配等非石油产业。随着阿曼经济形式的多样化，富裕的印度商人和企业家在阿曼开展咨询、金融、法律和技术服务，不仅自身从中获益，而且巩固了阿曼的经济基础（阿曼超 1/3 的人口都是印度裔）。

东亚人和南亚人越亲近海湾国家，便越想要保护自身的投资利益。中国、印度、日本和其他亚洲国家都在争取印度洋西部的自由通航权、对抗海盗权和军事演习权。为重塑朱罗国时期海上霸权的地位，印度超 1/4 的国防开支都用于海上事业，以期成为印度洋的守护者。以维护“印度洋和太平洋的自由和开放”为名，印度、日本与美国每年都会进行马拉巴尔海上联合军事演习，美国还将其太平洋军队更名为印度洋－太平洋司令部。中国驱逐舰、护卫舰和其他水面舰艇的数量虽仍少于美国和日本，但已是印度的 4 倍。因未能偿还港口建设的贷款，2017 年，斯里兰卡政府已将汉班托塔港租赁给中国，租赁期为 99 年，同时，中国和马尔代夫政府也达成协议，将帮助马尔代夫成为海上丝绸之路的中心。因中国频繁出现在印度的海上战区，印度对中国高度警惕。斯里兰卡先是想与印度合作建设汉班托塔港，但印度犹豫不决。现在，印度主要负责升级和管理汉班托塔机场，并借此关注中国的动态。

西南亚国家间关系日趋复杂，随着该地区各国贸易伙伴数量不断增加，美国在该地区体系中的话语权越来越少。虽与以色列不和，但出于自身安全和对抗伊朗的考虑，阿拉伯国家仍发展与以色列的贸易关系。沙特阿拉伯虽帮助巴基斯坦，但也将印度视为能源市场，且有近 300 万印度人在沙特阿拉伯工作。2018 年，伊朗主张直接对话，向阿拉伯国家发起了“地区对话论坛”的提议，主张在没有西方国家参与的情况下商议地区合作的问题。无论沙特阿拉伯和伊朗是否有直接的军事对抗，阿拉伯人和波斯人必将重回百年前的海上外交模式，穿越狭窄的海峡进行食品、商品贸易，即使对这个海湾的名字，他们从未达成一致。

伊朗重新加入丝绸之路

伊朗近40年来都保持孤立状态，这对一个千年来都处于丝绸之路中心位置的国家来说十分奇怪。无论是伊朗国王还是阿亚图拉领导人都对美国、苏联和英国对伊朗施加的压力十分不满，总想试图阻止外国干预，重回波斯时期的霸权地位。伊朗在西部的活动已引发西方关注：伊朗在伊拉克操控着什叶派政权，支持叙利亚的巴沙尔·阿萨德和黎巴嫩的真主党，为也门的胡塞武装组织提供军事帮助，这都表明伊朗在该地区的影响力已超过美国。美国官员谴责伊朗企图在伊朗与黎巴嫩之间建立“陆桥”的想法，但从伊朗的角度来看，其穿过伊拉克、叙利亚和黎巴嫩直达地中海地区的西征计划，是为了收回萨非王朝在底格里斯河和幼发拉底河河谷的土地而非入侵。就更近的来说，伊朗只是在重温20世纪80年代的两伊战争，而其曾经的对手伊拉克早已失去昨日的辉煌。

同时，伊朗也在寻找与东方的合作机会。伊朗也想与沙特阿拉伯一样有安全的通道将石油和天然气出口到东亚。伊朗和中国自2014年起开始在波斯湾进行联合军事演习，中国的舰队也停泊在靠近霍尔木兹海峡的阿巴斯港。新开通的上海－德黑兰货运铁路经土库曼斯坦将货物运送到德黑兰只需 12 天，而海运则需 30 天。伊朗和土耳其一样，也即将成为上海合作组织的一员，伊朗希望通过这一举动来稳定阿富汗的局势并发展与中国的贸易关系。伊朗和中国想解决“金新月”地区的问题，此地区专事生产吗啡和鸦片，过去 6 年里，伊朗民众的吸毒率翻番。伊朗还想从阿富汗的赫尔曼德河中获取更多水资源，该河已为伊朗第二大城市马什哈德供水。在阿富汗西部边界上有一座被称为“小伊朗”的城市，名为法拉，伊朗在此经营着自己的商业和间谍网络。[9] 阿富汗几个最大的贸易伙伴分别是中国、伊朗和巴基斯坦，阿富汗遭受美国侵略的时间虽然短暂但伤痛犹存。美国为稳定阿富汗所做的不足之处将会由亚洲人补全。

正如政治惊悚片《辛瑞那》描写的那样，西南亚各国的同盟和敌对关系纷乱复杂，各国阴谋也难以觉察。沙特阿拉伯雇用了很多巴基斯坦的士兵，在也门对抗伊朗支持的胡塞武装组织，这使得伊朗和巴基斯坦冲突不断。纵然复杂，亚洲人仍在寻找阿拉伯地区和伊朗的商业机会。虽然伊朗受到美国制裁，但亚洲其他国家仍与伊朗达成了贸易协议，同时与伊朗伊斯兰革命卫队也能相处融洽并促成许多商业合作。中国为伊朗德黑兰－马什哈德铁路建设提供了资金，铁路沿线的中国公司不断涌现，为伊朗和中国的贸易提供商品。韩国和伊朗银行联合会在 2017 年签署协议，规定使用本国货币进行贸易融资而不使用美元或欧元。许多与伊朗有合作的欧洲国家的公司都难以从本国的银行贷款，因为欧洲国家的银行担心本国公司与伊朗贸易会遭到美国报复，亚洲人便趁机进行投资。当道达尔等欧洲能源公司向美国屈服并撤销对伊朗天然气田的投资时，中国石油天然气集团便取而代之。伊朗-印度深海天然气管道的铺设会使伊朗出口到印度的天然气比印度本国产出的更便宜。随着各国影响力逐渐扩大，阿拉伯人、波斯人和其他亚洲人正在重建古代的友好关系。

中亚：新丝绸之路的中心

中亚的许多国家已摆脱前苏联成员国的身份，成为新丝绸之路上的重要一环，而新丝绸之路的建设主要由中国资助。这一转变始于20世纪90年代，第一条自里海经哈萨克斯坦至中国的输油管道于那时建成。2005年，中国和哈萨克斯坦宣布建立战略合作伙伴关系。10年后，“一带一路”倡议涉及众多中亚国家。虽然中国是推动中亚国家参与“一带一路”倡议的主要促成者，但“一带一路”倡议是联结欧亚大陆各国的新方式，而非中国的霸权统治。美国认为中国帮助各国进行基础设施建设是为了推行殖民统治，但中亚各国迫切需要建设这些贯通东西的通道。霍尔果斯是中哈边境上的物流中心，因免签证，该地吸引了不少国外劳工和商人参与其现代化建设。就像在古代一样，伊朗人、土耳其人、南亚人和中国人在中亚国家的市场上随处可见。哈萨克斯坦的商业中心阿拉木图的地理位置靠近乌兹别克斯坦、吉尔吉斯斯坦和中国的交界处，它已成为各国商人的大熔炉。许多亚洲国家欢迎中国投资它们的基础设施建设。

有评论家称，若中国不帮助前苏联成员国发展现代化，这些国家的经济只能停滞不前，因为任何理智的投资商都不会在这些国家投资。但现在中国是该地区一些产业最大的投资者，例如哈萨克斯坦的铁路和管道建设、乌兹别克斯坦的能源和交通基础设施建设，还有土库曼斯坦的天然气田、吉尔吉斯斯坦的矿业和塔吉克斯坦的水力发电行业。中国的资金推动了这些国家发生变革。如今，该地区大部分苏联时代的领导人都已去世，这些国家该如何建设自己的未来呢？乌兹别克斯坦作为一个内陆国，如果没有中国投资其跨境基础设施的建设，其新政府便不会宣称要通过地区一体化实现国内生产总值翻番，更不会成为世界上两个增长得最快的经济体之一。

中国年平均钢产量已超过 10 亿吨，相当于世界其他国家钢产量的总和，其中有 2 亿吨钢会出口到“一带一路”沿线国家。“一带一路”上共有 56 个经贸合作区，因此对钢的需求量很大。中国的政策性银行和亚投行将每年为一些项目融资 1 500 亿美元以吸引个人投资者。

有些人称亚投行是世界银行的竞争对手，但世界银行在 50 多年前便不再为基础设施建设融资，因此成立亚投行十分有必要，亚投行的运营模式与日本主导的亚洲开发银行相近，与世界银行相差甚远。总部在马尼拉的亚洲开发银行成立于1966年，在21世纪初开始开展交通和能源项目，涉及范围远至大高加索地区。目前，该银行有170多个项目，总价值300多亿美元，主要投资商都来自亚洲和欧洲，如欧洲复兴开发银行，还有一些多边组织，如世界银行下属的国际金融公司。重要的是，亚洲开发银行的许多项目与联合国气候变化大会的环保目标不谋而合，如对可再生能源的投资。毫无疑问，一些著名的投资商仍怀疑亚投行的实力，但其在该地区投入巨额资金的潜力还是吸引了数十名高级官员加入亚投行。因担心亚投行缺乏项目管理的知识，这数十名官员也会带去相关经验。近来，世界银行和亚洲开发银行都与亚投行合作融资。毕竟，亚洲开发银行预计对亚洲基础设施的投资在2030年会达到26万亿美元。现在，为确保达成目标，80多个国家和大部分开发机构都在相互合作。虽然人们对与“一带一路”倡议有关协议的态度仍有所保留，但这一进程包含的，借用巴基斯坦某官员的话说，是“各国满满的诚意”。

虽然“一带一路”是多边倡议，但它是市场导向型，而非意识形态导向型，虽然可能会有一些投资亏本，但它是以营利为目的的，而非慈善事业。中国的国有企业和银行都在尝试与新金融机构共同承担项目风险，这些机构更关注质量管理和投资的可观回报。虽然丝路基金的400亿美元主要来自中国人民银行、中国投资有限责任公司、国家开发银行和中国进出口银行，但其功能与世界银行的国际金融公司类似，资金来自多个投资商。丝路基金追求的是高效运转和可观收益。“一带一路”股票正在进行首次公开募股，以人民币认购并在交易所上市，吸引了全世界的投资商。

2015 年，习近平在博鳌亚洲论坛上指出：“‘一带一路’建设秉持的是共商、共建、共享原则，不是封闭的，而是开放包容的；不是中国一家的独奏，而是沿线国家的合唱。”中国正确地估计了形势，即中国的敌对国家也会加入，因为这些国家认识到，若以局外人的态度对其进行评判更像是一种嫉妒。例如，印度不仅仅是亚投行的第二大股东，而且是其最大的贷款受益国。同时，“一带一路”倡议也与日本合作实施基础设施建设计划。美国也意识到“一带一路”倡议势不可当，因此美国的智库向美国官员提出建议，对此，美国国务院前官员称：“我们也应加入，以增加在亚洲的贸易、投资和基础设施建设。”[10] 美国通用电气公司决定与丝路基金合作，共同投资“一带一路”沿线国家的电网。美国也想复兴海外私人投资公司，以增加美国在可融资基础设施项目上的话语权，这既可以维持美国的公信力，又可以帮助亚洲实现目标。所有这些基金都会被用于支付公司的建设、制造、科技、咨询、法律项目和所有与项目有关的服务费用，而这些公司主要来自亚洲。在亚洲建设的项目将留在亚洲，造福亚洲人民。

习近平在 2017 年召开的中国共产党第十九次全国代表大会上讲道：“中国特色社会主义进入新时代，意味着近代以来久经磨难的中华民族迎来了从站起来、富起来到强起来的伟大飞跃，迎来了实现中华民族伟大复兴的光明前景；意味着科学社会主义在二十一世纪的中国焕发出强大生机活力，在世界上高高举起了中国特色社会主义伟大旗帜；意味着中国特色社会主义道路、理论、制度、文化不断发展，拓展了发展中国家走向现代化的途径，给世界上那些既希望加快发展又希望保持自身独立性的国家和民族提供了全新选择，为解决人类问题贡献了中国智慧和中国方案。”[11]

虽然亚洲国家投资不断增加，但债务也不断累积。中亚解决债务问题的唯一方法便是进行经济重建，这在商品价格低廉的现状下十分有挑战性。哈萨克斯坦首先开始尝试，“萨姆鲁克－卡泽纳”国家福利基金将国有经济的份额从近90%降至不足20%，并允许投资商将银行、房地产和能源业中的国有集团转变为现代企业。在俄罗斯和中国之间没有经济中心，在这种情况下，哈萨克斯坦迅速发展的新首都努尔苏丹（原名阿斯塔纳）在2017年举办了世博会，并仿照迪拜，成立了国际金融中心，作为国内外企业在亚洲的总部，上海证券交易所是其主要的投资商。中国的银行和公司也在此上市，借此，哈萨克斯坦也能享有中国公司的股份，为未来发展做好资金准备。

哈萨克斯坦是欧亚大陆上的枢纽国。中国至欧洲60%的铁路货物运输都要途经此地，剩下的30%经过俄罗斯，10%经过蒙古国。哈萨克斯坦和蒙古国是世界两大内陆国家，也是天然的交通枢纽，同时也是丝绸之路上的大型加油站。哈萨克斯坦不仅石油和天然气储量丰富，同时也大量投资太阳能、风能、核能和生物质能的开发，所有这些能源都能转化为特高压直流输电，供给中亚的人口密集区。日本软件银行集团在帮助蒙古国开发太阳能和风能，再加上蒙古国国内的水力发电，可减少其从俄罗斯和中国进口能源的成本，蒙古国几乎所有的煤炭和铜都出口到了这两个国家。

中国和俄罗斯都与蒙古国相邻，所以对蒙古国来说，重要的问题是如何避免成为两国的缓冲区或两国争夺矿山开采权和铁路的牺牲品。俄罗斯士兵百年前在蒙古地区修建铁路，其子孙后代仍居住于此。蒙古国现任总统哈勒特马·巴特图勒嘎更亲近俄罗斯，并加速宣扬“第三邻国”的理念。然而，在近期的矿业热潮中，只有中国投资蒙古国。蒙古国若想在矿产收入减少的情况下实现经济现代化，便要从长远考虑发展策略。与澳大利亚和不丹一样，蒙古国开始重新关注一些在采矿业之前发展的产业，如制革业和有机农场。毕竟蒙古国仅有300万人口，却有5 000万骏马、奶牛、骆驼、山羊和绵羊，绵羊的毛既可以用来制作高档的羊绒毛衣，也可以围裹在蒙古包外侧，既环保又隔热。这不是亚洲其他地区的人在亲近蒙古国，而是蒙古国正在成为可持续发展的亚洲体系的一分子。

中国对邻国的投资使其在这些国家有先发优势，但这种投资绝不是为了支配邻国。反之，中国在这些国家的投资吸引了其他国家的投资商，帮助这些国家发展经济并偿还其对中国的债务，甚至以不甚苛刻的条件取代中国的贷款和资金。一些小经济体，如哈萨克斯坦、老挝、蒙古国和塔吉克斯坦，在“一带一路”倡议提出之前，拖欠中国巨额债务，但现在，这些国家拥有广阔的发展平台，受到的认可度也越来越高。哈萨克斯坦政府也开始放宽限制，允许一些外国商人投资本国的产品和企业，哈萨克斯坦想要在一个亚洲体系内走向繁荣富强。

由山至海：亚洲的纵向发展

作为一个年轻的国家，巴基斯坦正在寻找新的发展方向。人们都认为巴基斯坦是南亚穆斯林的聚集地，但实际上，巴基斯坦的穆斯林人口与其最大的竞争对手——印度（以印度教教徒为主）一样多。在独立后的 70 年来，巴基斯坦只有一届民主选举的政府完成 5 年任期。巴基斯坦国内的宗派斗争十分严重，这对该国形成了巨大威胁。在 2001 年“9·11”恐怖袭击事件之后，巴基斯坦成为北约向阿富汗运输物资的必经之路，因此成为美国领导的“反恐战争”前线。但随着武器和资金消耗殆尽，加上缺少政治支持，[12] 巴基斯坦需要寻找新的战略发展方向。

数十年来，巴基斯坦都是中亚通往阿拉伯海的必经之路，这是不争的事实，但直到现在，这一角色才成为巴基斯坦未来发展的主要战略前景。印度和中国在 20 世纪 60 年代初曾因边界问题在喜马拉雅山脉西部发生冲突，自此，中国开始延伸其在高纬度地区修建的喀喇昆仑公路，该公路沿巴基斯坦的印度河至卡拉奇市。虽然这一南北向的公路对巴基斯坦境内的运输颇有助益，但对弥合巴基斯坦东西部巨大的贫富差距帮助甚少，印度河以东的旁遮普和信德省相当富裕，印度河以西的普什图和俾路支地区则十分贫穷。自 2001 年以来，美国已向巴基斯坦援助 200 亿美元用以对抗恐怖主义，但这对其长期的经济增长帮助甚少：只有 2014 年，巴基斯坦出口到欧洲的纺织品总额超过了 60 亿美元，而这还不足其总出口额的 1/3。随着越来越多的巴基斯坦建筑工人从海湾地区回到祖国，并带回瓦哈比教派的价值观，巴基斯坦政府与美国签署协议开始遭到越来越多的反对。

众所周知，要了解巴基斯坦必须理解安拉、军队和美国在该国的重要地位。目前，前两者的地位仍十分重要，但美国的地位已被亚洲取代。与亚洲其他国家一样，巴基斯坦不想再乞求美国的帮助。伊姆兰·汗曾是板球明星，现当选巴基斯坦总理，他说，“几乎所有国民都不想让巴基斯坦再充当美国的枪手”，[13]“也不想成为美国在阿富汗战败的替罪羊”。[14] 同时，美国越是威胁要撤回国际货币基金组织为解决巴基斯坦债务危机提供的资金，巴基斯坦便会越亲近中国。

事实上，巴基斯坦早已接受亚洲化。2015 年，巴基斯坦与中国一致同意将中巴关系提升为“全天候战略合作伙伴关系”。2017 年，特朗普一减少对巴基斯坦的军事援助，巴基斯坦和中国即宣布双方的贸易往来以本国货币而非美元计价。巴基斯坦在上海和成都的领事馆正计划发放少量签证，主要针对跨越喀喇昆仑山或往返于成都和巴基斯坦的中国商人。中巴经济走廊的总投资预计会超过600亿美元，主要用于电力、公路、铁路、光纤网络、制造业和农业项目，同时预计会创造300万个就业岗位，主要集中于发电厂、皮革制造厂和开发医药设备和太阳能电池板的工业园。82%的巴基斯坦人对中国评价很高，电视广告也表明巴基斯坦当地的家庭十分欢迎中国人到家中吃饭。2014—2016年，已有3万多名中国人到巴基斯坦定居；仅2016年一年，巴基斯坦就对中国签发了7.1万个短期签证。《华商周刊》正式在巴基斯坦发行，向中国人报道当地事务。

巴基斯坦迫切想摆脱伊斯兰式民主，想在亚洲体系内成为值得信赖的贸易伙伴。这种自力更生的态度使亚洲投资者十分看好巴基斯坦的发展前景。几十年来，沙特阿拉伯不仅向巴基斯坦出口石油，而且借此宣扬伊斯兰意识形态。现在，沙特阿拉伯宣称未来其投资将主要面向巴基斯坦的采矿业、化工业和畜牧业。

因中国与巴基斯坦来往密切，从而使得东亚、西亚、北亚和南亚各体系逐渐融为一体，惠及两国并造福许多邻国。为确保与中国的贸易安全，伊朗也想加入中巴经济走廊，中国在巴基斯坦和伊朗边界的基瓦尼半岛上所建的军事基地会加强中伊合作，并对美国海军驻波斯湾基地的第五舰队产生威胁。同时，伊朗和印度之间建设了国际南北运输走廊，这使印度可以绕过巴基斯坦，通过集装箱货运船将商品运至伊朗的阿巴斯港，再经铁路运至阿塞拜疆的巴库和俄罗斯的阿斯特拉罕继而到达欧洲。虽然很多观察家认为中巴经济走廊和国际南北运输走廊是竞争对手，但事实上这恰恰表明伊朗同时与中国和印度在能源供给和地缘政治上进行合作，同时向巴基斯坦施加压力，使其保护中国和伊朗的利益，这也关系到阿富汗的稳定。长期以来，巴基斯坦的逻辑一直是削弱阿富汗，发展自身的“战略纵深”。但随着中巴经济走廊项目的进行，巴基斯坦将部署在阿富汗边界上的1.5万士兵调至其中心城市以确保巴基斯坦和中国工人的安全。自中国成为阿富汗最大的投资商，并将阿富汗作为其进入伊朗的门户，巴基斯坦削弱了其军事冒险主义，也减少了对塔利班的支持。巴基斯坦政府的当务之急是要完成巴伊天然气管道建设。

巴基斯坦对中国和伊朗的示好表明这一破败不堪且饱受战争摧残的国家正迎来一个积极的转变。虽然北约15年来一直资助阿富汗发展，但阿富汗仍十分脆弱。2017年的北约峰会上，各国将俄罗斯作为议程的重点，对阿富汗只字未提。同时，俄罗斯取代了美国与巴基斯坦进行反恐合作并开展大型军事演习。阿富汗所有的邻国，包括俄罗斯和海湾国家都开始与塔利班进行区域谈判。在2018年中亚峰会上，哈萨克斯坦和乌兹别克斯坦同意为阿富汗的铁路和能源项目资助20亿美元。

印度的当务之急仍是巩固在阿富汗的影响力，因为印度是阿富汗的第二大投资商，仅次于中国。印度近来已成功在靠近巴基斯坦边界处修建了可通航至各国的伊朗恰巴哈尔港，无须经巴基斯坦便可进出口货物，这条海上高速公路缩短了印度将小麦运往阿富汗所需的时间。虽然对印度在伊朗和阿富汗的任何活动都表示怀疑，但巴基斯坦仍想推进已搁置多时的土库曼斯坦–阿富汗–巴基斯坦–印度天然气管道建设，这一管道早已在建设之中，且孟加拉国也想加入。

中国和孟加拉国的工程师都在孟加拉国首都达卡南部建设帕德玛大桥，此工程会缩短将孟加拉国生产的服装运送至蒙格拉港和吉大港等南部港口所需的时间，印度和日本都在积极开发吉大港，以在孟加拉国的市场上占有一席之地。同样，在经历了数十年的封闭之后，缅甸在21世纪初重新对外开放。自从都被划归英属印度殖民统治区以来，印度与缅甸便鲜有往来，而现在印度与缅甸竞相开发实兑港，印度想使实兑港成为其发展商业的桥头堡。日本也在缅甸进行大量战略投资，扩建了临近仰光的迪拉瓦港。中国的投资吸引了印度、日本和其他国家对缅甸的投资，同时也鼓励了缅甸政府与中国重新协商某些项目条件以降低成本并减少债务负担。

中国的地区项目引发了基础设施建设竞赛，使印度、日本、土耳其和韩国等国家都为亚洲的互联互通做出了贡献。中国资助并帮助阿富汗和缅甸建造了大量的基础设施，而印度和日本负责培训人力。所有的这些投资都加深了亚洲各国的友好往来，使亚洲各国都能摆脱困境，是中国开启了这一进程。从长远来看，中国和印度会建设并加强两国间的经济通道，互通有无，确保亚洲内陆的商品可远销印度洋，使亚洲内部的联结更为密切并使相关国家赚取更多利润。

从被人遗忘到成为增长驱动力：东南亚的辉煌时期

东南亚是唯一一个在后殖民时代实现跨境融合和稳定的地区，这不禁让人想起早些年的欧盟。东南亚有近 7 亿人口，诸国的成就因其种族、宗教和语言的多样性而显得更加引人注目。千年来，东南亚国家接收了大量来自印度、中国、阿拉伯半岛和欧洲的移民，因此，东盟成员国[15]共有 2.4 亿穆斯林，1.3 亿基督徒，1.4 亿佛教徒和 1 000 万印度教徒。该地区文化多样性影响深远，例如印度教仪式已融入信仰伊斯兰教的印度尼西亚和信仰佛教的泰国。东南亚一代又一代的家族企业都保持着紧密的跨境联系，如穆斯林的哈瓦拉网和华人企业家的“竹网”。尽管东南亚的考古遗迹存在明显的分层，东南亚人的面孔也明显带有混血特征，但东南亚后殖民时代的边界划分仍与古代王国和语系有关，因此，东南亚现代社会既分散又多样。

在经历了几百年的殖民压迫和后来的内部冲突之后，50 多年前，东盟成立，东盟成员国得以成为亚洲体系的重要力量。虽然东盟在外交上作用微弱，但东南亚的动态表明该地区正在加速融合。自 1997 年金融危机后，20 多年来，东盟成员国的合作范围从印度、中国、日本和澳大利亚扩展至海湾国家、欧洲、美国甚至拉丁美洲国家，外商投资额再创新高，贸易和投资自由化及供应链整合都加快了经济增长。

东盟成员国都致力于实现 2025 年的总体规划，为银行、电信和电子商务的发展设立统一的标准，到那时，印度尼西亚、泰国和越南会改变其区时，与新加坡、吉隆坡和马尼拉保持一致。亚洲航空和其他廉价航空使大众可以在该地区内畅游，出国游成为风尚，同时，随着泛亚洲公司数量的不断增长，跨境工作的人数也迅速增加。未来，中国与东南亚国家的交往在一些新建的交通路线和贸易路线的促进下会更加密切，如从中国南部的昆明经老挝、泰国、马来西亚至新加坡的高速铁路网。中国已将昆明视为南部丝绸之路的中心，并在昆明举办了泛亚洲文化节和石雕博览会，吸引了来自阿富汗、斯里兰卡、缅甸和越南的游客。

缅甸几十年来都与外界隔绝，虽然在过去 10 年里它不断加大对外开放的程度，但并未影响中国在缅甸进行贸易和投资的地位。缅甸军队对罗兴亚族穆斯林进行了种族清洗，残忍地将其囚禁并经纳夫河驱逐至孟加拉国，有偷渡者借机随身携带了数千万片冰毒。有些罗兴亚人逃至泰国并成为泰国渔业的契约劳工，致使泰国数十年来都在开展稳定南部穆斯林的运动。2014 年泰国发生政变，弹劾了他信·西那瓦和英拉·西那瓦兄妹，此后，泰国由民主制转变为军政府统治。

洛克河和湄公河交汇处的金三角地区是缅甸、老挝和泰国三国共同的边境，几十年来，这一臭名昭著的地区已成为生产鸦片的中心。2011 年下半年，13 名中国渔民被残忍杀害并被抛尸湄公河，这是一起由缅甸毒枭策划的谋杀案，案发后，中国坚持云南边防警察参与沿河联合巡逻。来自缅甸、泰国和老挝的罪犯被逮捕，引渡至中国并判处死刑。中国香港导演林超贤通过电影《湄公河行动》对这一事件进行了生动的重现，这也是2016年中国最卖座的电影之一。

另一对重要国家是马来西亚和菲律宾，两国曾是美国强有力的后盾，但近来开始亲近中国。菲律宾前任总统阿基诺三世因南海问题向中国提起国际法律诉讼，这一举动被视为对中国的背叛（虽然菲律宾人口中纯正的华裔仅占2%，但数百万人都有部分中国血统）。阿基诺三世的继任者杜特尔特对中国有别样情感，因为他的祖父是中国人。与所有亚洲其他国家领导人一样，杜特尔特追求多方外交而并非仅依赖美国。美国在特朗普当选为总统之前便因杜特尔特对贩毒集团和伊斯兰反叛者的残忍手段颇有微词，菲律宾还关闭了美军基地，中国则以低息贷款向菲律宾提供了240亿美元资金，用于基础设施建设。2018年，杜特尔特访问印度并带回了10多亿美元的投资，涉及菲律宾的科技业和制药业，预计会创造10万个就业岗位。地缘政治的稳定有利于亚洲第二梯队国家的发展。

澳大利亚的崛起

2016年英国脱欧投票后，一些狂妄自大的英国人称欧盟在失去重要力量之后会进一步解体。但事实恰恰相反，剩下的欧盟成员拒绝接纳英国的民粹主义，联合迫使英国做出最大限度的让步，并想方设法地从中攫取经济利益。英国脱欧事件启发了澳大利亚。澳大利亚一直认为自己是亚洲的英国，是这一地区的领导者，但这并非亚洲人的观点。新加坡国父李光耀曾警告澳大利亚，若不推行经济改革，澳大利亚人便注定是“亚洲贫困的白人垃圾”，李光耀之言促使澳大利亚进行改革。若澳大利亚想在亚洲受欢迎，享受英国在欧洲的地位，便需要认清现实，它并非亚洲的“太阳”，而仅仅是铁矿资源丰富的“月亮”。

澳大利亚的矛盾之处与其经济、地缘政治和文化相关。澳大利亚的领导人深知，若疏远中国则难以实现经济发展。中国人每年在澳大利亚房地产、基础设施、医疗、采矿、能源、农业综合企业等方面的投资超过 100 亿美元，这些投资有利于澳大利亚在商品价格低迷的情况下实现经济繁荣。澳大利亚对中国出口额的减少、中国对澳大利亚投资额的减少，或到澳大利亚旅游的中国游客人数的减少，都会引发经济大决战。

因担心失去亚洲，澳大利亚人开始认识到，他们实际上是亚洲人，也需要成为亚洲人。澳大利亚仍致力于成为西方安全网络中的一员，如与美国、加拿大、英国和新西兰联合成立名为“五眼联盟”的情报共享机构。但澳大利亚因达尔文港的销售问题、与中国的商业往来以及叙利亚难民的重新安置问题与美国发生争执，两国间的互信度降低，而美国有上千名海军陆战队队员驻扎在达尔文港。美澳在 2017 年开展联合军事演习，在此期间，澳大利亚不顾美国反对邀请了中国军队。与亚洲其他国家一般，澳大利亚正在学习在不打破平衡关系的前提下，对美国说“不”。

澳大利亚前总理托尼·阿博特曾指出，澳大利亚对中国既亲近又疏离。因不想太依赖中国的经济力量和美国的军事力量，澳大利亚与日本、印度和越南在经济和军事上的联系越发密切。东盟是澳大利亚第二大贸易伙伴，仅次于中国，之后是日本和韩国——它们签署的贸易协定表明商品和服务交易在不断增加。澳大利亚和印度的贸易总额在2000—2012年增长了6倍，而在澳大利亚控诉与印度的贸易太过复杂之后，两国贸易额的增长戛然而止。但因印度市场潜力巨大，基础设施日益完善且流动人口不断增加，澳大利亚与印度贸易额的增长势头依然强劲。

澳大利亚不仅将亚洲视为商品出口地，而且将其视为未来行业资金循环的重要通道。虽然因亚洲众多国家的劳动力价格低廉，澳大利亚难以与它们竞争，因而关闭了所有汽车制造公司，但澳大利亚通过向中国出口牛获得了大量利润，这些钱被用来翻新公路并建造符合亚洲人口味的有机农场。澳大利亚还将其铁矿收入用于采矿技术的研发，这一技术将被引入中国和印度以提高两国的矿业产量，中国将在中澳新自由贸易产业园购买这一技术，目前这一产业园（位于浙江舟山）正在建设中。

每年到澳大利亚的900万游客大部分来自东亚，还有近10万中国学生在澳大利亚留学，教育成为澳大利亚第三大出口产业。澳大利亚成立了十几所包括新加坡PSB学院在内的工业学院，以吸引印度工科生。澳大利亚和新西兰的留学生录取率最高，因高等学府的预算减少，录取家境富有且能全额支付学费的亚洲学生便非常重要。[18] 因服务业收入增加，2018 年 3 月，时任澳大利亚总理马尔科姆 · 特恩布尔召开了澳大利亚－东盟特别峰会，第一次在会上讨论澳大利亚加入东盟的有关事宜。

具体来说，若澳大利亚加入东盟，会使越来越多的亚洲人移民至澳大利亚。20 世纪的“白澳政策”，正如其名，定义了该国移民政策的主色调。无论是在工会还是在金矿行业，澳大利亚人都更喜欢欧洲移民，同时澳大利亚还对中国人实行全面的限制性或惩罚性措施。直至 20 世纪 70 年代，这种种族偏见才真正消失。澳大利亚的人口结构从那时起开始变化，这有助于其目前的亚洲化。最近的人口普查显示，2012—2017 年，澳大利亚的亚洲移民数量已超过欧洲移民，占其新增人口数的一半，且这一差距还在逐渐扩大。在澳大利亚，有 50 万华裔澳大利亚人出生于中国大陆，同时，中国的一些百万富翁也最喜欢移民到澳大利亚。目前，澳大利亚人口中有 5% 的人来自中国，2% 的人来自印度。澳大利亚 15% 的人都是亚裔。在澳大利亚的人口结构中，老年人大部分是白人，年轻人以亚裔居多。

历史上亚洲人去澳大利亚主要从事淘金、珍珠采集和园艺等工作，他们也曾在澳大利亚军队服役或投身于澳大利亚公路和铁路网的建设，但这些并未被载入史册，在澳大利亚国会、企业高层和媒体中也很难看到亚裔的身影。在经历了几十年的政治边缘化状态之后，第一代和第二代亚裔澳大利亚人最终集体发声，反对那些维护白人利益的反移民政策。

澳大利亚人的成年礼是一次旅行，或在国内进行野营，或用一两年甚至10年、20年的时间环游世界。澳大利亚20%的学生都至少有一次出国游学的经历。过去，大部分澳大利亚学生会去欧洲和美国，但自2010年起，去中国的学生数上涨了3倍，有5 000多人。许多高学历的澳大利亚人在国内的传统公司做些杂事，有些人则开始为中国的科技公司工作。越来越多的澳大利亚籍作家开始与中国出版商而非美国或英国出版商签订合同，并在中国的文学节上收获不错的反响。

新加坡商人郑恩里展现了亚洲人如何从蓬勃发展的中国服务业中获得财富。用几年时间获得了众多西方品牌的经营许可之后，郑恩里开始为中国联通和平安保险等大型企业开展网上培训项目。他的新公司目前已在澳大利亚证券交易所上市，主要将在澳大利亚制作的游戏和其他电子产品销售给中国客户。澳大利亚顶尖的设计公司和工程公司都抓住机会，从其北部地区的城市化和跨境基础设施建设项目中获利，这一机遇还涉及经济和金融领域。澳大利亚麦格理集团当前管理着世界上规模最大的基础设施资产组合并希望成立新的基金，以期在中国和东南亚拥有更多股份。澳新银行将为澳大利亚企业的跨境贸易提供更多的资金支持，而澳大利亚最大的保险公司昆士兰保险集团已将工作外包给菲律宾以降低成本并扩大业务规模。

澳大利亚正逐渐接受亚洲化。作为南半球最大的运动盛事，澳大利亚网球公开赛直至21世纪初才成为网球四大满贯赛事之一，受到无数亚洲网球迷的追捧，尤其是日本人和中国人。随着网球运动成为风尚，越来越多的亚洲少年网球运动员在澳大利亚训练，较5年前，亚洲网球运动员的数量已翻番。这一切是10年前的澳大利亚人根本不会想到的。澳大利亚越亚洲化，澳大利亚人自己或其他人便越不会认为它是西方在亚洲的一部分。

日本（再次）走向世界

自在二战中投降以来，日本取得的成就令人既羡慕又害怕。20世纪90年代是日本经济的黄金时期，而美国政策制定者和学者仍认为美国是东亚秩序的领导者。但由于日本孤立的海岛文化、20世纪的侵略史、战后的和平主义、债务骤增和政治失控（10年内换了8任首相）等因素，日本近年的经济增长率只勉强达到1%。2012年，安倍晋三担任日本首相，计划对日本进行全方位改革，涉及经济和军事等领域，但并未恢复国民的自信心。在日本的政治经济中，民主社会主义根深蒂固，在公司制度方面仍存在封建主义色彩。虽面临经济停滞和人口减少问题，但拥有众多国际化都市的日本仍是世界上最为发达的国家之一。

安倍晋三经济改革的“三支箭”分别是放宽货币政策、财政刺激和结构性改革（如解除管制、发展私有制、宣扬创业精神和促进男女平等）。虽然安倍晋三和日本银行行长黑田东彦增加了日本的出口额，也降低了该国的失业率，但二人的财政政策模糊不清。虽利率为负，但二人仍上调消费税，结果日本民众的工资水平未上涨，通货膨胀问题未被解决，国内投资也未增加。日本债务问题的前景难以预测，其中半数债务都归属于日本银行，即使进行债务减记也难以恢复市场信心。在日本的企业文化中，等级观念盛行，服从管理和加班被奉为工作准则，严重的甚至会导致员工葬送生命，即所谓的过劳死。日本企业曾在亚洲地区崛起，但现在许多企业已经走向没落。2016 年，中国台湾富士康科技集团收购了日本电子业巨头夏普公司。

但日本并没有因此而一蹶不振。虽然许多人对日本的境况持消极态度，但全球的竞争和机遇使日本公司认清现实，不再沾沾自喜。在安倍晋三执政之前，因国内经济低迷，日本公司便开始在日本之外寻求发展机会。“走向世界”已成为日本的商业信条。近年来，日本超半数的并购案都发生在国外。随着东南亚取代中国成为新世界工厂，日本三菱日联金融集团和瑞穗金融集团等企业都已转型为控股公司，为日本企业进军东南亚进行融资。日本在其 20 世纪 40 年代曾侵略过的国家进行大规模投资，例如在泰国和印度尼西亚投资建造丰田汽车制造厂，在缅甸投资港口建设。随着人们的收入增加，各国贸易往来更加密切，亚洲其他地区对日本高品质农产品的需求量也逐渐增加，因此，日本在自由贸易协定的签订方面更有话语权。日本与新加坡在 2002 年签署了第一份自由贸易协定，与欧盟在 2018 年签署了价值最高的自由贸易协定。《欧日经济伙伴关系协定》生效之后，欧洲和日本的汽车可以经印度洋、欧亚大陆甚至北极地区到达对方的市场，这增强了日本推进“一带一路”倡议的动力。日本连锁书店纪伊国屋书店成功入驻迪拜和新加坡等亚洲的主要城市并成为一个文化地标。日本传统的企业文化是按资排辈而非重学识，但日本电商龙头乐天株式会社更强调企业家精神和多元化的员工队伍，以迎合其投资的美国来福车公司、拼趣公司和法国电商平台 PriceMinister 等企业的价值观。乐天员工需要具备英语能力，优衣库员工的工作语言便是英语。乐天创始人三木谷浩史称：“日本面临的最大挑战便是止步不前。”[17]

日本正在复兴其发达的精密工业，通过公私合营在物联网、大数据、人工智能、3D 打印、机器人、生物科技、医疗、清洁能源、农业等领域投资了数万亿美元，而这些产品都会出口到发展迅速的亚洲其他国家市场。日本软件银行集团为日本、亚洲和世界搭起一座桥梁，它旗下的愿景基金拥有世界上最大的科技投资组合，主要投资半导体、卫星、人工智能和物联网公司，沙特阿拉伯是愿景基金最大的投资方，其次是阿联酋。软件银行集团还在印度的电商企业拥有股份，同时拥有阿里巴巴近 30% 的股份。软件银行集团和阿里巴巴一同进入印度电商市场，中国、日本和印度正在形成一个新兴的商业三角关系。软件银行集团还将向沙特阿拉伯投资 250 亿美元以推进海湾国家的创新。

因老龄化日益严重，日本迫切需要通过技术手段解决这一问题。日本不仅实现了工厂自动化，而且将自动化运用到日常生活中。在长崎新建的一座游乐园中，旅馆大堂里的服务员、餐厅里的厨师和服务员都是机器人。软件银行集团开发的机器人佩珀在商店里无处不在，负责销售手机、比萨等各种产品。从在养老院陪伴老人的毛茸茸的机械海豹，到医院里有触摸屏的用以收集病人信息的机器人，日本在构建人机文明方面走在世界前列，并在全亚洲推广其科技创新产品。

但走向全球的日本必须避免重新走上20世纪80年代盲目对外扩张的老路。有人认为，当前日本已经陷入一种盲目的收购热潮中，日本邮政集团和东芝集团因2016—2017年的失败并购，损失了200亿美元。[18]尽管已有一批日本企业积极拓展海外市场，但安倍晋三的经济政策尚未改变日本经济低迷的现状。为改变根深蒂固的保守主义，日本正前所未有地欢迎外国人。在波士顿招聘会上（在洛杉矶和伦敦也都举办过），日本大力吸引海归，同时鼓励来自中国、美国及其他国家的双语人才在日本工作。亚洲其他国家的人也因移民、工作、结婚、旅游前往日本。截至2016年，移民至日本的人数再创新高，达到250万人，除此之外，日本还有100万外国工人。1990年，日本仅有15万中国人，而现在这一人数已增加到70万。许多中国人的日语很好，能较快融入当地生活。日本人跨国通婚的现象越发普遍，其配偶主要来自中国、菲律宾、韩国和美国。在劳动力方面，越南人、泰国人甚至尼泊尔人的数量都在不断增加。[19]为准备奥运会，日本需再雇用几千名海外建筑工人。外籍务工人员的到来填补了日本低端工作岗位的劳动力缺口，这些人在超市、药店工作，服务了数百万亚洲游客，促进了日本旅游业的发展。中国游客在涩谷、新宿和银座等东京著名商业区扫货，创造了一个新词“爆买”，并被票选为日本2015年年度热词。[20]此外，日元的疲软吸引了众多投资者投资日本房地产。中国房地产商、美国私人股权投资公司和新加坡财富基金都认为，从长期来看，日本稳定、发达、和平，具有长期的吸引力。

亚洲其他地区的工程学和计算机科学专业毕业生过剩，填补了日本白领科技人才的缺口，因此，纵然有文化和语言障碍，日本政府仍同意为外国高科技人才授予永久居住权。福冈曾是日本九州南部一座寂静的沿海城市，从2012年开始，日本政府为新企业减免税费，并开展创业签证计划，以吸引外国人来此就业。在接下来的三年间，该市15~29岁的居民人数增长了20%，仅2015年一年便有2 800家新公司成立，领跑全国。[21]福冈市市长想仿照新加坡，成立物联网实验室。虽然作为新兴的商业中心，日本仍落后于新加坡和韩国，[22]但东京、名古屋和京都的大学实验室和风投基金都不断增加，主要关注生物科技和制药领域。[23]日本生物科技公司PeptiDream便诞生在东京大学实验室中。

虽然日本的技术创新和文化在亚洲其他国家的接受度很高，但日本在亚洲并未完全摆脱殖民侵略的历史心态。为此，日本需要摒弃20世纪90年代的陈腐观念，即认为美日联盟便可维持亚洲稳定。美日两国都试图通过与印度[24]和澳大利亚进行频繁的协商和军事合作，重组10年前的“四剑客”，有点类似“亚洲北约”。同时，日本还想修改宪法以扩大其自卫队规模，甚至想拥有核武器。[25]日本宣称其拥有钓鱼岛的主权，并通过安装陆对海导弹系统增加了中国在这一主权问题上对抗日本的成本。日本的这些行为都是为了减少对暂时驻扎在日本的美国军队的依赖，例如，为使美国海军陆战队迁回关岛，日本投资1.6亿美元在关岛建设美军基地。

地缘政治斡旋之法门：亚洲安全体系的未来

目前，亚洲所有强国都在寻求民族复兴，无人想对别国卑躬屈膝。因此，亚洲政治秩序的领导者既非美国也非中国。日本、韩国、印度、俄罗斯、印度尼西亚、澳大利亚、伊朗和沙特阿拉伯绝不会接受霸权主义，也不会结合成一个单一的权力集团，既不会跟从中国，也不会与其相抗衡。相反，这些国家对中美两国对其内部事务的影响都保持高度警惕。

赵汀阳[26]在其作品中谈道，中国在寻求一种以中国规则为中心的秩序，或如政治学家张维为[27]所述，西方的等级制度被文明间的平等取代。但无论哪种情况都不允许美国军队长期驻扎在东亚，因此，中国开始投资反舰弹道导弹、隐形潜艇、机器人战舰、电磁炮和无人机蜂群，并对中国南海的岛屿和浅滩实行军事化管理。所有这些都是为了迫使美国军队退回国际日期变更线以东。

同时，中国深知自己并非无所不能，虽然自己对大部分邻国有影响力，但用军事手段解决争端会带来大量不利的政治经济影响，这并不值得。中国从日本的过度侵略和美国的过度干涉内政中吸取了教训，既不侵略也不占领他国，始终保持克制与谨慎。

同时，所有亚洲国家都在追求更大的战略自主权，这使亚洲成为世界上最大的军火市场。到 2020 年，亚洲的军费开支预计会达到 6 000 亿美元，大致与美国相同，是欧洲的两倍。亚洲人更愿意投资自己的军队建设而非为美国的全球化定位提供资金支持。无论是沙特阿拉伯还是日本，都在发展自身的国防事业以击退邻敌，并减少对美国的依赖。因此，尽管当美国外交官来访时，亚洲人总会投其所好，说美国是抵抗伊朗等国威胁的重要力量，但这并不意味着亚洲人希望美国军队永远驻扎于此。相反，他们需要先进的武器，并有权决定自己如何使用及何时使用武器。

因此，亚洲不会产生多米诺效应，而会成为战略中心。亚洲也不会发生灾难性的国际冲突。虽然在领土问题上尚未达成决议，但亚洲各国总的来说能将政治与经济区分开来，尤其是东亚国家，它们已经认识到地缘政治的稳定是实现经济一体化和国家繁荣的必要条件。它们不想错过人类发展史上最为重要的经济发展时期，也不想破坏花费数万亿美元建造的基础设施。这有助于中国及其邻国缓解紧张的双边关系。虽然差异不可忽视，但所有亚洲国家都在努力追求泛亚洲体系。长久解决安全困境的方法源于亚洲各国的地区性合作，而非求助于亚洲以外的国家。虽然构建战略性的区域文化和共同体需要几十年时间，但这十分值得。

随着亚洲各国间的往来逐渐密切，其存在的争端更有可能在亚洲体系内解决。通过在基础设施、贸易和金融领域的合作，亚洲各国正在重新学习如何共享资源，就如同在过去，各国间边界模糊、主权不明的时代一样。里海附近的国家，如俄罗斯、哈萨克斯坦、土库曼斯坦、伊朗和阿塞拜疆，即将解决世界最大内陆水系的划界争端，为货物运输和海底管道铺设扫清障碍。这种融合使亚洲化惠及各国。

美国会如何处理下一轮地缘政治斡旋呢？美国在亚洲的影响力不断减弱，因为美国领导人和国民奉行保守政策。在西亚，对伊拉克、阿富汗和叙利亚的决策失误使美国的影响力和信誉均受影响。在东亚，美国"重返亚洲"的策略并未实现，因人们认为这是冷战时期辐射型同盟体系的变体，且美国退出了《跨太平洋伙伴关系协定》。亚洲各国仍认可美国的重要地位，但也认识到它的变幻莫测和一无所能。

因和平的演进，美国在东亚的影响力不断下降。20 世纪 90 年代以来，中国台湾地区越发依赖中国大陆的经济，目前，世界上几乎没有国家承认台湾地区的独立地位。目前，中国台湾地区致力于吸引外商直接投资和来自中国大陆的游客，并围绕可替代能源制定新的产业政策，它还志在将自己打造成为硅谷一样的技术中心。

地缘政治冲突和美国的干预并未阻碍东北亚各国达成和解。

美国主导的对话使太平洋战争时期的对手——日本和韩国关系更为密切，这是美国在亚洲外交成功的典型案例。韩日两国都对中国高度警惕，这一点弱化了它们对彼此的仇恨，有利于两国在日本 20 世纪的殖民侵略后重建外交关系。同时，两国的双边关系也不断扩展：日本希望韩国加入《跨太平洋伙伴关系协定》，而韩国希望日本加入亚投行。这些行为都有利于两国出口信贷机构的发展，并推动工程、计算机和电信等领先产业在该地区的发展。在下一个世代，中日韩三国的关系会有新发展。目前有几千名日本学生在韩国学习，韩国的流行音乐有助于他们学习韩语。韩语水平较高的中国学生也很快加入他们的阵营。当三国学生碰在一起时，他们主要说韩语和英语。三国的年轻人都更愿意在亚洲内部解决冲突而无须美国干预。

东北亚能否抛开猜忌、开展合作关键要看朝鲜。韩国十分希望与朝鲜统一，不仅仅是因为其与朝鲜在历史上的亲近关系，还因对朝鲜民众的深深同情。两国同意在 2018 年冬季奥运会的开幕式上举朝鲜半岛旗共同入场，并共同成立冰球队。韩国总统文在寅也向朝鲜领导人金正恩提议正式结束朝鲜战争。特朗普与金正恩举行会面，朝鲜同意无核化，前提是美国减少与韩国的联合军事演习（这被称为“冻结换冻结”或“双暂停”倡议）。同时，为与中国和朝鲜在外交关系上取得新进展，韩国总统文在寅不愿意在国内部署萨德导弹防御系统，这与 20 世纪 80 年代日本的战略不谋而合，即韩国应“学会对美国说不”。[28]

韩国、朝鲜、中国和日本在朝鲜半岛问题上合作得越多，美国就越显得无足轻重。统一的朝鲜半岛将不再只是夹在中日两国之间的地区，而是更有实力的经济体，两国农产品和矿产资源丰富，且随着经济特区在技术方面的不断发展，其廉价劳动力可以从事现代汽车和三星手机的生产。中国国际航空股份有限公司从北京到平壤的航线获利十分可观。中国和俄罗斯都参与了罗先不冻港的建设，俄罗斯在 2017 年开通了前往罗先的轮渡服务，中国也在铺设通往罗先的铁路。俄罗斯甚至还想延长西伯利亚大铁路，连接符拉迪沃斯托克、朝鲜首都平壤和韩国首都首尔。俄罗斯和韩国都计划在朝鲜铺设天然气管道和电网。同时，朝鲜也向新加坡的城市规划师咨询如何重建其破败的城市。

为适应亚洲新兴的外交模式，美国需解决其固有的官僚主义。现在，美国国防部中央司令部和太平洋司令部（已更名为印度洋－太平洋司令部）分管印度和巴基斯坦分界线的东西两岸，但“一带一路”倡议和与之相关的泛亚洲体系使这一武断划分毫无意义，同时，美国国务院还设立了三个事务局来分管亚洲事务：欧洲暨欧亚事务局、近东事务局和东亚暨太平洋事务局。美国战略家认为，要避免中国成为世界中心，平衡“心脏地带”（意为亚洲腹地）和“边缘地带”（意为太平洋沿岸地区）的关系十分有必要，但美国并未制定任何后续政策。

总的来说，因亚洲内部的货币借贷和地区贸易已十分流行，无须依赖美国货币和市场，所以美国在该地区的经济地位有所下降。但美国在该地区的能源和科技地位仍十分坚挺，美国出口的石油和液化天然气对东亚国家的能源安全有重要影响，同时，美国的军事装备和计算机软件在亚洲市场供不应求。因此，美国对亚洲经济的依赖程度逐渐上升，但美国在亚洲的战略影响力逐渐减小。在亚洲化时代，亚洲会影响美国而非美国影响亚洲。

第四章　亚洲经济

观察中国的人士往往持有两种截然不同的观点：中国要么将威胁世界，要么将濒临崩溃。然而这两种观点都不正确，尽管观察家一直以来都在研究中国的政治和经济，但是大多数外行人并不了解中国的政治经济学。一些观察家预测，在西方国家的金融危机之后，中国经济的增长速度会有“自由落体式”的下降，但他们没有注意到，中国与亚洲其他国家，以及欧洲国家的贸易往来不断加强，起到了稳定经济的作用，避免了这种情况的发生。还有观察家称，中国政府对国有企业的信贷投放过度，忽视了对经济结构的调整，甚至忽视了投资者购买这些企业股票的需求。但中国并不是一个漂浮在亚洲的巨大岛屿，而是深深扎根于亚洲经济体系之中的大国。中国的邻国数量全世界最多，这些国家与中国相互依存、互惠互利。未来的世界即将亚洲化。

亚洲第三波经济增长浪潮

中国经济增长放缓并不意味着整个亚洲经济发展势头的降温，许多其他的亚洲国家仍在加速发展。它们正赶上了第三波现代亚洲经济增长浪潮，第一波经济增长浪潮由二战之后的日本和韩国推动，第二波经济增长浪潮由中国（先是中国台湾和中国香港，然后是中国其他地区）推动，现在这波浪潮又由南亚和东南亚国家推动。每一波浪潮都对应着一组新的国家和地区，这些国家的人口与经济增长的比例达到了最佳状态，每一波浪潮都意味着亚洲庞大人口数量的不断增长。20世纪六七十年代，日本和韩国的人口加起来不到1.5亿，90年代，中国人口超过10亿。如今，从巴基斯坦到印度尼西亚，这些经济高速增长的国家的总人口已达到25亿，在西亚，由土耳其、沙特阿拉伯、伊朗构成的三角区覆盖了3亿人口，亚洲将经历一波有史以来历时最长、规模最大的经济增长浪潮。

亚洲各国经济的韧性很强，这反映了50年来亚洲经济一体化的成功，一体化先后由日本、"亚洲四小龙"（中国香港、中国台湾、新加坡和韩国）和中国推动。如今，另一个转型正在进行，日本、韩国甚至中国的企业都选择东南亚作为外包地，东南亚因此获得了"世界工厂"的美誉。日本、韩国和中国都是有着高储蓄率的国家，但是随着人口老龄化，老年人开始动用存款，因此消费水平也在不断攀升。在中国崛起期间，日本、新加坡、韩国和中国是亚洲地区最大的投资国和最重要的资本输出国，促进了亚洲发展中国家的基础设施建设、产业升级和科技发展。尽管东亚仍吸引了亚洲一半以上的投资，但由于亚洲老龄化的国家在"年轻的"亚洲国家进行投资（南亚和东南亚国家的年龄中位数在30岁以下，

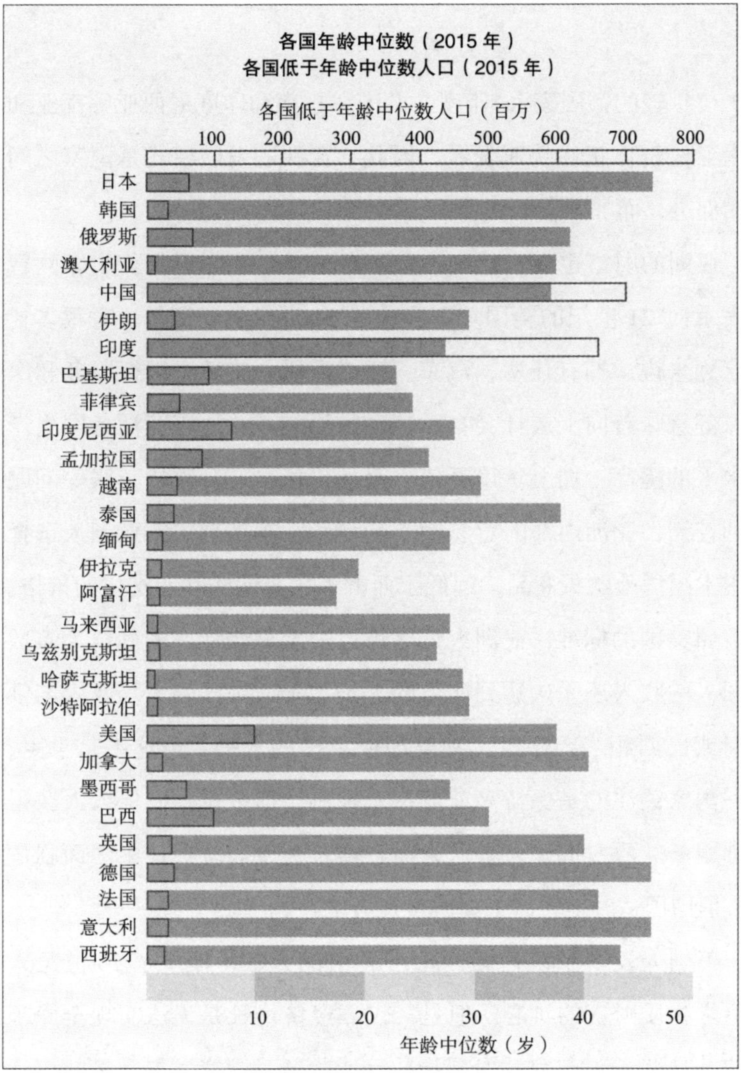

图 4–1　年轻人口超过老年人口：亚洲社会的年轻化和老龄化趋于平衡，推动经济发展和移民数量发生变化

大多数亚洲国家的年龄中位数在 30 岁以下，而日本、泰国、韩国、中国等国家的年龄中位数在 40 岁或 40 岁以上，属于老龄化国家。然而，因为中国人口众多，处于年龄中位数以下的人口数量仍是世界上最多的，因此，在未来一段时间内，中国和印度都拥有充足的年轻劳动力。从“年轻社会”向“老龄社会”的移民越来越多，这弥补了劳动力短缺的问题。

属于“年轻的”国家），印度、泰国、越南和印度尼西亚等南亚和东南亚经济体正在快速发展。因此，亚洲的发展模式是国家之间互相促进，而非强国取代弱国。

亚洲的财富也在一代又一代不断增长。汇丰银行前主席欧智华表示：“21 世纪的美国梦正在成为 21 世纪的亚洲梦，对很多亚洲家庭来说，拥有住房、汽车、智能手机、旅游、银行服务和医疗保健意味着向上层社会自由流动的愿景。”[1] 随着亚洲各国生产力水平的提高，加上货币贬值、商品价格走低、通货膨胀等问题得到控制，亚洲内部的贸易额不断增长，越来越多的亚洲人选择使用本国货币购买商品，远低于西方人用美元或欧元支付的价格。不按照美国的标准，亚洲人依然可以过上好生活。的确，大多数亚洲人的收入还无法达到西方的人均水平，中国的人均收入与俄罗斯或巴西相当，还没达到美国或英国的水平，但这不是重点，亚洲国家关注的是保持高就业率，控制生活成本，确保人人获得基础服务。西方批评人士认为经济增长速度放缓会让中国面临危机，但中国适时地转向了高质量发展之路。

美国人发明了统计国内生产总值的方法，体现了 20 世纪人类追求物质财富的雄心。但是，仅靠经济增长是无法实现全民福祉的，21 世纪，包容性发展指数已成为衡量国家发展质量的更佳标准。包容性发展指数的评估标准不仅包括经济规模，还有人口预期寿命、失业率、收入中位数、贫困水平、不平等率、居民储蓄率、碳排放强度等因素。根据包容性发展指数，在亚洲国家中，澳大利亚和新西兰排名最高，其次是韩国和以色列，都排在全球前20位。在大多数包容性发展涵盖的领域中，下一梯队的亚洲国家也取得长足进步，如阿塞拜疆、马来西亚、哈萨克斯坦、土耳其、泰国、伊朗、越南、印度尼西亚和菲律宾。亚洲也有一些贫穷的国家，如阿富汗、巴基斯坦、印度、孟加拉国、柬埔寨、老挝和也门。亚洲开发银行的社会保障指数显示，在贫困失业人口援助计划中，南亚、东南亚和中亚国家的资金投入仅为东亚国家的一半，但随着亚洲体系的发展，亚洲各国也将学会如何实现包容性增长，并且相互促进实现这一增长。

亚洲拼图

如今，亚洲体系就像一块巨大的拼图，由许多大大小小的板块拼成，亚洲各板块经济上的互补使亚洲融合成一个整体，规模远远大于各个部分简单相加的总和。自1997—1998年亚洲金融危机以来，亚洲各国间贸易额增长的速度快于世界经济的增长速度。2007—2008年，西方金融危机爆发时，亚洲国家对美国和欧盟的出口额下降，但是亚洲内部的贸易非常强劲，弥补了出口下滑带来的不利影响。“全球金融危机”实际上并不是全球性的，在危机爆发后不到10年的时间里，亚洲内部的贸易额占全球贸易总额的比例几乎翻了一番，从2009年的29%增至2016年的57%，几乎与欧洲所占的比例持平。在这20年里，西亚石油和天然气生产商迅速加入亚洲经济体系，为东亚和南亚提供了价值数十亿美元的能源，开始时价格较高，现在则以低价销售，西亚同时也成为东亚商品的主要市场，他们新兴的制造业和物流行业也成为东亚投资商的目标。

尽管现在贸易全球化在不断发展，但贸易一直具有高度的区域性。由于欧洲内部市场较为密集，2016 年，欧洲贸易仍占全球总贸易额的 30%，其次是东北亚（25%）、北美（不到 20%）、东南亚（10% 左右），世界其他地区所占比例刚刚超过 10%。[2] 现在的新情况是，非西方国家增进了彼此之间的贸易联系，减少了对美国和欧盟的依赖。过去 20 年里，亚洲各区域的贸易额（特别是东北亚、东南亚、南亚和西亚）在全球总贸易额中所占的比例最大，北美不再是占比最大的地区。在全球贸易中，最激烈的争论之一是，西方作为亚洲国家投资的来源地和出口目的地，亚洲的发展中国家能否与其“脱钩”，不再依赖西方，答案越来越倾向于是。亚洲各国的经济情况多种多样，既能大批量生产商品，也能提供高端的产品和服务，而且亚洲内部还存在着巨大的收入差距，只有专注于满足彼此日益增长的需求才能获得最大收益。西南亚、南亚、中亚、东南亚、东北亚地区之间的贸易额继续以高于全球平均水平的速度增长。[3] 特朗普政府非常关注亚洲的贸易大国，如中国、印度和韩国，亚洲各国也在共同促进彼此之间的贸易，自 2013 年以来，世界范围内新提议的 44 个自由贸易协定中有 28 个是亚洲国家之间的，亚洲内部的贸易额将继续增长。

几十年来，亚洲东北部地区形成了亚洲主要的工业输出带，中日韩三国之间形成了劳动分工的格局。[4]今天东亚的三个主要出口国——中国、日本和韩国[5]每年的出口总额达4.2万亿美元，几乎是欧盟和北美的总和。2015年，按营收计算，中国台湾富士康科技集团成为全球第三大科技公司，组装了全球70%的iPhone（苹果手机），剩下绝大多数的iPhone由中国台湾企业和硕和纬创资通负责组装。中国大举进军高科技领域，一些日本和韩国生产的零部件正被中国企业生产的零部件取代。2000年，中国生产的科技产品在亚洲出口的科技产品中所占的比例不到10%，2014年，这一比例达到44%。[6]华为、联想、海尔和比亚迪公司在电信设备、笔记本电脑、家电和电动汽车等领域都领先于亚洲和西方同行。但是，中日韩三个国家间仍高度合作，中国大量进口韩国和日本的半导体，[7]韩国仍在生产LED（发光二极管）显示屏和芯片方面处于领先地位。中国对日本和韩国的巨额贸易逆差正在减少，但随着中日韩三国间贸易额的持续攀升，三国均希望通过一项三边自由贸易协定。

虽然这个高产的东北亚三角地区过去主要向西方出口产品，但现在它为亚洲其他地区提供了质量更高、成本更低的产品。亚洲以外一些人羡慕的事情却是许多普通亚洲人每天可以实现的：从中国进口廉价商品，并向中国出口产品，提高本国生产力和竞争力，日本和韩国有大量的制造商将生产地转移到工资水平较低的东南亚，这样可以降低成本，并在另一个高速增长的巨大市场扩大业务规模。

中国工厂工人的日平均收入接近30美元，而印度尼西亚和越南工人的日平均收入仍不到10美元。自20世纪70年代以来，日本对东盟国家的工业化产生了重要的推动作用，近年来，日本每年对东南亚的投资翻了一番，达到200亿美元，日本充分认识到，东南亚是尼桑电动汽车和弹性燃料（乙醇和其他生物燃料）汽车未来的市场。韩国将一系列电子产品和汽车的组装工作外包到东南亚，推动东南亚成为全球制造业的领头羊。到2020年，韩国和越南之间的贸易额预计将达到700亿美元，仅三星一家公司就在越南进行了价值180亿美元的投资，其芯片产量将占该公司对华出口的一半。目前有超过10万韩国人居住在越南。作为泰国东部经济走廊计划的一部分，2018年，阿里巴巴承诺投入3.5亿美元在泰国、老挝、柬埔寨边境地区发展高效的物流业，以促进欠发达地区的工业发展。

自2014年以来，美国、欧洲乃至中国的企业也加入了日本和韩国的行列，将业务外包到东南亚，该地区每年吸引的投资也超过了中国。[8]东盟每年的贸易总额近2.2万亿美元，其中1/4在东盟内部完成，与中国的贸易额占15%，与日本的贸易额占10%。自2000年中国–东盟自由贸易区成立以来，东盟已成为中国第三大贸易伙伴，年贸易额达4 000亿美元，按人口计算，这是世界上最大的自由贸易区。总体而言，东盟60%以上的贸易在亚洲内部进行，[9]南亚和东南亚人口总数达25亿，像这样人口密度极高但较为贫穷的亚洲次区域正在提高收入水平，这些区域将取代欧洲和北美，成为东亚地区货物出口的主要目的地。

印度也已加入东亚经济增长的浪潮之中。在莫迪的领导下，印度已经开始实行“向东看”政策，该政策现在被称为“向东行动”——向东北亚和东南亚派出商业代表。印度与中国的贸易额已经增长到每年 800 亿美元，不过印度从中国进口的商品是出口到中国的 6 倍。印度与东盟间贸易额的增长速度要快得多，预计在未来 5 年内，印度与东盟的贸易额将增加一倍（目前是 700 亿美元）。印度与韩国和日本的贸易额也接近 200 亿美元，莫迪和安倍晋三宣布，科技产品的双边贸易是重中之重。印度大力推进基础设施、工业和城市的升级，已将商业活动从孟买等传统经济中心扩展至浦那和海得拉巴等二线城市，促使它们成为高科技产业和制造业中心。印度沿海的十几个新港口项目将促进印度工业产品向西亚和东南亚地区的高效输出。

亚洲迅速现代化的城市也推动了该地区的互联互通。亚洲的每个区域都有越来越多蓬勃发展的城市中心：海湾地区的阿布扎比、迪拜、利雅得和多哈；西亚的伊斯坦布尔、特拉维夫、德黑兰；南亚的卡拉奇、孟买、班加罗尔和钦奈；以及所有东亚和东南亚的大都市，从东京、上海到曼谷，从胡志明市到马尼拉和雅加达。此外，越南和阿曼的经济特区是中间产品和制成品的指定出入境地点。就像织布板上的洞一样，这些节点把亚洲人的贸易活动联系得更紧密。世界上最繁忙的 10 个国际航线中有 9 个是亚洲城市之间的，其余地区只有北美的纽约和多伦多这两个城市间的航线上榜。[10]

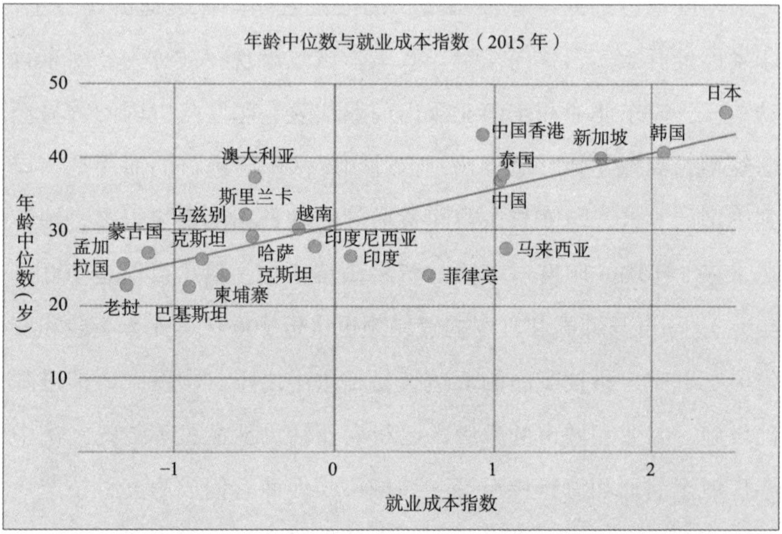

图 4–2　复杂的老龄化：随着亚洲社会的老龄化和人民的更加富裕，亚洲经济体在全球价值链中的位置不断上升

日本、韩国和新加坡既是亚洲的富裕国家，也是老龄化国家，在出口额的增加方面，经济形态也最为复杂。中国、泰国和马来西亚的经济不断增长，产业政策不断升级，正迎头赶上。

纵观整个亚洲，你会发现亚洲人现在即使不是最大的投资者，也是最突出的投资者之一。[11] 自 2001 年以来，在亚洲 5 100 亿美元的外国投资中，有一半以上来自亚洲内部国家。日本已经赶上并正在超越欧洲国家，成为东盟最大的投资国。自 2015 年以来，日本在印度的投资每年都翻一番，现在每年的投资达到 40 亿美元，很快就会超过美国。新加坡以每年140亿美元的外商直接投资领先于所有进入印度的投资者。中国也已成为印度电力、电信、建筑和其他行业的主要投资国。尽管目前中国在亚洲其他国家的总投资额仍落后于日本，但中国正在迅速赶上，中国减少了对美国的投资，并承诺增加在亚洲其他国家的投资。[12]

这就是“一带一路”倡议引人瞩目的地方。迄今为止，中国在对邻国的固定投资上还有所保留。资深中国观察家荣大聂将对中国投资政策的研究比作光谱分析：观察其辐射范围并揭示其内在特性。为了避免资金过度集中在房地产和银行，中国进一步开放资本账户，这引发了一波资本外流潮，在2016年达到2 250亿美元的峰值后，中国开始限制对外投资，要求企业停止追逐无意义的炫耀性资产，将关注点集中在中国政府的战略重点上。2017年，中国的对外直接投资额低于日本的1 700亿美元，但中国的战略重点更加明确，那就是“一带一路”倡议沿线国家的基础设施建设。北京和上海拥有数十亿美元的资金，被国家要求投资给邻国的高潜力产业，如基础设施建设、大宗商品贸易、银行业、电信业。中国正在铺设巴基斯坦和菲律宾间的光纤电缆，并为数亿人建立5G运营商。世界上最大的工程公司、采购公司和建筑公司大多是亚洲的，它们在中国、韩国、日本、印度、土耳其和沙特阿拉伯都有大型承包商，这些公司都想跨越亚洲的各个“拼图”。

中国在亚洲内的贸易额已经是日本的3倍，因此，人民币作为亚洲内部贸易使用的一种货币变得越来越有吸引力。目前，以美元计价的贸易额是美国在世界贸易中实际份额的4倍。然而，随着美元汇率升高，进口商品价格也随之变得高，亚洲国家有意摆脱美元的控制。尽管人民币不太可能成为亚洲唯一的货币，但亚洲各国与中国的贸易额增加，各国央行正在储存人民币。中国有意使人民币走向国际化，与合作伙伴的贸易以人民币计价，实现人民币自由兑换。中国的目标是，在不久的将来，让其一半的贸易以人民币计价，用人民币购买石油，签署"人民币石油协议"，这一计划将迅速推进。中国还从战略上推动使用以区块链为基础的货币，这样中国在贸易中就能规避美国财政部的"长臂管辖"及制裁。区块链工具迅速发展，所有的亚洲国家就更有可能使用这些工具进行贸易结算，而不是全部改用人民币。不管使用什么货币进行结算，新加坡、澳大利亚和新西兰等国的央行已经建立了金融科技桥梁，迅速实现与其他国家的无缝跨境支付。在亚洲，货币几乎没有国界。

资本主义，亚洲风格

亚洲国家坚信全球化是它们走向繁荣的通行证。尽管亚洲国家对西方经济体的依赖程度有所降低，但它们仍在追求一种"开放的地区主义"，即相互融合并扩大贸易联系。美国在贸易自由化上的倒退（包括在北美自由贸易区）并没有削弱亚洲与世界其他地区以及与美国进行贸易的兴趣。纵观历史，贸易顺差大国一直提倡自由贸易，尤其是19世纪的英国和20世纪的美国。然而，在现实中，它们奉行新重商主义战略，即进口替代战略和受到政府积极支持的国际扩张战略，以实现超级大国地位。亚洲大国并非如此，它们想要的是经济全球化，而不是自由贸易。

亚洲人将市场视为合作伙伴，而非大师。日本和韩国是出口导向型经济，奉行国家资本主义；中国设立经济特区，吸引外国资本和技术，实施资本管制以防止不稳定的短期资金流动，加大贸易开放程度以保护关键领域，实施产业政策以刺激战略性利基市场并增加出口；亚洲之所以能成为一个强大的经济体，是因为吸取了这些国家崛起的经验。从俄罗斯到沙特阿拉伯再到越南，国有企业确保了国家对关键工业领域的控制，使得每个领域都有世界领军企业。中国最需要的大宗商品包括石油、钢铁、铝、锂等，中国国有企业及其控股公司在全球扩张，试图获得原产地供应商的股权。如今，按资产计算，全球排名前5的银行来自中国和日本，以中国工商银行为首，目前在60个国家开展业务。即使在日本和韩国这样的资本主义国家，世代相传的家族企业集团（日本的经连会和韩国的财阀）也享受到了国家对国内企业的保护。[13]在韩国，排名前10的财阀占了股市一半以上的市值，仅三星及其子公司就占据了1/3的市值。

尽管大多数亚洲经济体比中国更开放，但这些国家正从中国数十年的经验中吸取教训。一个主要的结论是，由投资主导的经济战略是成功的，尽管这与西方的教条背道而驰。中国在2001年加入世界贸易组织后，出口额占国内生产总值的比例从25%跃升至2006年的66%。在许多局外人看来，中国大力投资工业生产和基础设施建设，造成了一定的产能过剩及浪费，尤其是造成了非必要的大型项目的浪费。此外，在世界金融危机后，中国的刺激措施带来了巨额债务，尤其是在国有金融业和工业部门，企业债务总额达到国内生产总值的170%。[14]但工业或服务业并不是非此即彼的选择。事实上，电子商务等热门行业非常依赖中国高质量的交通基础设施。如今，出口额占中国国内生产总值的比例再次不足20%，而且还在下降，而服务业占中国国内生产总值的比例则超过一半。[15]在非金融领域，中国企业已经出现违约现象，而且这种现象还将持续下去，这些企业已经被要求在一定时期内将经济成本和社会成本降至最低。

即使强大的企业家阶层正在崛起，官商间的勾结在亚洲也很普遍。印度、印度尼西亚和菲律宾是亚洲的资本主义民主大国，在这些国家中，庞大的家族企业集团仍然把持着诸如建筑业、房地产、航运、商品贸易、银行业和电信业等主要行业。企业金字塔的顶端仍然狭窄，商业大亨们对国家政策有着巨大的影响力。阿拉伯人和伊朗人的做法也是将国家资本和家族集团结合起来，各部门几乎都在经营它们所监管的行业，而富裕的家族企业则控制着建筑业、进出口贸易、农业和其他领域的利基市场。

一个主要原因是家族企业仍然是亚洲经济的支柱。全球排名前500的家族企业有1/5位于东亚，[16]中国和印度的数量最多。印度 85% 的公司是家族企业，它们的产值占印度国内生产总值的 2/3，这一情况与马来西亚和菲律宾类似。根据麦肯锡公司调查，过去 10 年，该地区家族企业的产值每年以超过 20% 的速度增长，它们利用雄厚的资金投资合资企业和新技术，提高本国员工的生产率。有些人可能会称这为儒家资本主义，因为他们认识到了群体的重要性，这就像中文里“关系”的概念，人际关系在这里具有特殊影响力。

亚洲亿万富翁的数量占世界总数的 30%，印度的亿万富翁数量仅次于美国、中国和俄罗斯，海湾国家、伊朗和土耳其的亿万富翁人数接近 100 人。由于 85% 的亚洲富人是富一代，未来 20 年将出现历史上最大规模的财富转移。亚洲将很快拥有比其他任何地区都多的亿万富翁、百万富翁以及中产阶级。在亚洲，财富管理行业正蓬勃发展，数百家新的家族理财公司在各中心城市设立，银行往往只起到保管财富的作用。一家欧洲银行的主管表示，“在美国，美国银行在服务大客户方面几乎不面临竞争。在欧洲，欧洲和美国的银行在争夺市场。在亚洲，欧洲、美国和亚洲的银行都在争夺富有的客户。我们所有的利润空间都被挤压了，但与此同时，我们也可以将数万亿美元的储蓄用于投资获利”。

然而，并非所有这些资金都能够被用于明智的投资。高增长的市场往往是最腐败的，亚洲也不例外。越南、泰国、印度和巴基斯坦在亚洲的腐败程度最严重（还有贫穷的缅甸）。但是，经济实用主义、加强领导层的纪律性和取悦投资者的意愿，这些因素结合在一起，共同促成了亚洲重大的反腐行动。在美国，一个CEO（首席执行官）可能会破坏公司价值，将获得的利益当作“金色降落伞”①，在欧洲，高管们可能不得不拿自己的收入缴纳罚款，而在亚洲，贪污的官员和高管们最终会入狱或被流放。在中国，反腐行动扼制了官员和企业大亨的巨额资本外流。在韩国，三星集团“太子”李在镕于2017年被判有罪并入狱，罪名是以捐款换取并购批准。韩国总统朴槿惠于同年被弹劾，并于2018年被控腐败罪，被判处24年监禁。在整个东盟，如泰国和马来西亚，有许多受贿的部长被免职，独立的反腐部门得到了更多的资源，企业管理计分卡则向社会公布。印度总理莫迪严厉打击会计造假的企业和离岸空壳公司，而在巴基斯坦，由于“巴拿马文件”的泄露，巴基斯坦前总理谢里夫不得不在2017年辞职。

亚洲逐渐从以关系为基础的经济体演变为以规则和制度为基础的经济体，亚洲各国政府将继续引导市场发展，促进国家发展。亚洲人普遍认为，市场应该服务于整体社会福祉，而不是以自身利益为目的。与西方不同的是，亚洲社会仍在走向全球化，亚洲各国政府正积极引导全球化向有利于自己的方向发展。从印度到越南，调查显示支持全球化的人超过80%（相比之下，美国和法国只有不到40%）。美国社会反金融和反高科技的情绪日益高涨，表明了其民众在意识形态上与亚洲人趋同，即不允许银行和科技

① 金色降落伞，指企业高管在失去工作时，由公司支付的一笔高额补偿，可能包括股票期权、资金、解雇费等，最早出现在美国。——编者注

巨头随意利用消费者，银行和科技巨头应该服从于国家，服务于更广泛的社会需求，包括稳定财政、创造就业、基础设施升级、技能培训及其他。西方政府越是扶持金融业和制造业等产业，它们的体系在实践中（如果不是理论上）就越像亚洲式的资本主义。

在 20 世纪 90 年代，亚洲人对英美（放松管制的）金融资本主义就产生了质疑。他们认同财政再分配能促进公平增长，而非正统的资本主义观点（通过经济增长实现再分配）。根据国际货币基金组织的观点，提高税收、增加（而非减少）公共投资才能减少不平等现象。因此，许多亚洲国家正毫不犹豫地通过低利率、反周期投资、积极的公共支出和高税收等宏观经济杠杆促进社会公平并创造就业。良好的公共交通、住房、电力、卫生和其他基础设施对生活质量至关重要。经济改革不能以高失业率和牺牲社会凝聚力为代价。印度尼西亚正在稳步扩大其税收占国内生产总值的比率，到 2020 年将达到 20%。[17]

亚洲人还采纳了国际货币基金组织关于宏观审慎措施的建议，比如《巴塞尔协议 III》规定，银行存贷款比率要高，房地产市场中贷款价值比要合理，向中小企业提供优惠贷款，有了这些措施，亚洲人就不再需要国际货币基金组织的支持，也能保护自己不受其他地区金融危机的影响。[18] 然而，美国和其他许多西方国家却忽视了它们曾经传授给国际货币基金组织的智慧。亚洲各地区的利率现在更多的是在亚洲内部保持同步，而不是与美国同步，这样，亚洲各国就能够促进货币政策和财政政策的配合。土耳其等亚洲国家在需要战略举措来抑制通货膨胀和稳定本国货币时，会把目光投向印度和印度尼西亚。美国逐渐学会了如何摆脱对利率的执着，更多地将关注放在促进投资上。卢特非·西迪基是前瑞士联合银行的银行家和伦敦政治经济学院的风险管理学教授，用他的话来说就是："我们现在都是亚洲人了。"

从为美国承保到为亚洲提供资金

在东亚经济的第一波和第二波增长期间，来自美国和欧洲的外国资本是亚洲经济增长的关键推动力，它们帮助日本实现了经济奇迹，也帮助中国快速实现了工业化。随后，东亚国家以购买美国和欧洲国家国债的形式，将巨额储蓄借给美国和欧洲。亚洲资本成了稳定美元和维持其国际储备货币地位的助力。中国和日本仍然是美国国债的两大持有者，各持有超过 1 万亿美元的美国国债。中国香港和中国台湾也在前 10，各持有近 2 000 亿美元的外汇储备。持有美元外汇储备最多的国家和地区，前 10 名全部来自亚洲，包括沙特阿拉伯、韩国、印度和新加坡，总共持有超过 55% 的美国国债。[19]

此外，以日本为首的亚洲国家对美国的投资总额超过 1 万亿美元（欧洲对美国的外商直接投资为 2 万亿美元），尤其集中在能源、制造业和房地产等行业。在油价暴跌时，亚洲投资者一直在帮助得克萨斯州的页岩区开采石油。中国投资有限责任公司和韩国投资公司都将超过 50% 的公共股权投资组合配置到美国股市，新加坡政府投资公司将 34% 的资产投资给北美地区。亚洲的融资为美国的长期债务提供了重要的担保，这为美国基础设施重建提供了资金。沙特阿拉伯的公共投资基金承诺向美国黑石集团新设立的一个基金项目注资 200 亿美元，用于美国的基础设施建设。

然而，随着亚洲人重新聚焦于投资亚洲（和欧洲），而不是美国，一场大规模的资本转移正在进行。由于双边关系日益紧张，2018 年，中国在美国的投资下降了 90%。由于美国债务增加，亚洲内部及亚洲与欧洲的贸易增长速度远远快于亚洲与美国的贸易增长速度，亚洲人对美国国债的兴趣正在减弱。亚洲社会的老龄化程度日益加深，储蓄率却在下降，这使得东亚国家购买美国国债的频率趋于平稳。阿拉伯地区的各国央行一直在抛售美元，以支撑其外汇储备，刺激国内经济发展，并为摆脱石油依赖型经济提供资金。

亚洲人在投资自己的（而不是美国的）国债和资本市场方面，正变得越来越自信。几十年来，大多数亚洲国家（日本是个例外）缺乏足够成熟的金融市场来吸收亚洲的大量储蓄，这些储蓄后来流转到伦敦和纽约。金融危机暴露出美国银行在很大程度上依赖于金融工程，而非依靠基础经济来推动增长。对欧洲人而言，他们对购买美国次级抵押贷款债务感到心力交瘁，也不太愿意短期借入美元，然后将其重新投入美国的消费者债务中去，而且他们需要考虑自己银行的偿付能力。在过去 10 年中，西方金融体系不稳定，美国的金融利率不断上升，但亚洲国家成功度过了这段时间。美国每次提高利率，西方经济学家都预测亚洲货币市场将出现“缩减恐慌”。但这些证券投资资本的外流并未造成多大影响，亚洲人仍有巨量（且还在不断增长）的资本可供借贷。[20] 亚洲人花了 20 年时间建立货币互换机制，以便在发生危机时增强货币的流动能力。[21] 这些努力为亚洲各国央行提供了价值数万亿美元的流动资产，以备必要时作缓冲之用。

为了避免以美元计价的债务风险，许多亚洲国家政府都发行了大量以本国货币（而非美元）计价的国债，投资者争相购买，中国发行的债券约占亚洲的一半。[22] 外国投资者仅持有约 2% 的中国国债，但中国已表示，可接受外国投资者持有约 15% 的中国国债，并已批准英国渣打银行发行离岸人民币“熊猫债券”。这可能意味着，到 2025 年，中国将增加 3 万亿美元的流动资产，支持其在国内外的继续投资。[23] 中国的去杠杆化为外国投资者提供了一个机会：打击银行过度借贷、影子银行和小额贷款，这打开了外国金融机构向中国客户提供贷款的大门。中国正在推进改革，将取消外资在合资企业持股的比例限制，并对外资在中国金融企业中的持股比例设置上限，同时允许符合条件的外资投资 A 股。

沙特阿拉伯和阿联酋还通过发行债券筹集了数百亿美元资金，同时削减补贴以降低预算赤字。2017 年，菲律宾发行了备受欢迎的 25 年期债券，其中近一半由欧洲投资者持有，1/3 由亚洲人持有，其余由美国人持有。总的来说，由于大部分亚洲国家持有的债务以当地货币计价（印度尼西亚除外），它们可以保持低利率，被动地去杠杆化。随着经济高速增长、储蓄增加，大多数亚洲经济体都能轻松地管理好当前的偿债水平。这就是为什么大多数亚洲国家不属于“新兴市场”，“新兴市场”这一概念非常过时，像阿根廷这样（归属于此概念）的国家则永远依赖国际货币基金组织的援助。

亚洲国家其他的重要措施是亚洲金融一体化程度加深的征兆。亚洲跨境证券投资从 2001 年的 3 万亿美元飙升到 2015 年的 12 万亿美元，翻了两番，但仍然只有 20% 的跨境证券投资是区域内的（欧洲为 60%）。[24] 在亚洲大部分地区，金融服务业仍然是一个受到战略性保护的行业，但金融管辖区的监管正在互相协调，使金融衍生品可以在区域平台上进行交易和清算，银行可以更便捷地进入对方的市场，证券交易所可以相互联结，信息披露标准正在趋同，企业能够更容易地跨境发行债券和股票，监管机构也在向基金经理发放“通行证”，以吸引投资。[25]

这些举措促进了亚洲企业债券市场的大规模扩张。传统上，债券市场只给亚洲公司提供了不到 20% 的融资，远远落后于银行和股票（仅银行就占东亚企业债务总额的 80%）。此外，亚洲人更倾向于通过“迂回套利”投资自己的市场，这意味着他们会听从西方基金经理的安排，而这些基金经理在西方配置的股票远远超过了在亚洲配置的股票。但在未来几年，亚洲的储蓄将更多地用于向亚洲投资，而非向西方投资。美国股市没有反映出基本的经济增长，也没有反映出美国企业在摩根士丹利国际资本指数中的权重，该指数目前大于美国国内生产总值。与此同时，日本、中国和印度的股市总值占其各自国内生产总值的比例在40%~70%之间。鉴于亚洲金融、工业以及科技集团的规模，将这些集团资产证券化的空间非常大。亚洲债券市场的规模现在正以每年25%的速度扩张。香港恒生指数在2017年的表现最好，而同年美国标准普尔500指数的表现在全球仅排第三十三名。多数专业人士预测，未来10年，亚洲证券交易所将实现最高的增长。此外，亚洲评级机构也在积极应对西方评级机构的合法性危机，为准备向亚洲配置更多资本的投资者提供更可靠的数据。分析人士预计，中国的资产管理业规模在2025年将从目前的3万亿美元增长到15万亿美元，这基于一个假设，即中国家庭将储蓄的10%用于投资金融资产（目前为4%），而东盟的资产管理业规模将达到4万亿美元。从银行、啤酒厂到建筑公司、房地产企业，越来越多的东盟企业开始进行首次公开募股。

亚洲国家已经放松了对国外证券投资资本流入开放资本账户的警惕，西方投资者正纷纷涌入。在不到20年的时间里，因为亚洲企业的首次公开募股，他们已经从依赖西方银行的贷款者，变成了这些银行最想吸引的客户。阿里巴巴2014年在纽约的首次公开募股规模为250亿美元，数额为历史之最，而亚洲科技企业的首次公开募股，如新加坡的Sea集团和中国的瑞思教育公司，对华尔街的银行至关重要。中国目前有50多家估值超过10亿美元的“独角兽”公司（数量略少于美国），印度大约有12家，东盟只有不到10家，还有更多此类准备上市的公司正蓄势待发。

全球资产管理业在亚洲仅开放了5%的业务，而资产管理公司、养老基金公司和家族理财室等西方投资机构在寻找固定的高收益投资（如亚洲货币、国家债券和公司债券）时，正试图提高这一比例。按市值计算，腾讯、阿里巴巴、百度已跻身全球规模最大的公司之列，这些公司的客户规模和服务范围迅速扩张，它们已成为西方退休人员证券投资组合的核心部分，这些退休人员的投资将使通用电气和惠普等蓝筹股公司陷入困境。既然摩根士丹利资本国际公司将中国股票和沙特阿拉伯股票纳入其新兴市场指数，那么将有数万亿美元的主动型基金和被动型基金扩大它们在亚洲的投资组合。中国推出了“债券通”和“股票通”计划，鼓励全球投资者进入中国金融业。总部位于上海的陆金所在新加坡设立了一个分支机构，专门与想要进入中国金融科技市场的外国投资者合作。

新兴市场指数和前沿市场指数也由孟加拉国、越南和其他亚洲人口大国主导。2016年，摩根士丹利资本国际公司将巴基斯坦从前沿市场升级为新兴市场，由此，摩根士丹利资本国际巴基斯坦ETF基金的交易量增长了两倍，并且一直在稳步上升。收购卡拉奇证券交易所的（现在是巴基斯坦证券交易所的一部分）竞争非常激烈，卡拉奇证券交易所排名前100的公司年回报率加起来达到20%。上海证券交易所收购了卡拉奇证券交易所40%的股份（上海证券交易所也持有达卡证券交易所大量股份）。由于需求上升，风险低于预期，亚洲市场被低估了。最近的评级下调促使亚洲市场进行了必要的重组，同时压低了股价和市盈率，创造了具有吸引力的买入机会。在整个亚洲，那些只有基础股票上市的证券交易所，如今在电信、银行、房地产、科技和其他行业公开发行了更具吸引力的股票。他们还要求对公司治理进行更加严格的报告，使公司有更多独立董事，并遵守环境和社会标准。股东和利益相关者的收益都被考虑在内。

向浮动汇率制度的转变给了亚洲各国政府更大的回旋余地，也让它们的市场更具吸引力。较弱的经济体过去常常试图控制本国货币的价值，就像在玩《大富翁》游戏，在游戏中，现金不能用于其他牌局。大约 20 年前，我第一次去乌兹别克斯坦时，我的夹克和裤子口袋里塞满了一堆几乎毫无价值的索姆，现在，索姆可以自由兑换，并且币值稳定，乌兹别克斯坦现在的经济增长率为 8%，是世界上经济发展最快的国家之一。阿拉伯地区和亚洲其他地区的投资者每周都在进出塔什干，寻找投资房地产和其他行业的机会。乌兹别克斯坦在苏联时代的铁腕人物卡里莫夫于 2016 年去世，这不仅没有带来混乱，还为实行经济实用主义打开了大门，这样的模式与其邻国哈萨克斯坦类似。从印度到越南再到蒙古国，许多亚洲国家最近都经历了痛苦的货币改革过程，为稳定经济和吸引投资者铺平了道路。

于是，全球资本大量流入亚洲，填补了向普通企业提供贷款的巨大资金缺口，这些企业为数十亿亚洲人提供服务，同时也为新兴的借贷模式提供资金，如点对点网络借贷（P2P）。中国2200家P2P机构（以点融网为首）的市值为1 000亿美元。在印度，P2P贷款额在2020年预计将达到88亿美元，类似的业务在东南亚也迅速发展。由于亚洲的银行、非银行金融机构和金融科技机构在全球金融资产中所占的份额迅速增长，而新的监管规定还未经检验，亚洲可能成为全球金融危机的下一个中心。因此，西方人需要更好地了解亚洲的金融规则和限制条件。许多西方基金经理密切关注着亚洲企业投资人的来电，就像他们密切关注沃伦·巴菲特在伯克希尔·哈撒韦公司的股东大会一样。

亚洲各国政府已经认识到，将国有企业私有化后，会有大量新的投资流入亚洲，这些资本将满足亚洲不断增长的人口的需求，而亚洲各国无法独自满足这一需求。亚洲各国正在抛售资产，有可能是为了弥补低油价造成的损失，也有可能是在展示亚洲的原则，以吸引更多外国投资。这些国家重复利用它们的资产，将旧的基础设施出租给私人投资者，利用这些收入为新的基础设施融资，从而避免增加税款。海湾地区的经济体仍依赖石油收入支撑其支出，为多元化经济发展提供资本。自20世纪70年代的石油繁荣以来，沙特阿拉伯的私营企业遭到了国有石油公司、矿产公司和工程公司的排挤，因为在这些领域，员工的工资高得没人想当企业家。沙特阿拉伯打击王室的挥霍行为，并制定经济战略，从只依赖石油转向制造业，因而私营企业将会得到发展。伊朗的国有企业也在进行私有化，目的是打击腐败、提高效率，削弱伊斯兰革命卫队名下企业的主导地位。印度、泰国和菲律宾也在进行私有化改革，目标企业包括航空公司、乳制品加工场和赌场，以此筹集资金，刺激工业和服务业的发展。印度企业债务极高（包括金融债务和非金融债务），这迫使政府放松对国外投资的监管并加快私有化进程，这两者结合起来应该会使公司得到更好的治理。印度还在改革过时的政策，比如破产法，为破产企业的清算设定时间表，这样私营企业就能够进行重组，不被政府拖延时间，也不会为不必要的救助投入资源。

甚至在中国、俄罗斯和越南等国家，一些效率低下的国有企业也正在进行重组，以便吸引投资并获得独立的经营权。通过国有资产监督管理委员会，中国已成功将造船、钢铁、机械、电子等领域的诸多国有企业重组为功能性（甚至是营利性）实体。重组后的国有企业并非完全转为私营企业，而是成了新加坡式的政府关联企业，国有投资基金持有大量股份。亚洲各国摒弃了效率低下的大型企业，在各国政府的支持下，它们的新企业不断并购对手（及其技术）。百度和阿里巴巴等大公司购买中国联通和其他国有企业的大量股份，并引入技术对它们进行重组，使它们成为更好的企业。亚洲大型寡头企业集团给新一代跨越金融和技术边界的企业让开了道路。

其他亚洲国家借鉴新加坡模式，从外国投资者那里（而非从税收中）寻找投资和技术。亚洲各地的外商直接投资每年在电子、信息技术、汽车、房地产和商业服务领域创造数十万个就业岗位，提高了整个经济体系的生产率和附加值。如今，从利雅得到上海，亚洲的摩天大楼里有许多成熟的公司。这吸引了全球投资者来到亚洲，亚洲现已超过欧洲，成为全球第二大私募股权基金投资目的地（仅次于美国），全球私募股权资本有1/4投向亚洲。[26]全球排名前4的私募股权基金都位于亚洲：日本软件银行集团愿景基金、中国国有资本风险投资基金、中新互联互通投资基金管理有限公司和中国互联网投资基金，各拥有1 000多亿美元的资本可供配置。霸菱亚洲投资有限公司是一家经验丰富的基金公司，也是亚洲最大的私募股权基金，其投资组合包括40家公司。美国私募股权基金在亚洲完成的交易数量一直在以每年两倍的速度增长。自2016年以来，美国KKR私募股权基金已在亚洲收购了15家公司，涉及教育、金融服务、医疗、保险和酒店业。美国德太投资公司已将其在亚洲的投资组合扩大至37家公司，包括房地产、科技和能源领域的公司。贝恩资本在亚洲也有大量的投资，包括日本风能开发有限公司。殷拓集团等欧洲基金公司10多年来一直在向亚洲投资，总部位于瑞士的合众集团将其亚洲投资组合在总投资额中的占比增至17%，这一比例随着每笔新投资的增加而增加。西方和亚洲的基金企业也在进行合作，以促进升级和扩大区域业务规模。2017年，总部位于纽约的全球基础设施合伙人公司和中国投资公司联手斥资37亿美元，从新加坡Equis集团购买了一系列亚洲风能和太阳能项目。对印度工业巨头来说，英国脱欧后伦敦便失去了光环，他们把工厂卖给新加坡或其他亚洲投资者，转而向迪拜投资。

亚洲企业在物流业、旅游业、房地产业和外包业等领域取得了全局性的发展，它们的业务已远远超出了本土市场的范围。亚洲内部的销售增长最快。印度价值 1 000 亿美元的软件市场迎合了微软公司和思爱普公司等西方科技巨头的需求，塔塔咨询服务公司和印孚瑟斯技术有限公司在全球范围内提供了价格实惠且高质量的信息技术服务，可与西方科技巨头竞争。价格和口味偏好也起着重要的作用，例如麦当劳和肯德基在美国和全世界成功开设了门店，但在菲律宾，他们却不能将炸鸡连锁店快乐蜂驱逐出市场，在那里，快乐蜂的门店数量是肯德基的 3 倍，在大街小巷随处可见，快乐蜂一直在东南亚和海湾地区拓展市场，其竞争对手就有麦当劳和肯德基（在美国快乐蜂也开了几家餐馆）。维他奶是香港的一家小公司，最初是为了解决民众营养不良的问题而销售豆奶，现在在 40 个国家开展业务。西方零售商渴望吸引亚洲的中产阶级消费者，但西方品牌对中国 4 亿千禧一代人口的吸引力远不及对他们父辈的吸引力。有 10 多亿南亚人和东南亚人渴望拥有冰箱，他们会选择购买的品牌是海尔、LG 和戈德瑞吉。简言之，亚洲商品的消费者大多是亚洲人。

尽管这令西方企业感到担忧，但这使亚洲对风险投资商更具吸引力。尽管硅谷仍是许多领域的先驱，但它仅吸引了全球每年风险投资总额中的 17%。2016 年，美国获得的风险投资减少了 100 亿美元，跌至 760 亿美元。[27] 与此同时，普华永道会计师事务所的数据显示，2017 年亚洲科技初创企业获得的投资超过了美国，美国风险投资公司的资金是其来源之一。红杉资本和 Accel 等顶级的基金公司已在亚洲扎根，它们在拓展美国以外的市场。这些基金公司激励了其他聚焦亚洲的风险投资公司，如金门创投和东方创投，同时，由政府支持的亚洲基金也入股了硅谷的创业孵化器和创业加速器产业，如阿布扎比金融集团就投资了总部位于旧金山的知名创业加速器 500 Startups。越来越多的地区性初创企业的崛起，使新加坡政府投资公司等亚洲主权财富基金不得不扩大其对亚洲科技公司投资的规模，而不再局限于名声在外的阿里巴巴和小米。总部位于波士顿的科技私募股权投资公司，TA 联合风险投资公司在 10 年前没有外国员工，但现在其一半的员工和投资都在国外，尤以孟买和香港居多。

在亚洲和西方之间，及亚洲各区域之间的人才流动也越来越频繁。帕维尔 · 杜罗夫被称为俄罗斯的扎克伯格，他将通讯软件电报（Telegram）的业务从俄罗斯拓展到了迪拜和新加坡。新加坡人陈映岚，毕业于卡内基 – 梅隆大学，是红杉资本的合伙人，最近，红杉资本将业务拓展至东南亚和印度，后来陈映岚离职并创立了自己的前沿科技基金——徽章风险投资公司，在数周内，他就获得了价值超过 1 亿美元的投资承诺。陈映岚告诉我：“如今，一个完美的泛亚洲科技公司会在新加坡设立总部，拥有中国台湾的工程师、越南的用户体验设计师，将印度尼西亚设为目标市场，并在香港进行首次公开募股。”通过在亚洲内部开展业务，他了解到，尽管美国和中国正在引领亚洲发展技术，但其他亚洲国家并不是附庸。地方合资企业在利用大数据创造新产品和服务的过程中扮演着至关重要的角色。总部位于雅加达的电子商务公司 Sale Stock Indonesia 正在使用人工智能筛查可能失败的设计，降低销售不佳产品可能造成的损失。

尽管许多西方经济学家仅将亚洲的崛起描绘成对西方的追赶，但亚洲很可能正在超越西方。亚洲不再面临资金、技术或人才不足的问题，这些资金、技术或人才是任何企业筹集资金、扩大规模所必需的。老一代的亚洲人已经习惯了接受西方技术，并且必须弄清楚这些技术如何才能满足他们的需求。但如今，亚洲人专注于寻找解决亚洲问题的亚洲方案。如今，印度人不再复制美国硅谷公司的模式，而是向中国的科技公司学习经验。红杉资本（印度）公司总经理赛伦德拉·辛格表示，该行业从未有过如此广泛和深层次的发展，带来了无数的投资机会。初创企业 NextBank 已经使对中小型企业进行投资的银行业务过程自动化，这些企业永远也负担不起华尔街银行的费用。NextBank 创始人还在创建一个虚拟加速器，将创业过程中的各个阶段和所有经验数字化，包括通过首次代币发行进行融资，到基于区块链的商业模式。网络安全公司在新加坡蓬勃发展，并开始向外扩张。亚洲人相互学习、相互适应的程度很高，比亚洲人与西方人之间相互学习与相互适应的程度更高。

拼车行业是西方企业在战略和文化方面输给亚洲本土公司的

一个典型。就在2015年，优步似乎还“统治”着世界。但日本软件银行集团支持亚洲的汽车共享公司发展，比如中国的滴滴出行、东南亚的GrabShare和印度的Ola Cabs，后来优步的市值下降，滴滴收购了优步的中国业务（日本软件银行集团以折扣价收购了优步的股票）。[28] 在俄罗斯，优步被并入Yandex.Drive，在东南亚，优步将业务出售给GrabShare，GrabShare还从丰田那里获得了10亿美元的投资。如今，滴滴正向巴西扩张，Ola Cabs（滴滴已投资）正向澳大利亚进军，而汽车共享公司Careem在海湾地区处于领先地位。这些亚洲公司占据了亚洲市场，同时也在亚洲之外挑战优步。在许多亚洲城市，优步不再是市场领导者，而是本土领军企业的合作伙伴。滴滴公司的创始人柳青是中国50位新晋女亿万富翁之一，与优步创始人特拉维斯·卡兰尼克形成鲜明对比的是，人们认为柳青是其亚洲同行的良师益友。Grab的首席执行官安东尼·谭表示：“这是一种兄弟情谊，我们共同战斗，向他们展示亚洲的力量。”[29]

亚洲的食物和燃料

地缘政治的关键在于自给自足，而不是征服。在自然资源、农业、工业和技术方面实现自给自足的国家和地区可以摆脱依赖外国带来的风险。北美在石油和天然气方面可以自给自足，欧洲则在努力寻找替代能源和可再生能源，以减轻对俄罗斯石油和天然气的依赖。亚洲经济一体化程度越高，就越有能力自给自足。

亚洲在经济上和地缘政治上的脆弱性有很大部分是能源问题造成的。然而，尽管亚洲的能源消耗量在上升，但由于供应源的多样化，以及替代能源和可再生能源的兴起，为争夺能源而引发冲突的风险已经降低。仅东亚就消耗了全球 80% 的液化天然气，但由于缺乏生产和销售天然气的基础设施，亚洲的天然气价格是欧洲的 2 倍，是美国的 4 倍。但是，卡塔尔的液化天然气正流向东亚，俄罗斯的天然气也被输送到中国和太平洋地区，澳大利亚（由于日本的投资）也成为重要的天然气供应国，亚洲人将获得更多、更廉价的能源。2018 年底，壳牌公司与在马来西亚、中国、日本和韩国的合作伙伴宣布，将在加拿大西海岸建造一座大型液化天然气工厂，这个工厂能在短至 8 天的时间内向亚洲输送天然气，而从美国墨西哥湾沿岸输送则需要 20 天。新加坡吉宝集团建造的海上石油钻井平台领先全球，它们于 2017 年部署了全球首艘浮式天然气液化船，用以满足全球日益增长的需求。亚洲国家也在加大对所有能源产业的投资，包括石油、天然气、核能、风能和太阳能。

由于亚洲人消耗了世界上大部分的燃料、矿产和食物，因此在亚洲进行这些商品的交易也是很自然的。世界经济总量中有 10 万亿美元是由商品的生产和消费产生的，亚洲人现在消耗了世界上产出的超过一半的煤炭、铝、镍、铜、锌、棉花、橡胶和棕榈油，进口了世界上大部分的铁矿石和其他生产钢铁的主要原料。

20 世纪 80 年代，世界上 80% 的黄金贸易发生在美国和欧盟之间，而今天，大部分黄金贸易是在印度和中国进行的。[30] 近几十年来，西方企业主导了大宗商品贸易，尤其是采矿业，西方卡特尔垄断了定价和监管权力，但竞争环境正趋于平衡。新加坡已成为全球第二大大宗商品交易中心，在这里，每天会签订无数大宗商品的采购、航运和仓储合同。新加坡的市场监管制度已十分成熟，可以进行大宗商品期货及其衍生品的交易，进行风险管理，并在债务市场上为生产和交易活动融资。这让亚洲人更有信心在大宗商品行业发挥法律影响力，在矿业巨头必和必拓公司与中国最近的争端中，新加坡被选为仲裁地。

由于亚洲主要消耗燃料的产业是钢铁生产、工业制造和交通运输，因此亚洲总体上还远未达到使用绿色能源的标准。海湾国家、伊朗和俄罗斯都是非常重要的石油和天然气产地，在阿联酋和卡塔尔，吉普车和空调的使用率较高，因此，这两个国家的人均碳排放量几乎是世界上最高的。中国和印度都是世界能源消费大国。中国还在继续建设燃煤发电厂，其中有部分煤炭分别来自美国、巴基斯坦和伊朗。世界上的大型煤炭企业（以及煤电融资银行）大多是中国企业，而世界上最肮脏的城市大多位于南亚，例如卡拉奇、孟买、德里和达卡。加尔各答现在是印度污染最严重的城市，全国每年有 250 多万人死于污染。[31]

亚洲也追随欧洲，积极采取措施应对环境恶化，尽管面临的挑战要大得多。在中国，煤炭和石油在总能源消耗中占比最大。[32]

中国每年在非化石能源上的支出超过 1 000 亿美元，中国的目标是到 2020 年，使替代能源和可再生能源在总能源消耗中的占比达到 15%。水力发电产生的能源占中国可再生能源的 80%，占新增发电量的 70%。风力发电所占的比例要低得多，仅为 12%，但正在迅速增长。[33] 在中国，超过 200 万人在太阳能行业工作，而美国仅有 20 万，他们在建筑物上甚至在新的高速公路表面安装太阳能电池板。2015 年，中国国家电网公司用可再生能源发电，供青海省 500 万居民使用了整整一周。在西方建筑师和设计师的帮助下，中国正在建造雾霾净化塔，净化塔可以吸入雾霾，排出干净的空气，中国人还发明了可净化空气的自行车，每踩一次脚踏板，都能产生清洁的空气。中国还在最发达的一些省份仿照欧洲实施碳排放交易体系①。

除了工业产出，交通运输也是任何想要治理环境的政府面临的重要问题之一。中国已经设定目标，到 2020 年，特大城市居民公共交通使用率应达到 40%，而对交通拥堵较少的大、中、小城市，这一比例略低。在中国，新能源汽车风头正劲。几十年来，欧洲一直要求产品须达到较高的安全标准才能进入欧洲市场。特朗普政府宣布美国退出《巴黎气候协议》后，加利福尼亚州州长杰里·布朗率领一个代表团来到北京，这个代表团所代表的经济实

---

① 碳排放交易体系是欧盟成员国对本国企业碳排放量的一种强制规定，当企业产生的碳排放量超过限额，则会被罚款，若实际碳排放量小于限额，其剩余的排放权可以放到排放市场上交易，获取利润。——译者注

力占美国国内生产总值的一半，他们签署了一份宣言，承诺将致力于实现《巴黎气候协议》中的目标。

印度的工业化起步较晚，因而能够在工业生产中使用清洁能源。与中国一样，印度也计划修建数十座新的核电站和太阳能发电厂。在印度，使用可再生能源所占的比例从 2012 年的 2% 上升到 2015 年的 13%，到 2022 年，印度可再生能源的发电总量有望达到近 2 亿千瓦。印度仍有 2.5 亿人经受着供电不足的痛苦，在夏季高温中被迫断电，为解决这一问题，印度政府正在推进新的太阳能和生物质能项目。

中国和印度越早过渡到使用替代能源，它们从西亚进口的化石燃料就越少，到时石油和天然气的价格就会下跌，因此，亚洲的能源生产大国都在加快绿色转型，最大限度地扩大出口收入，并减少对国内的能源补贴，因为它们再也负担不起这些补贴了。在日本软件银行集团的资助下，沙特阿拉伯和阿联酋正在投资建设生态城市和发电量为亿千瓦级的太阳能发电厂。中国和马来西亚共占领了全球 2/3 的太阳能电池板市场，将生产成本降低了 90%。电池的生产也由亚洲主导，全球电池的价格同样被压低，中国、日本和韩国生产的锂电池占全球锂电池产量的 90% 以上，为日益壮大的电动汽车产业提供了动力支持。[34] 中国比亚迪汽车公司是目前全球最大的电动汽车制造商，该公司已聘请沃伦 · 巴菲特作为投资伙伴，并请莱昂纳多 · 迪卡普里奥为其代言。比亚迪甚至在为伦敦生产新一代双层巴士。中国是特斯拉汽车的第二大市场，但特斯拉在中国的市场份额非常小，而且还将受到中国蔚来汽车有限公司等初创企业的挑战，蔚来汽车的售价只有特斯拉的一半，并在全国范围内设有电池更换站。最终，特斯拉将像苹果一样，成为中国富裕阶层彰显身份的配件，而不是面向大众市场的汽车。日本最近发现大量海底稀土矿藏，能为全球客户（包括特斯拉）生产成本更低的电池和其他电子产品，松下公司是特斯拉主要的电池供应商。

所有亚洲人现在都认同一个观点："绿色增长"并不是一个矛盾体。亚洲城市朝着一个良性循环的方向迈进：通过公私合作的方式为生产清洁能源、倡导绿色出行提供资金支持，同时降低电力成本和政府补贴，建造高效节能的环保建筑，部署智能传感器和仪表，并在这些领域创造就业机会。中国苏宁易购集团正在其所有商业综合体中建设低能耗数据中心。在河内这个世界上行人最容易被摩托车撞到的城市，2030 年前将禁止摩托车通行并修建一条地铁。菲律宾已经开始建设潮汐发电厂，将利用海洋波浪能发电，像卡普尔这样的岛屿未来可以完全脱离电网供电。在过去 10 年里，澳大利亚的阿德莱德已经发展到一半以上的能源供应都来自可再生能源，同时，该城农民还通过废水灌溉促进当地的农业生产，在如何最大限度地利用城市资源方面，澳大利亚还有很多值得亚洲其他地区借鉴的地方。

亚洲是世界上最大的粮食生产国和消费国，但是很少有亚洲国家使用现代化的机器、灌溉技术和化肥来充分利用它们的土地。

中国主要的农业综合企业现在都有现代化的食品加工厂来帮助提高产量。中国也模仿西班牙，在整个城镇建设温室农业，全年都可生产新鲜水果。有了基本的土地权利和农业合作社，亚洲近20亿农村居民中将有更多的人能够获得足够的贷款，用于购买质量更好的种子，以及清洁工具和包装工具。印度正在使用航空勘探技术、卫星和无人机来完成一个全国性的“数字印度土地记录现代化计划”，通过该计划，农民将很快有资格获得相关服务。印度大力投资农业和农村发展，建设联结农民和市场的基础设施，印度总理莫迪希望在2022年让农民的收入翻一番。

从底格里斯河、幼发拉底河到雅鲁藏布江，从恒河、湄公河到黄河，亚洲形态多样的沃土正在被纳入一个泛亚洲环境体系。由于中亚地区的干旱带从伊拉克、叙利亚蔓延至伊朗、巴基斯坦，西亚日益依赖从俄罗斯和韩国等遥远的国家进口食品。印度的耕地面积和美国一样多（各占世界总数的12%），超过了中国（占9%），因而印度农业现代化是满足亚洲粮食需求的关键。

亚洲有众多因消耗过度而面临水资源短缺的特大城市。到2020年，一些中国城市的清洁用水预计将被耗尽，[35]印度全国都面临着地下水水位下降的危机，由于缺水，伊朗抗议活动的范围不断扩大。在整个亚洲，人们需要花费数万亿美元来修复漏水的管道、铺设新管道，安装高效的水资源管理系统，以及建造大规模的海水淡化设施。迄今为止，只有在新加坡等最富裕的亚洲国家，才可能在提高水费、提升公用事业效率、推广公众宣传活动的共同作用下，促进平均用水量的下降。以色列55%的水是通过海水淡化获得的，它将向阿拉伯地区的国家出售这一高科技。但要想阻止生态灾难的发生，必须学习更多的环境知识。

像达卡和雅加达这样的亚洲城市，面对海平面上升，变得十分脆弱，然而面对沿海洪灾，它们却没有有效的应对措施。如果沿海的洪水淹没了防洪设施，比如海堤、道路，海水将倒灌进地下蓄水层，城市难民将被迫迁到更适宜居住的内陆。还有太平洋岛民，对他们来说，几乎没有时间向内陆迁移，而且经济成本很高。对大洋洲各国人民来说，海洋和土地一样，都是一种资源，他们的民间传说提倡人类、土地和海洋和谐共存。[36] 未来几十年，将有越来越多来自所罗门群岛、斐济和基里巴斯等太平洋岛国的气候难民将移民至相对来说更安全的国家，这对其他亚洲国家来说，是对它们包容性的考验。温室气体排放量不断增加，使这一问题变得更加紧迫，现在其他亚洲国家必须决定如何安置这些气候移民。居住在赤道地区的亚洲人可能不得不变成温带地区的亚洲人，这将改变中亚的社会结构，改变中国与东南亚边境地带的环境，最终改变俄罗斯东部。

不丹王国地处雅鲁藏布江的源头地带，位于内陆，背靠喜马拉雅山脉，因此也一直处于战略聚光灯下，不丹既有可能遭受洪灾，同时也拥有丰富的水力发电资源，若想将可能的灾难化为可用的资源，就需要亚洲各国在水利方面进行跨境投资。在天山山脉和帕米尔高原地区，吉尔吉斯斯坦和塔吉克斯坦拥有巨大的水力发电潜力，鉴于中国新疆人口不断增长，对电力的需求也日益攀升，这两国将成为新疆重要的电力供应国。此外，澳大利亚希望向印度尼西亚出口太阳能和风能，蒙古国也正在开发太阳能和风能，既可用于满足本国需求，也可向中国出口。亚洲人在资源共享技术上投资越多，就越能使区域生态系统融为一体，与其经济系统相辅相成。

亚洲精神文明的复兴为整个亚洲地区提供了一种生态动力。从中国沿海到新德里，高速发展的工业化使亚洲城市让人感到窒息，越来越多的亚洲人选择在大城市以外的地方生活，放慢节奏，他们支持佛教和道教的生态运动，这类运动倡导可持续的生活方式。在中国东部的道教圣地茅山，道长杨世华号召道教徒将老子奉为“绿色之神”。2018 年，中国佛教协会成功阻止一座佛教圣山进行公开募股，防止其过度发展。中国的领导人也呼吁中国回归传统的生态文明。[37] 最近的调查显示，亚洲各地的民众都有强烈意愿购买更多可持续产品。[38] 可以说，中国的年轻人不再喜欢鱼翅汤了。

摆脱贫困，实现跨越式发展

如果将亚洲看作一个拥有数十亿人口的国家，那么其收入不平等状况将比其他任何地区都严重得多。也门的人均年收入不足 2 000 美元，而卡塔尔的人均年收入为 12.5 万美元。[39] 缅甸和新加坡之间的差距也类似。对亚洲人来说，贫困问题与不平等问题都十分严重。南亚国家，特别是印度和孟加拉国，广大农村人口生活在极度贫困之中。将近 1/6 的印度人属于贱民阶层（达利特）。数亿印度人营养不良，生活在没有完善卫生设施的地方，并露天排便。大约有 5 亿亚洲人处于极度贫困状态，约占亚洲总人口的 1/10。然而，从 1980 年到现在，有超过 10 亿亚洲人摆脱了贫困。在一代人的时间里，亚洲人的财富快速增长，然而一部分人的快速致富必然会导致不平等现象的发生。因此，解决不平等问题的关键不在于减少富人的数量，而在于增加普通阶层的人数。

亚洲人认为，通过投资基础设施、城市化、经济增长、教育、普惠金融和数字化，他们有机会继续完成消除贫困的使命。越来越多的亚洲国家加入经济学家称为“后发优势”的实践中，即超越传统技术和路径，采用最新科技与方法。在亚洲部分地区，移动电话出现在固定电话之前，数字银行出现在自动取款机之前，云计算出现在台式电脑之前，电子支付出现在收费亭之前，太阳能和风能取代了石油和天然气。有些亚洲国家并未经历使用传统身份证和税收方法的时代，直接进入了使用生物识别身份证和数字征税的时代。在一般的历史发展规律中，各国按照农业－制造业－服务业的次序逐步实现升级，现在这样的规律已经被席卷全球的金融化和数字化打破，即使是落后的亚洲国家，也可以通过手机银行、电子商务、P2P 和其他创新形式实现跨越式增长。事实上，当今亚洲经济增长的新旧动力都很强劲。

缅甸是亚洲最贫穷的国家之一，它也是一个很好的例子，可以说明起步较晚但迅速发展这两方面是如何结合在一起的。缅甸没有在杂乱无章的法规中摸索，而是建立了一个能实现快速审批的一站式投资门户。在短短 5 年内，缅甸的手机普及率从 1% 上升到 90%。缅甸的金融体系陈旧，在银行网点和 ATM 机出现之前，移动银行业务就已经开始扩张了，最终，一旦所有人都使用手机银行应用程序，就像其邻国印度那样，去货币化（完全取消实体货币）就会成为趋势。由于人均收入低，缅甸、柬埔寨和老挝也在提高轻工业在经济中所占的份额，向中等收入国家迈进。[40]

一旦人均国内生产总值达到 3 000 美元，消费水平就会上升。按照购买力平价计算，巴基斯坦人均国内生产总值目前已经超过了 3 000 美元。在巴基斯坦，人均可支配收入在 2010—2017 年翻了一番，该国也成为世界上增长最快的零售市场，零售商店数量预计在 2010—2020 年将翻一番，达到 100 万家。巴基斯坦 2.1 亿未满 30 岁的人口中，有 2/3 的人正在从类似麦当劳和荷兰小子油漆等西方品牌中获益，其中许多人都成了城市消费阶层。拉合尔和卡拉奇街头的咖啡馆人群熙熙攘攘，这种景象正是巴基斯坦小说家莫辛·哈米德所说的“无限需求”的开始。随着 4G 网络和宽带的接入，电子商务也在不断发展。阿里巴巴在 2017 年为巴基斯坦推出了一个全国性的购物网站——AliExpress.com。

总部位于香港的全球供应链管理公司利丰集团是南亚蓬勃发展的物流业和零售业的绝佳代表。用该公司首席财务官冯裕钧的话来说，该公司的规模就像是“沙粒中的保龄球”。随着利丰的经营模式从简单的工资套利（成本优化）转向地理套利（速度优化），它正日益从一个本土企业发展成一个国际企业。利丰在中国的业务占其总业务量的一半左右，但利丰目前已在60个国家开展制造业业务，并通过100个国家的8 000家零售商进行产品分销。利丰在印度和东南亚建立的分销网络越多，Zara和H&M等西方企业就越依赖利丰打入这些人口众多、城市化迅速发展的国家。巴基斯坦和孟加拉国是利丰增长最快、利润率最高的市场。从棉花田到服装厂，利丰通过应用高效的农业技术和制造流程帮助后发国家实现发展：通过数字化技术培训工人，通过3D打印技术将实物样品发送给供应商，减少对快递或无人机送货的依赖。为了利用巴基斯坦蓬勃发展的物流业，美国联合包裹速递服务公司已与巴基斯坦的物流业领军企业TCS合作，而联合利华公司则已在该国投资1.5亿美元，用于扩大产量，以应对人们对日用品日益增长的需求。

利丰已经明确了其经营范围——从医疗设备到服装，无所不包，这些产品将直接在线卖给消费者，利丰已收购了数十个亚洲本土品牌，并在亚洲各地的3 000多家门店销售它们的产品，这就形成了与其西方客户的直接竞争。但利丰的西方客户仍然依赖利丰的零售渠道服务。

几十年来，印度一直忽视了基础设施的建设，但印度现在已将政府财政预算的20%用于基础设施建设，包括铁路和卫生设施。2015—2035年，印度在城市和交通领域的投资预计将达1万亿美元。在莫迪执政的前 3 年，印度共安装了 5 000 万个厕所，其中大部分在农村地区。印度臭名昭著的贫民窟（如孟买的达拉维）面积正在缩小，房地产开发商在建造保障性住房时享受零税收优惠。就像越南那样，印度的沿海经济特区正在吸引投资，以推动制造业的发展。[41] 几十年以来，孟买是印度唯一的经济中心，而如今，安得拉邦和泰米尔纳德邦也成了重要的商业地区。位于印度南部的班加罗尔 – 钦奈 – 海得拉巴工业三角区已成为印度的珠江三角洲，这里的 3 000 万从业者完成了印度 80% 的 IT 服务，并围绕生物医学工程和数字金融产业形成了创新集群。过去 10 年里，印度增长最快的几个邦都是一些最偏远、落后的邦，比如锡金邦和比哈尔邦。在建筑业、发电业和制造业（锡金邦还在喜马拉雅地区发展旅游业）的推动下，这两个邦的经济每年都以 12% ~ 25% 的速度增长。果阿邦在矿业和旅游业的带动下也实现了两位数的增长。

印度正在提高税率（目前仅为 10%），这刚好赶上该国适龄劳动人口的增长（预计到 2030 年才会达到峰值）。在莫迪征收商品及服务税并推行“废钞令”后，印度的大部分灰色经济① 被正式化，黑市被削弱。在货币稳定和通货膨胀得到控制的情况下，印度将其经常账户赤字降至国内生产总值的 1%。印度的证券交易所是世界上表现最好的证券交易所之一，在印度政府让卢比实现资本

① 灰色经济是一种非正规的经济，包括所有创造价值的经济活动，但是没有被列入国民经济总决算，也未列入正式公布的国内生产总值中。——译者注

账户的完全可兑换之后，印度人也像外国人一样涌入证券交易所。以购买力平价计算，印度的人均年收入将近 7 000 美元，这表明消费能力的提高与金融化相辅相成。印度人历来是世界上最喜欢购买黄金的群体，但随着印度家庭在教育、医疗和保险上的投资增加，黄金在印度家庭储蓄中所占的比例已从 2013 年的 15% 降至 2016 年的 5%。[42] 亚洲保险市场增长迅猛，亚洲人倾向于购买与人寿、房产、汽车相关的保险产品。

数字化和去货币化使印度人在实现经济富裕之前就已经实现了数据富裕。到 2020 年，得益于 Reliance Jio Infocomm① 等企业的大规模投资，4G 网络将覆盖整个印度。[43] Airtel 公司是 Reliance Jio Infocomm 公司的竞争对手，在 2018 年初，Airtel 开展了为期 100 天的推广活动，签下 1.7 亿新客户。已经有 10 亿印度人（几乎 100% 的成年人）获得了 Aadhar② 通用身份证。Aadhar 身份证强制和银行账户绑定，再加上去货币化，一年之内，印度的银行系统已经注入了 1 000 多亿美元的资金。Aadhar 还能通过快速数字转账向穷人提供补贴，移动钱包的出现消除了对银行网点的需求，电子支付降低了交易成本和腐败的发生率。还有 IndiaStack，将就业、医疗、地址、税务等记录整合到一个平台上，该平台可通过

① Reliance Jio Infocomm，印度信实集团旗下通信公司，印度最大的电信运营商。——译者注

② Aadhar 是一个通过 12 位数码进行识别的生物学数据库，民众通过扫描指纹和视网膜即可加入该数据库。——译者注

扫描指纹（不久以后还能通过扫描视网膜）登入。印度将把这些数字创新产品出口到亚洲其他的发展中国家。孟加拉国目前正在建设一站式社区中心，可办理出生证明、商业许可证等多种事务，同时将腐败率降至最低。这种技术手段（尤其那些对女性有利的技术）提高了孟加拉国的经济增长速度，甚至超过了印度和巴基斯坦。

印度尼西亚是东南亚国家的典型代表，人口众多、收入低，劳动生产率极低，但增长迅速。与印度一样，新加坡是印度尼西亚主要的外国投资者。对那些希望实现多元化生产，或想将工厂搬离中国的全球投资者来说，印度尼西亚高质量的工业园区极具吸引力。印度尼西亚还迫使外国投资者向本国矿业公司出售技术。外国投资者提高了印度尼西亚工业和服务业的劳动生产率，如电信业和酒店业，这些产业的雇员超过 6 000 万人，产值占印度尼西亚国内生产总值增长额的一半。Go–Jek[①] 利用雅加达 50 万辆非正式的出租摩托车，和来自新加坡、美国的投资，整合移动支付（GoPay）平台，将业务专业化，发展成了一家全面的物流企业。Go–Jek 不仅在不到一年的时间里就实现了 5 年的增长预期，还使 50 万司机加入了正式的经济体系。2017 年，Go–Jek 的估值为 30 亿美元。2018 年，该公司宣布了在东南亚的推广计划。

自 2015 年以来，亚洲的数字化产业一直在急速增长，如社交

① Go–Jek 是印度尼西亚的一家共享出行服务商，除了提供摩托车共享服务，目前还提供电子支付服务。——译者注

媒体、电子支付、电子商务和共享出行，这些行业的用户规模和收入每年以 30% 以上的速度增长。亚洲各地出现了人口的大规模跨境流动，外来务工人员是最先受益的群体之一。马来西亚银行已与新加坡初创企业 Crosspay 合作，让数十万没有银行账户的来自印度尼西亚和缅甸的移民能收到汇款。在马来西亚，几乎所有人都拥有银行账户和手机，而在韩国和中国，手机银行用户的增长速度远远超过网上银行。在这些中低收入国家，贷款和保险等金融科技产品的普及率不到 5%，这意味着有近 20 亿人将要实现跨越式发展。截至 2025 年，预计每年将有大约 500 亿美元的投资（针对金融科技业）助力东南亚的发展。手机银行业务在亚洲最贫穷的国家也能蓬勃发展，到 2025 年，可能不会再有“没有银行账户”的亚洲人了。

中国发达的金融科技是实现上述愿景的重要助力。中国每年在金融科技产品上的投资超过 1 000 亿美元（远远超过美国的 350 亿美元）。[44] 中国人民银行已经在政府和银行之间建立了一种与人民币平行的数字货币，实现可追溯的、安全的金融交易。中国每年的移动支付总额达 3 万亿美元，远远超过其他国家。[45] 由阿里巴巴、腾讯、百度、平安保险等中国企业开发的金融与生活类应用程序，比微软、亚马逊、脸书、谷歌等西方企业开发的同类应用程序功能更全面，这些应用程序提供支付、保险、贷款、信用评级，以及货币市场基金、财富管理、众筹、货币兑换等服务。通过合资企业，这些平台在亚洲的普及速度也在加快。阿里巴巴拥有东南亚电子商务巨头来赞达集团 80% 的股份，而阿里巴巴旗下的蚂蚁金服与韩国的 KakaoPay、泰国的 Ascend Group、菲律宾的 Mynt、印度尼西亚的 Emtek 和巴基斯坦的 Telenor 公司都有合作关系。① 腾讯对新加坡游戏公司 Garena（即现在的 Sea 集团）的投资推动了其在东南亚的快速发展，其营业额的增长速度甚至超过了腾讯在中国创业初期的增长速度。Sea 集团现在拥有该地区最大的游戏平台，它旗下的网上商城 Shopee 拥有该地区最庞大的供应商和客户群体，它的另一个产品 Airpay 是没有实体网点的网上银行服务系统，能在近 20 万个地点发放移动信贷。2017 年，Sea 集团在纽约证券交易所上市。可见，中国并未利用技术征服邻国，而是向邻国投资。

亚洲国家在借鉴其他国家的成功经验上竭尽所能。日本和韩国首先实现了无现金化，中国也紧随其后。阿联酋和伊朗都在效仿香港、台北和新加坡的非接触式支付系统。雅加达一卡通是一种中国式的一体卡，可用于公共交通、小额银行服务、社会保险和汽车通行付费。亚洲人口规模庞大，经济增长迅速，商业蛋糕正在不断做大。在中国，目前只有 15% 的零售额是通过电子商务实现的，其中只有一半是通过移动支付实现的。在亚洲其他地区，增长空间甚至更大。由于亚洲企业尚未完全整合庞大的客户基础，它们最有可能抓住亚洲在数字领域的优势。亚马逊和阿里巴巴在

① KakaoPay、Ascend Group、Mynt、Emtek、Telenor 均为电子商务公司。——译者注

各自本土市场所占的份额都在40%左右，但阿里巴巴在全球范围内的增长速度远远快于亚马逊。马云指出，阿里巴巴不仅是一家公司，也是一个经济体。阿里巴巴的电子世界贸易平台将全球各地的供应商联结在一个无国界市场中，天猫结合了易贝与亚马逊的长处，不仅拥有庞大的市场，也拥有完善的基础设施，支付宝则使其可将资金存放在自己的系统中。阿里云希望在全球云计算市场上与亚马逊展开竞争，计划利用其基础设施投资"一带一路一云"。

建筑业和制造业的发展

大批农民正涌入亚洲繁荣的城市。2040年，从巴基斯坦到越南，预计将有10亿亚洲人实现城市化，相当于今天欧洲和北美的全部城市人口。亚洲在基础设施上的支出约占全球的60%，各国通过发展城市建设吸引农村人口和外来劳动力的流入。亚洲的城市发展是一个自我实现的预言：城市发展得越好，吸引的人口就越多，升级的城市可以容纳更多移民，所需的支出也就更多。与此同时，城市化可以助力服务业的发展（而不是制造业），人们主要靠服务业维持生活。亚洲城市对建筑工人、医生、护士和教师的需求最高。中国的老年人集中在农村，大城市里挤满了年轻人。菲律宾的"建设、建设、建设"计划需要由大量的技术工人完成，菲律宾的企业需要工人管理建筑项目或在大型赌场工作，因此，许多公司都在提高工资，说服菲律宾人不要出国工作。从阿曼到缅甸，旅游业的持续发展在酒店行业创造了许多新的就业机会，酒店业成了亚洲国家经济多元化战略的重要组成部分。

在亚洲，你会看到各个国家在相互借鉴彼此优秀的城市规划和总体经济规划。印度想要建中国那样高效的工业区，巴基斯坦想要建印度那样的科技中心，乌兹别克斯坦想要像哈萨克斯坦一样建设新城市，马来西亚想要像新加坡一样有自动化的港口，多哈想要成为像迪拜那样的金融中心，等等。亚洲各国的城市化竞赛，帮助亚洲许多国家走出了可怕的“石油诅咒”。“石油诅咒”是指资源丰富的国家在政治和经济上停滞不前，因为他们没有在能源领域以外进行投资。亚洲在解决“石油诅咒”方面已经取得了不俗的成绩。马来西亚实现了经济多元化，提高了居民收入，沙特阿拉伯和哈萨克斯坦也在这么做。阿塞拜疆是一个石油资源丰富的伊斯兰国家，位于里海西岸，自从该国从苏联独立出来后，有 30 年时间都在通过土耳其向欧洲输送石油。但随着油价（及其自身石油储量）不断下降，阿塞拜疆开始欢迎中国和印度的投资者，对其港口和其他基础设施进行投资，以图成为欧亚大陆的一个货运枢纽。巴库从一个满是油井，气味熏天的城市变成了一个有美丽海滨的现代化大都市，吸引了大批欧洲人和海湾地区的阿拉伯人来到这里。现在的巴库成了一个热闹的旅游城市，尤以地道好客的民族风情、清真食品和有益健康的石头桑拿闻名。

亚洲的城市化进程为一种发展战略提供了力证，即如何应对

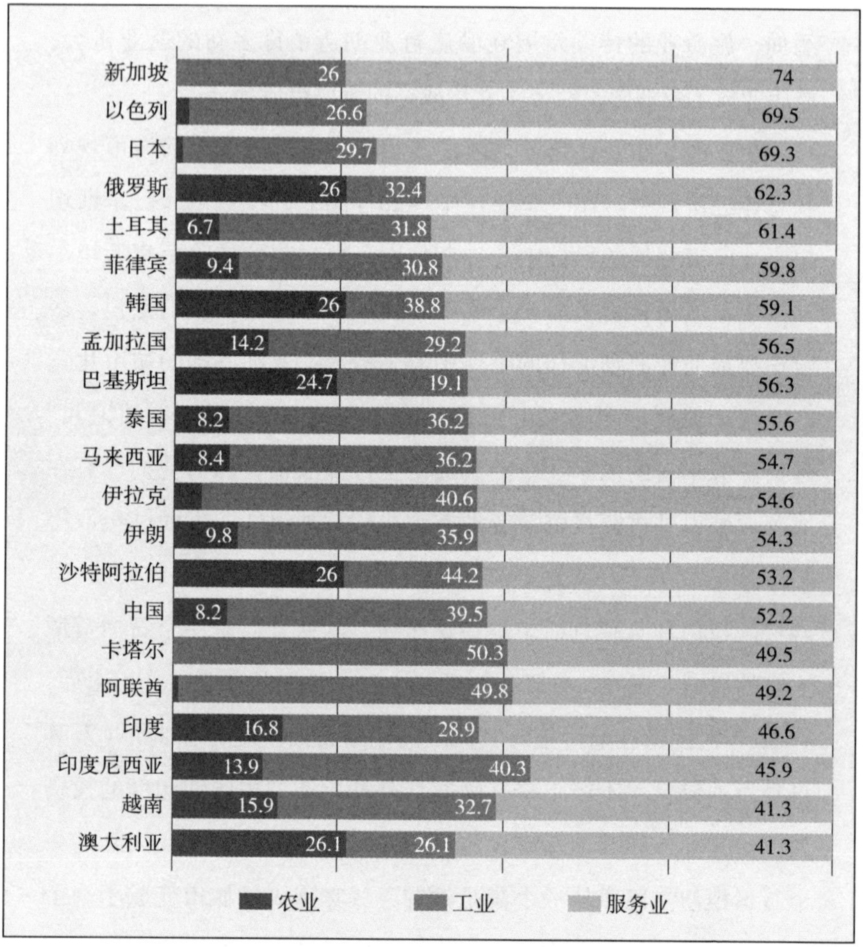

图 4–3 亚洲国家各产业在国内生产总值中的占比（%）

尽管亚洲仍是世界工厂，但其服务业的增长速度要快得多，服务业在多数亚洲国家国内生产总值中的占比越来越大。这一过程对于调整工厂劳动力结构，快速实现自动化至关重要。

过早的去工业化并实现发展，这也反驳了服务业无法创造足够多的高收入岗位，无法推动国家摆脱中等收入陷阱的观点。但亚洲的工业并没有消失。与上一代人相比，亚洲工业领域的岗位虽然变少了，但亚洲仍有 1 亿多制造业工人。印度和菲律宾等国正在努力向中等收入国家迈进，为它们的工人寻找更多工业生产活动。印度允许外资在航空、铁路、金融和建筑等领域拥有所有权，因此，印度已成为全球外商绿地投资的头号目的地，外商每年向印度的交通、信息技术、电子、清洁技术等产业投入逾 600 亿美元。“投资印度”和“印度制造”这两项计划致力于为制造业吸引投资，与“技能印度”运动相辅相成，这一运动旨在每年为各个行业培训 200 多万新劳动力。重要的是，在印度，服务业已经占到国内生产总值的 55%，而工业仅占 30%。印度的贸易额占国内生产总值的比重从 55% 降至 40%，与中国下降的速度一样快。菲律宾也计划促进诸如造船等行业的发展，在 2017 年，菲律宾的工业对其国内生产总值的贡献率达到有史以来的最高水平。西方和亚洲企业每年向东南亚地区投入 1 500 亿美元（比对中国的投资还多），因此，制造业外包还没有终结。[46]

泰国是亚洲典型的中等收入国家，泰国已经拥有强大的制造业基础，出口以每年两位数的速度增长，但其生产率仍然很低。泰国认识到对中国出口的放缓已使本国经济变得脆弱，因此泰国政府简化了外商投资的流程，以便更多的外国公司能够进入泰国，培养更高素质的劳动力。泰国还放松了对中小企业的信贷限制，这样，这些企业能够负担得起更好的电脑和技能培训课程。如今，泰国正为发明“工业 4.0”术语的德国公司提供自己的“工业 4.0”自动化设施，以便德国的行业巨头在亚洲能够节省成本，并拉近与客户的距离。

亚洲目前仍是全球工业生产的中心，与美国的关税壁垒和近岸生产（将生产转移至美国和欧洲）相比，自动化对就业的威胁要大得多，而自动化在西方和亚洲是同时推进的。亚马逊和阿里巴巴使用机器人对数百万种产品进行分类。优傲机器人是丹麦的一家生产轻型多任务机器人手臂的制造商，该公司在亚洲的年增长率达到两位数。总部位于新加坡和新德里的机器人公司 GreyOrange 有两个分别名为巴特勒和索尔特的仓库机器人，它们每天都要存放和装载数十万个包裹，工厂再也无须使用印度物流行业长期以来赖以生存的廉价劳动力。GreyOrange 与 Flipkart[①] 建立了伙伴关系（该公司最初由日本软件银行集团、老虎基金和腾讯公司投资，但现在这家公司已被沃尔玛收购），在亚马逊大举进入印度市场的情况下，合作有助于 Flipkart 在印度立足，使管理层不再那么关注员工人数，而更多地关注质量控制。亚洲经济快速增长，但那些正在发展的行业并没有像西方那样相互蚕食。在西方，消费者在亚马逊购物，实体购物中心就会变得空空如也，谷歌和脸书的出现则影响了报纸的销量。亚洲的电子商务正在蓬勃

① Flipkart 是印度最大的电子商务平台，由亚马逊的两名前员工萨钦·班萨尔和比尼·班萨尔创建于 2007 年。——译者注

发展，但购物中心却依然人头攒动，尽管移动平台的广告增长迅速，但报刊业也在蓬勃发展。在亚洲，人们对一切商品的需求都在上升，无论这些商品是实体的还是数字的。

因此，即使机器人在劳动力中所占比例越来越大，亚洲人也完全有意愿保留全球制造业供应链。韩国目前在工业机器人领域处于世界领先地位，每 1 万制造业工人拥有近 500 台机器人，日本和德国为 300 台，中国仅为 36 台。韩国工人还可以穿上带外骨骼的紧身衣，这样他们就可以在长时间内完成更艰巨的任务，同时减轻身体受到的压力。中国劳动年龄的人口将从 2015 年的 10 亿减少为 2030 年的 9 亿，因此中国大举发展工业自动化，以填补日益扩大的劳动力缺口，同时中国也购买外国机器并收购制造机器的外国公司。2017 年，中国家电巨头美的斥资 60 亿美元，收购了德国库卡机器人公司逾 85% 的股份，库卡是全球最大的工业机器人制造商之一。如今，富士康工业互联网股份有限公司的工厂已实现自动化，市值已超过索尼。中国通过自动化节省了劳动力成本，提高了生产率，并提高了本国竞争力，可与那些率先实现自动化的国家相匹敌。

即便是汽车制造业等中国最开放的行业，本土企业的竞争也在推动市场的发展。20 年来，大众和丰田在中国汽车市场中的销量一直处于领先地位，但它们是通过合资企业赚取利润。如今，总部位于杭州的吉利汽车公司按照欧洲标准设计和生产汽车，因为它拥有沃尔沃汽车公司、莲花汽车公司的全部股份和戴姆勒汽车公司 10% 的股份，还斥资 20 亿美元建设了一家专门生产高端汽车的工厂。[47] 吉利汽车公司将 15% 的收入用于研发，包括与荷兰传感器制造商恩智浦半导体公司合资开发车载通信设备，这加快了吉利取代外国汽车制造商的过程，也推动了中国汽车向全球出口的计划。中国承诺，美国汽车制造商将有更大的机会进入中国市场，但中国人为什么要购买美国汽车呢？

“中国制造 2025”计划斥资 3 000 亿美元提升中国工业自给自足的能力，包括制造飞机零部件、电脑芯片和医疗设备等产品，同时提高工程建造、医疗、食品加工和其他行业的生产力。[48] 2018 年，特朗普政府禁止美国企业向中国电信巨头中兴通讯出售电子零部件等产品，此类事件只会进一步促使中国推动技术上的自给自足。随着中国成为全球最大的半导体市场，中国政府设立了国家集成电路产业投资基金公司，激励中国企业做出 14 纳米的超薄芯片，这种芯片主要由三星和英特尔公司制造。在 2017 年，小米放弃使用高通芯片，部署了自己的松果芯片组，打破了对外国供应商的依赖。中国有机发光二极管制造商京东方计划在 2021 年前生产出自己的可滚动显示器。就中国对进口高科技的依赖程度而言，中国通过与欧洲、中国台湾、日本和韩国的贸易获得的技术要比从美国获得的先进，因此，特朗普政府的行为不太可能大幅放慢“中国制造 2025”的进程。

为了保持相对优势，韩国正在培训员工操作和管理高端传感器网络。这类技术和商业服务代表着发达经济体生产力的最高水平，韩国的金融和工业集团也积极向海外（尤其是亚洲邻国）出口创新产品，创造了可观的收入。根据世界知识产权组织的全球创新指数，新加坡和韩国是世界上最具竞争力的两个经济体，这在很大程度上归功于它们在工作场所的技术部署和员工技能培训项目。2017 年，三星超越英特尔，成为全球最大的半导体供应商，申请的专利数量也超过了 IBM（国际商用机器公司）。2021 年，韩国将在大田市设立国际科学商务带，这是一个由大学、科技园、科研中心和重离子加速器组成的综合体。

美国和欧盟都在努力寻找对抗亚洲的创新战略和商业手段。它们在世贸组织都态度强硬，反对中国向国际市场销售受补贴的钢铁和化学品，并对外国投资商在敏感技术领域的投资采取了更严格的限制。美国国会（通过美国的外国投资委员会）阻止了中国收购美国高科技公司（如半导体制造商莱迪思半导体公司和内存芯片制造商镁光科技公司）、金融公司（如速汇金公司）和芝加哥商品交易所的行为。美国国会也对销售先进军用技术的美国企业进行严格的出口管制。这样做可能会放缓中国企业获得先进技术的速度，但在亚洲企业积极推广自己科技产品的情况下，这种做法会削减美国的出口。因此，美国企业希望中国这些并购继续推进，并放宽对中国企业的市场准入，进而可以利用中国在全球的市场地位。因此，速汇金公司计划继续与蚂蚁金服合作，在全球提供汇款和数字支付服务。现在想要减缓亚洲的经济增长速度为时已晚。

亚洲与人工智能：改造社会

科技从亚洲向西方传播的历史提醒我们，科技不属于任何人。长期以来，西方一直嘲笑亚洲只会模仿他们。但创新不仅关乎科技发明，还关乎社会对科技的吸纳。无论亚洲是在追赶其他国家（如在预期寿命和营养管理方面）还是处于领先地位（如在移动金融领域），亚洲都在应用最新的技术手段，如机器人技术、传感器网络和合成生物学。从区块链到基因编辑，成功的关键不在于财富多寡、民主与否，而在于谁最擅长使用商业模式扩展新技术的应用。

世界上每个国家都面临着不同程度的技术破坏，但亚洲人的优势是心理上的：他们不惧怕新技术。亚洲人认为新技术不是人类的新主人，而只是一种新服务。自明治维新以来，日本的统治者一直对科技着迷，如今，无论是在家里还是在工作场所，日本人经常与机器人共处。对日本人来说，机器人就像可爱的阿童木，而不是具有破坏性的终结者。从无处不在的传感器到生物增强技术，亚洲人正在投资未来，但并不担心未来会摧毁他们。

亚洲不断增加研发支出，稳固了在自己内部市场的主导地位并推动了在海外的成功。中国已将研发支出提高到与国内生产总值水平相当的规模，占全球研发支出的 20%；中国科研人员数量和他们发表论文的数量占全球的比例也差不多为 20%。中国的研发支出约占亚洲研发支出的一半，为 4 090 亿美元，日本为 1 900

亿美元，韩国为 1 200 亿美元，印度为 670 亿美元，俄罗斯为 430 亿美元。全球十大专利申请中心有 3 个在日本，分别位于东京、大阪和名古屋，它们的排名领先于深圳和圣何塞。韩国的带宽速度非常快，是一个云计算大国。韩国规定下载和上传速度必须一样快（而不是下载优先），韩国已经不仅仅是一个文化消费国，也是一个文化生产国，韩国文化在亚洲广受欢迎。

首尔、台北、新加坡、东京、上海和深圳跻身世界高科技城市之列。每个主要的亚洲科技中心都有根植于其生态系统的优势：特拉维夫在网络安全方面领先，新加坡在金融科技方面领先，东京在机器人技术方面领先，深圳在传感器方面领先，等等。迪拜不是科技先驱，却是对无人机和无人驾驶汽车等一切新事物进行监管试验的先锋。在为城市物联网部署传感器网络方面，亚洲城市在全球处于领先地位，2016—2017 年，韩国半导体出口增长了 55%。如今，诸如印度博帕尔等二线城市正在安装这种传感器网络以及 LED 节能灯。在中国银川市，垃圾箱同时也是一个太阳能压缩机，当垃圾箱需要清理时，传感器会提醒收垃圾的人。亚洲也是城市规模优化的重要实验基地。在长沙这样的大城市，人口规模已经过于庞大，政府试图激励人们移居到小城市，以更好地分配人口资源。[50] 到 2020 年，中国内陆各城市的中产阶级人口预计将占全国中产阶级人口的 40%，在 2002 年，中国一半的中产阶级都集中在北京、上海、广州和深圳。

鉴于亚洲城市的人口密度，解决“最后一公里”的共享单车和自动驾驶汽车也吸引了投资，这将用来应对因过高的私家车拥有量导致的严重交通拥堵。摩拜单车和 ofo 小黄车等公司开创了自行车停靠站和无桩自行车的先河，它们已从中国传遍亚洲，传入欧洲。在亚洲城市为接受无人驾驶汽车和公交车做准备之际，政策制定者、监管机构、城市规划者和保险公司正在制定新的规则来管理它们。最可能率先让自动驾驶汽车上路的西方公司，包括福特、雷诺、戴姆勒、大众和宝马，它们也准备在亚洲开展业务。在韩国，现代汽车公司和起亚汽车公司已与思科系统公司等美国 IT 公司合作，推进联网车辆通信。百度开发无人驾驶汽车软件的项目叫作阿波罗计划，吸引了英特尔、戴姆勒和福特公司为其提供资源。现在美国公司正在模仿中国公司进行创新。加利福尼亚州的 LimeBike 公司模仿了 ofo 小黄车和摩拜单车开创的无桩共享自行车模式。滴滴出行公司通过计算，可以预测哪些用户会在特定时间和地点想要拼车，它们还正在为无人驾驶汽车设计增强现实（AR）的内饰，优步和其他公司肯定会效仿这些计划。苹果也效仿腾讯的做法，在 iMessage 短信服务中增加支付服务。亚马逊现在有一项类似于阿里巴巴的贷款服务，脸书计划模仿微信，打造一个完整的数字服务生态系统。这些例子表明，美国和中国的科技公司在技术创新和争夺亚洲市场上展开了竞争，但赢家是亚洲人。

在粒子物理和量子计算等资本密集型领域，中国对美国技术的应用，硅谷华裔人才的加入，蓬勃发展的企业文化，共同推动了中国的创新。自动驾驶汽车、高能效电网和城市监控系统都依赖人工智能领域（如神经网络等）的突破。吴恩达是谷歌大脑和 Coursera[①] 的联合创始人，后来他成了百度的首席科学家。吴恩达认为，由于汉字和中文声调的复杂性，百度在自然语言处理和语音识别方面的研究进展要快于其西方同行。谷歌的人工智能以电脑收集的文本为基础，而百度使用的是移动设备收集的（以位置为基础的）数据和图像，而大型数据集是人工智能的基础。阿里巴巴拥有客户电子商务和银行交易的数据，腾讯的数据则随着客户服务范围的扩大而扩大，同时还整合了语音和面部识别功能。

这种截然不同的人工智能发展路径激发了中美之间的合作。谷歌已向京东投资逾 5 亿美元，并在北京设立了一家人工智能研究中心。美国领先的高性能显卡制造商英伟达已与百度开展合作，这使英伟达能够为家庭人工智能助理和自动驾驶汽车提供云服务。与此同时，百度和腾讯都在美国投资了人工智能实验室，中国投资者向美国的 50 多家人工智能初创企业投入了大约 7 亿美元，这些企业都希望在亚洲的市场推广自己的应用。所有这些都能够说明，人工智能在亚洲创造的就业机会远远多于被它替代的岗位（根据亚洲开发银行的数据）。

中国在人工智能领域的进步令人印象深刻，谷歌前主席埃里克·施密特曾表示，他预计到 2025 年，中国将在人工智能领域超过美国。但这并不是军备竞赛，与许多技术一样，人工智能技术

① Coursera 是一个大型免费公开在线课程项目，由美国斯坦福大学的两名计算机科学教授吴恩达和达夫妮·科勒创办。——译者注

正在流通，可适用于不同的环境，并不受单一力量的支配。腾讯和韩华集团投资了位于蒙特利尔的 Element AI 公司[①]，这有利于该公司在亚洲各地拓展业务。日本企业正将人工智能应用于半导体制造，这将有助于它们在关键零部件制造领域保持优势。印度有数十家前景较好的人工智能公司。印度 Fractal Analytics 公司有一种叫作“客户基因组”的产品，可以帮助世界顶尖的零售公司了解客户需求。印度人工智能公司将主导印度市场，并在计算机视觉、医疗诊断、法律合同分析和客户满意度调查等领域展开全球竞争。谷歌向印度的人工智能公司投入了更多资金，并对部分公司进行收购。在巴基斯坦，有一家领先亚洲的人工智能外包公司 Afiniti，拥有 3 000 多名员工，估值 20 亿美元。“人工智能即服务”的模式正在亚洲各地蔓延，政府和企业可以选择以最优惠的价格和最优惠的数据共享条款进行合作，而不是由一个国家或公司垄断人工智能。

少花钱，更长寿

提高生产力的另一个方法是提高工人的身体素质。鉴于西方纳粹主义的历史，优生学的名声本来就不好，但在今天的英国和斯堪的纳维亚半岛上的国家，通过产前筛查、终止高危妊娠，唐

① Element AI 是加拿大的一家人工智能初创公司。——译者注

氏综合征已被有效地从人群中消除。日本在优生学方面也有一段不光彩的历史，20 世纪 30 年代，日本曾对智障人士强制实施绝育手术。但是，亚洲的监管环境使应用生物技术实现突破成为可能。中国使用了苏格兰科学家在 20 世纪 90 年代克隆绵羊多莉时使用的技术来克隆猴子；基因编辑技术最早出现在美国，但中国的医院正在进行试验，而美国还没有进行任何试验。2016 年，新加坡 A*STAR 研究所的科学家研究出一种可以加速 DNA 编辑的新蛋白质，淡马锡生命科学实验室也启动了一个大型合成生物孵化器。产前基因干预技术在亚洲可能会被普遍应用。

此外，健康的生活观念、最新的生物医学技术和卫生保健实践都给亚洲人带来了益处。日本和新加坡拥有世界上最高的人均预期寿命，只有美国加利福尼亚州和科罗拉多州的一些县可以与之媲美。美国有些县的人均预期寿命低于伊拉克、孟加拉国甚至朝鲜，如南达科他州、肯塔基州以及佛罗里达州。尽管中国和海湾国家的高血压、糖尿病和肥胖症等疾病的发病率正在显著上升，但亚洲各国（除了印度尼西亚）的吸烟率正在下降。在东南亚，心脏病发病率预计将在 10 年内超过肺炎和结核病（该地区以前主要的健康杀手）。亚洲各国领导人知道，由于人口众多，他们无法复制西方的医疗保健系统。西方医疗保健系统所需的开支大概占国内生产总值的 20%。中国医疗保险的覆盖率从 2003 年的 21% 上升到现在的接近 100%，但医疗总开支占国内生产总值的比例还不到 10%。与美国人均 9 146 美元及德国人均 5 006 美元的医疗支出相比，亚洲的人均医疗支出可能更接近目前日本的 4 000 美元或海湾地区的 1 500 美元。目前，有 70% 以上的印度尼西亚人可享受该国的全民医保计划，越南和菲律宾的全民医保普及率紧随其后。

在另一个跨越式发展的重要案例中，远程医疗和廉价医疗设备降低了普通诊疗和老年护理的成本，诊断和治疗可以在本地实现，病人完全不必再去异地的医院。目前，已有 3 000 多万中国人使用春雨医生应用程序，医生通过视频直播在线问诊，阿里巴巴已经开始提供在线开处方的服务。印度初创企业 HealthCube 可以提供全面的诊断服务，任何患者都可以通过智能手机获得或分享储存在云端的医疗数据，医生也可以通过网络开诊疗单。迪拜和新加坡已经成为医疗旅游的主要目的地，那里的医生可为患者提供多种手术方案，印度和泰国也是如此，这两个国家有无数为西方家庭服务的代孕诊所。日本和印度在医药品领域处于世界领先地位，日本生产的低成本医疗设备可用于支持亚洲各地的老年人医疗保健，并在欧洲和美国市场展开竞争。甚至看牙科的费用在亚洲也会变得更便宜——2017 年，中国的机器人首次完成了全自动的种植牙手术。

终身学习

并不是所有的亚洲人都有相同的社会职业伦理，但所有的亚洲人都能坚持不懈地推动他们国家的进步。多年来，我看到巴勒斯坦人和约旦人辛辛苦苦地修理车辆，建设（或重建）城镇，印度人和巴基斯坦人在建筑工地上劳作，在拥堵的车流中扛着巨大的人力车。东亚的白领群体日均工作时间非常长，他们辛勤工作，为孩子的教育存钱。这些亚洲人忍受着巨大的痛苦，他们必须这样做，因为他们看到了邻国的成功，他们知道自己的文明曾经是伟大的，而且可以再次变得伟大。

对亚洲人来说，多元化的经济生活并不新鲜。但西方人到现在才开始习惯在可以从事多种工作的零工经济中生活。数千万印度人和巴基斯坦人习惯了一年中有半年在低技能行业工作，另外半年在季节性的高收入行业工作。在整个亚洲，非正式经济占国内生产总值和就业的比重在 12%~50% 之间。[51] 另一个利用后发优势的例子是，亚洲有各种应用程序，可以根据人们的技能聘用他们从事兼职工作。在亚洲的主要城市，新的“民宿”（旅馆）如雨后春笋般涌现，提供了价格实惠、可供长期居住和办公的空间。

在印度南部科技带的诸多城市中，联合办公空间已经成为炙手可热的房地产资产。原因不仅在于印度是全球的软件中心，还在于其客服行业新出现了大量的失业人员，这在印度已成为一个典型现象。人工智能的能力已经赶上了班加罗尔健谈的客服人员，使客户服务、数据分析和其他工作全部实现自动化。在印度，IT（信息技术）行业的从业人数最多，拥有 400 万员工，2017 年整个行业的年收入为 1 500 亿美元，但是 IT 行业每年新增的员工人数已经从 40 万的峰值骤降至零。到 2020 年，印孚瑟斯公司和马衡

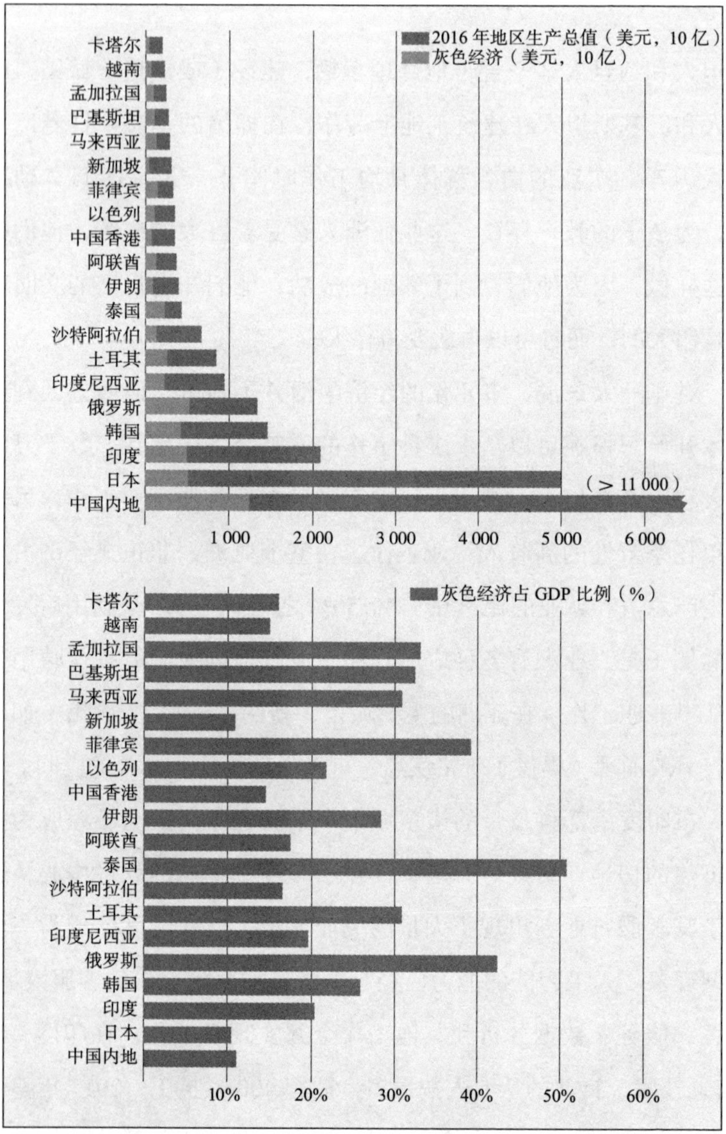

图 4–4 亚洲的灰色市场

数十亿亚洲人已经习惯了充斥在生活中的非正式经济活动，他们要么在未受政府监管的行业工作，要么在未注册的企业工作。灰色经济占亚洲各地地区生产总值和就业的比例为 12%~50%。

达信息技术公司等印度顶级 IT 公司将裁员近 50 万人。菲律宾后台人员也与客服人员一样面临失业风险。初创企业在吸引那些不想在大型企业工作的人，同时也在吸引失业者。班加罗尔有全球最大的创业加速器，由美籍印度人德什·德什潘德创建，在这里，有 1 200 名创业者在同一个屋檐下工作。

亚洲国家正急于将其数十亿人口转化为具有生产力的人力资本。南亚的中学入学率已接近学龄人口的 2/3。菲律宾直到 5 年前才正式实施 K12[①] 教育制度。然而，大多数阿拉伯国家在高质量的学校教育和专业培训方面的投资仍然太少，由于年轻人的高失业率，阿拉伯国家不得不开始重视教育问题。国家增加中等教育的支出，预示着下一代亚洲人会具备更高的职业能力。印度和巴基斯坦有数十万的私立中学在路边和村庄里办学。政府并没有抑制这种教育形式，而是在提高认证标准的同时，向学生发放入学补贴。这使得学生和教师的表现都有了较大进步，政府也节省了大量成本。印度的 Zoho 大学招收来自小镇的高中辍学生，组织他们接受编程训练，毕业后他们就能找到与编程相关的工作。在高等教育方面，南亚和东南亚国家正努力将大学入学率提高一倍、三倍甚至四倍，但这要确保补贴学费，避免出现类似美国学生的债务危机。印度理工学院每年都能培养出一小批世界顶尖的数学家和工程师，印度理工学院德里分校也在资助博士生将论文转化为

① K12，指从幼儿园到高中的 12 年义务教育，这一教育制度主要被美国、加拿大等北美国家采用。——编者注

创业项目。

为了更深入地服务印度日益壮大的青年群体和向上流动的中产阶级，一种新型的综合专业技术学院应运而生。拉金德拉·帕瓦尔是印度的私立教育机构——印度国家信息学院的创始人之一，他已经扩大了线上和线下职业教育项目的规模，每年招收50万学生，根据印度和全球公司的需求对他们进行培训，课程内容包括保险、供应链管理、编程等。学生完成一个项目后，可以返回学校接受下一项目的再培训。印度国家信息学院的座右铭“学无止境”体现了终身学习的精神。

在东亚，长辈常督促年轻人为未来的职业发展做好准备。他们严厉的教育方式取得了很大的成功，社会学家将其描述为相互依存，也就是说，长辈更多地参与对孩子未来的规划，并帮助他们成功，不像西方的父母和孩子，彼此更加独立。在自动化的世界里，死记硬背的学习方法成效越来越低，因此，创造力和团队精神得到了重视，新加坡考虑逐步取消令人忧虑的小学毕业考试（PSLE），该考试要求学生刻苦学习，牺牲了快乐的童年。中国和韩国也欢迎以创造性课程为核心的新教育浪潮。这些亚洲国家似乎走上了正确的道路。根据经济合作与发展组织一年一度的国际学生评估项目（主要测试来自几十个地区的学生在一些科目上的表现，如科学、数学、阅读、协作解决问题的能力）的数据，来自新加坡、韩国、中国香港和日本的学生不仅在传统学科中名列前茅，还具备优秀的团队合作能力。

角色转换：西方对亚洲经济增长的依赖

亚洲的发展已经证明，亚洲经济即使在西方无法实现增长的情况下也能实现增长。随着消费水平的上升，亚洲已成为许多西方跨国公司关键的增长动力，这是一个显著的角色逆转。亚洲过去主要为西方生产产品，压低劳动力成本，提高利润。现在，西方也必须为亚洲生产产品，满足其不同阶层的偏好，以及亚洲各国政府的当地成分要求[①]，并为亚洲国家创造就业机会，在竞争异常激烈的市场中，西方企业需要更加接近客户。

尽管美国对出口的依赖程度较低，但据估计，美国有 4 000 万个就业岗位与生产出口产品有关。有 20% 的美国人受雇于金融和科技等高端行业，对他们来说，亚洲是一个至关重要的市场。西方企业长期以来一直把希望寄托在中国的中产阶级身上，但中国对合资企业和数据安全的严格要求，已经影响了它们的利润和技术优势。如今，中国银联占据了中国 80% 的市场份额，微信支付和支付宝也在世界各地的著名景点获得使用许可，于是中国这才开始向外国信用卡公司发放在华经营牌照。

最近西方对热门市场的商业调查显示，西方企业的注意力转向了印度、巴基斯坦、印度尼西亚和菲律宾，这些国家的总人口

① 当地成分要求，在国际贸易中，外资企业根据进口国要求，将其商品的某一部分按规定放在进口国国内生产，又称当地含量要求或当地生产比率要求。——编者注

超过 20 亿。在中国，外国公司没有机会获得更多的市场份额，而在这些国家，西方企业有机会利用亚洲的下一轮增长浪潮进入其市场。越南、缅甸这些快速增长的经济体，允许外资在建筑、房地产、金融和零售业等利润丰厚的行业拥有 100% 的所有权。

几乎美国经济的每一个领域都能从亚洲的崛起中受益。自美国解除长达 40 年的原油出口禁令以来，中国已成为美国石油最大的买家之一。美国对日本和韩国的天然气销量也在增长。事实上，如果没有美国能源出口额的快速增长，今天美国对亚洲的贸易逆差会高得多。西方公司也在亚洲完成了它们最大规模的能源投资。由雪佛龙公司牵头的一个财团将向哈萨克斯坦的卡沙甘油田投资近 400 亿美元。法国道达尔公司有望与中国合作开采页岩油和天然气。从大豆到猪肉，北美的食品出口额也成倍增长。中国双汇集团收购了美国史密斯菲尔德食品公司，使得该公司得以更大程度地进入中国市场。随着大豆取代玉米成为美国种植范围最广的作物，北达科他州希望修建一条连接太平洋海岸的新货运铁路线，以增加对亚洲的大豆出口。

亚洲是美国沃尔玛公司维持竞争力的基础和未来发展的保障。沃尔玛 70% 的商品是在中国制造或采购的。尽管国际销售仅占沃尔玛总收入的 1/3，但日本、中国和印度是其增长最快的市场。虽然沃尔玛承诺将在近岸生产，但它在美国的扩张一直不温不火，在中国扩张的力度却越来越大，沃尔玛对京东进行了投资，还在印度收购了电商 Flipkart，并计划将东南亚作为下一个主要的目标市场。大多数苹果公司的手机也是在中国制造的，在中国销售的手机有 90% 都是由中国制造商制造的，oppo 和 vivo 手机在中国的市场份额有两位数，领先于三星、小米和苹果（市场份额不超过 3%）。[52] 中国手机制造商也在加快开发高性能的 5G 芯片。随着中国市场的成熟，智能手机的销量一直在下滑。因此，对沃尔玛和苹果公司来说，它们的收入取决于下一个战略阶段，在中国以外的广大市场生产和销售家居及电子产品。

美国领先的科技公司也在竞相帮助亚洲利用其后发优势。许多亚洲国家感谢脸书、微软和谷歌在它们的海岸线上铺设了互联网电缆并增加了带宽。在印度，谷歌地图为价值 200 亿美元的定位服务和营销行业提供支持，并通过绘制公共厕所的地图，帮助该国实现改善公共卫生的目标。谷歌的 Tez 支付软件利用印度的 UPI 支付平台，支持使用音频命令进行移动支付，谷歌翻译和能将语音转化成文本的应用程序将促进东南亚多语言国家的商业交流。谷歌还培训了 10 万印度尼西亚软件开发人员，将技术学习平台优达学城的课程翻译成印度尼西亚语。长期以来，美国的互联网和社交媒体巨头一直专注于大亚洲地区，因为它们无法进入中国大陆。鉴于百度在中国搜索引擎市场的主导地位，谷歌、雅虎和其他公司需要在亚洲其他地区扩大市场份额。脸书 4/5 的用户在美国以外的地区，其中大多数在亚洲：印度脸书用户的数量已经超过美国，印度尼西亚则紧随美国之后。在亚洲，脸书的业务部门支持 B2B[①] 和 B2C[②] 业务的规模化。在成千上万的例子中，Ertos 美容护理公司只是其中之一，这家公司的创始人是一位运气不佳的印度尼西亚母亲，通过脸书广告，她将上门化妆业务转变成了一个价值数百万美元的企业，现在可以与欧莱雅等西方品牌竞争。

一个复杂的双赢故事也解释了如何在亚洲取得成功。总部位于洛杉矶的拳头游戏公司将其旗舰产品《英雄联盟》授权给了 Sea 集团。拳头游戏公司在亚洲的成功为腾讯收购该公司铺平了道路，资本的大量涌入使拳头游戏公司得以在美国和全世界设立更多的游戏开发中心，雇用更多的程序员，制作更多新的网络游戏，在世界各地，特别是在亚洲，举办更多锦标赛，在体育场的大屏幕上看玩家竞技。同样，中国无人机制造商大疆创新科技有限公司控制着全球 80% 的无人机消费市场，其中 80% 的市场在中国以外。尽管大疆在硬件市场上击败了美国初创企业 3D Robotics[③]，但两家公司已开始合作，将 3DR 位点扫描软件集成到大疆无人机中。在竞争可能导致失败的情况下，合作往往可以带来更好的结果。

西方品牌早就知道，在价格上满足亚洲大众，就可以更好地进入亚洲消费群体，这需要在当地进行小规模生产。联合利华一次用量包装的洗发水已经成为一个众所周知的例子，该产品普及

---

① B2B，指企业与企业之间，通过专用网络开展商业活动。——译者注

② B2C，商对客电子商务模式，即企业或商户通过网络直接向消费者销售商品或提供服务。——译者注

③ 3D Robotics，北美最大的民用无人机公司。——译者注

了最底层的10亿人。亚洲的中下阶层群体比西方的中下阶层群体更穷，但同时也是非必需品和耐用品的活跃消费者。小型汽车和大屏智能手机是非常迎合亚洲人需求的产品。西方制药公司如默克、阿斯利康和礼来，正在中国和印度设立实验室（与麦迪特伟业医疗技术有限公司和百济神州科技有限公司等成立合资企业），为亚洲不断增长的人口和不断增多的癌症患者、糖尿病患者、骨质疏松症患者和其他患者开发B类低成本药物。与此同时，美国和欧洲最大的保险公司，如保诚保险、大都会保险、安盛保险和英杰华保险，都在亚洲各地通过吸引客户和提高保费来积累资产。以真空吸尘器闻名的英国戴森公司在亚洲雇用的科学家人数最多，该公司在上海和新加坡设有研发中心，在马来西亚和菲律宾拥有生产设施。由于接触到了更多的亚洲客户，该公司对产品进行了调整，比如改变了吹风机手柄的形状。过去10年，戴森在亚洲的营收额增长了40%。在高端市场，路易威登和历峰等奢侈品公司专注于亚洲日益壮大的百万富翁群体，但它们也在收购当地设计师创办的亚洲品牌，因为这些设计师更了解亚洲客户。

亚洲消费者具有巨大的吸引力，这对运动服装厂商安德玛来说也是一样的。安德玛3/4的销售额来自美国，但美国现有的运动品牌（如耐克）阻碍了该公司的发展，该公司唯一的希望就是亚洲，它们希望亚洲的销售额继续飙升，实现翻番。敦豪航空货运公司（DHL）2017年的一项客户调查显示，1/3的美国中小型企业将亚洲作为出口的首选目的地，只有1/4的企业将欧洲作为出口的首选目的地。事实上，亚洲零售市场的年均销售额已经达到 10 万亿美元，是美国的两倍，欧洲的三倍。中国 2017 年的“双十一”打破了自己以往的纪录，成为世界上销售额最大的零售日——24 小时内售出了超过 250 亿美元的商品。在阿里巴巴平台上销售的品牌中，有 40% 不是中国品牌。在印度，亚马逊以超过 4 500 亿美元的年销售额领跑印度电子商务市场，为美国商家接触印度的消费者提供了更多机会。印度尼西亚的 Tokopedia 是其国内最大的电子商务平台，对西方商品也非常开放。电子商务越在亚洲扩张，外国公司就越容易获得亚洲客户。

亚洲大部分地区需要大量增加资本存量、提高生产率，为西方企业向亚洲出口高质量的工业和技术产品创造机会。对美国高通公司等芯片制造商来说，亚洲企业在手机市场的崛起是一个巨大的机遇，美国芯片公司的大部分收入来自销售给亚洲的芯片和技术，高通的芯片提高了三星手机的处理能力，使三星能够开发出新的增强现实技术（AR）。同样，美国仅剩的几家工业巨头，如通用电气公司和霍尼韦尔公司，比以往任何时候都更加依赖向亚洲市场销售燃气轮机、核电站和飞机零部件。通用电气 2/3 的收入来自美国以外的地区。在中国、沙特阿拉伯和土耳其之后，印度和巴基斯坦也成了规模庞大、增长迅速的市场。通用电气和西门子还在印度各地建立了数十个研发机构和工厂，以试验价格适中的心电图仪、核磁共振成像仪、X 射线仪和血液分析仪。这些仪器首先面向印度市场发售，然后再向外拓展。

航空业也依赖亚洲。英国劳斯莱斯公司在东南亚拥有完整的喷气发动机生产供应链。中国商用飞机有限责任公司距离能与波音公司和空中客车公司竞争仍有很长一段路要走，而这两家西方飞机制造商都严重依赖阿联酋航空等海湾地区的航空公司以及土耳其航空公司和新加坡航空公司，以及中国和日本的航空公司等亚洲大型航空公司的订单。到 2024 年，中国将超过美国，成为世界上最大的航空市场，每年的客流量将达到约 13 亿人次，而美国为 11 亿人次。[53] 到那时，印度每年的航空旅客人数预计将达到 4.5 亿人次，印度尼西亚将达到 2.5 亿人次，越南将达到 1.5 亿人次。在汽车行业，尽管美国国内的汽车销售额自 2016 年以来一直在下降，但在亚洲，汽车市场的销售额在 2009—2016 年几乎翻了两番。通用汽车在亚洲的销售额以每年 5%~15% 的速度增长。亚洲市场的销量占大众汽车总销量的近 50%。从阿布扎比到新加坡，国防承包商洛克希德 · 马丁公司和雷神公司在亚洲航空展上展示它们最好的武器，希望从海湾地区、印度和东亚那里获得无人机和导弹的大型订单。中国不会成为它们产品的主要市场，但亚洲其他大部分地区已经是了。

随着亚洲城市化的快速发展，思科系统公司和 IBM 等西方公司在亚洲部署了最先进的技术。新加坡为这类公司提供了一个“活体实验室”，示范如何利用传感器网络对大规模人群的安全和交通问题进行高效管理。在新加坡，法国达索系统公司创建了世界上最先进的 3D 地理数据平台，能够设计可定制的且节能的桥梁，并希望在亚洲各地进行销售。因此，西方的技术正在推进亚洲国家建设“智慧城市”的进程。总部位于洛杉矶的 AECOM 是全球顶尖的工程和设计公司之一，在中国拥有 3 000 名员工，在东南亚还有 3 000 名员工，在印度的员工数量也在不断增长，它在沙特阿拉伯和阿联酋的办公室数量增长十分迅速。传奇的芝加哥建筑公司 Skidmore, Owings & Merrill 设计了迪拜的哈利法塔，旧金山的 Gensler（著名的建筑设计、规划、咨询公司）设计了目前世界第二高的上海中心大厦。

尽管美国政府对“一带一路”倡议持怀疑态度，但美国各银行认为，这对它们在亚洲的定位至关重要。花旗银行最近推出了一项名为“亚洲对亚洲”的战略，该战略确定了 6 个内部贸易关系发展最快的亚洲国家（韩国与越南、日本与泰国等），旨在为尽可能多的跨境交易提供融资或咨询服务。亚洲在全球并购活动中所占的份额从 2005 年的 16% 上升到 2016 年的 40%，而中国在亚洲所占的份额为 30%~60%。

实际上，欧洲人和亚洲人已经吸引美国公司将总部和技术转移到他们的市场中，这样美国公司可以支付更低的企业税。美国人非常乐意，尽管特朗普政府持反对意见，但美国人的这种积极态度肯定会继续下去。美国经济复苏、利率上升、企业税降低，使得数千亿美元的企业现金回流国内，但其中只有一部分被用于国内的投资。美国顶级企业可能会将现金储备用于全球收购——收购那些拥有庞大客户基础但被低估的亚洲企业，并寻找廉价的熟练劳动力。加拿大研科公司将办公地点设在马尼拉的校园，就反映了上述现象。该公司逾 1.5 万员工为美国科技巨头以及摩根大通和富国银行等提供数据分析服务。类似地，麦肯锡、德勤、毕马威、埃森哲和安永等专业咨询公司都已将其亚洲业务从基础咨询拓展至金融科技领域，帮助亚洲客户改善公司治理和产品质量。

3D 打印技术在汽车零部件、医疗器械和各种消费品的设计和生产中应用广泛，可能会取代由亚洲生产又进口到美国和欧洲的大量商品。但由于这些产品大多在亚洲销售，越来越多的公司选择在海外和国内等量地应用 3D 打印技术。总部位于旧金山的伟创公司是全球最大、技术最先进的供应链管理公司之一。该公司正在为思科系统公司和耐克公司等打造先进的设计和制造方案。

美国企业在亚洲销售产品，而美国人前往亚洲旅行也帮助了美国企业。随着亚洲娱乐消费激增，美国流行歌手、摇滚乐队和运动队经常花数周时间在亚洲巡回演出，门票往往一抢而空。有 40% 的美国游客海外旅行的目的地是中国，20% 去的是印度，15% 去的是日本，其次是菲律宾、韩国、泰国、越南和新加坡。西方旅游杂志不断刊登菲律宾和印度尼西亚的信息来吸引读者，这两个国家的海滩在美国杂志的排行榜上常年名列前茅。万豪国际集团在中国和印度各有 100 多家酒店，其在印度的酒店数量已超过泰姬酒店集团，万豪国际集团在东南亚拥有 30 多家酒店，目前还有 10 家新酒店在建。爱彼迎已与阿里巴巴和腾讯合作，在中国推广共享房屋的预订。西方旅游公司和酒店管理公司也已学会对亚洲的政治问题保持谨慎。西方人和亚洲人交往得越多，就越能学会适应彼此的习惯与喜好。

第五章　在美国的亚洲人和在亚洲的美国人

曾经，欧洲人跨越大西洋创建了美国，到 19 世纪时，亚洲人跨越太平洋涌入美国，其中菲律宾人首先到达。在菲律宾受美国控制时期，在美国的菲律宾移民数量不断上升。1882 年《排华法案》施行之前，在美国的所有亚洲移民中，来自中国的移民占比最大且主要居住于西海岸。在 100 多年后的 2010 年，亚洲正式超过拉丁美洲，成为美国移民的最大来源地。[1] 同时，来自印度的非法移民的数量急速上升，其中包括签证到期或逾期不归的人，也包括经由墨西哥非法进入美国的人。

目前，美国有 2 100 万来自亚洲的移民，其中有 480 万人来自中国，400 万人来自印度，400 万人来自菲律宾，200 万人来自越南，180 万人来自韩国。[2] 同时，据估计有 300 万美国人有阿拉伯血统。100 年前，阿拉伯人便开始移民至美国，在第一次移民热潮中，来自黎巴嫩、叙利亚、伊拉克和也门的人主要的移民目的地是底特律，这些人一开始经营自己的店铺，后来在福特汽车厂工作。虽然美国的汽车工业对劳动力的需求日渐减少，但因 20 世纪 70 年代爆发的黎巴嫩内战、1990—1991 年的海湾战争和 2003 年的伊拉克战争，越来越多的阿拉伯人迁往密歇根。虽然美国的亚裔移民人数仅是拉丁裔移民的一半，但这一差距在不断缩小。[3] 亚洲移民每年获得美国绿卡的数量和速度都是其他地区移民的两倍。[4]

在美国，近半数亚裔都住在西海岸，仅加利福尼亚州的亚裔便占其中的 1/3，有近 700 万人，纽约州紧随其后，有 200 万人。[5] 若看亚裔占各州总人口的比重，夏威夷州以 56% 遥遥领先，其亚裔人口主要来自菲律宾和日本，随后是占比 16% 的加利福尼亚州和占比 10% 的新泽西州、内华达州和华盛顿州。[6] 亚裔的异族通婚率是所有种族中最高的，达到 29%。[7] 虽然拉丁裔移民在美国人口中仍占有较高比重，但到 2050 年，亚裔美国人预计会取代拉丁裔美国人，成为美国移民的主力军。[8]

近几十年来，亚裔美国人在美国经济中的地位越发重要。美国 1/4 的公司都为他们所有，[9] 但他们的收入水平差异很大。印度裔家庭年收入的中位数最高，随后是菲律宾裔、日裔、华裔、巴基斯坦裔和韩裔家庭。[10] 总体来看，亚裔美国人年收入的中位数比排名第二的白人高出 1.9 万美元。阿拉伯裔美国人年收入的中位数也高于平均水平，叙利亚难民也将很快进入美国的劳动力市场。

考虑到印度裔美国人的数量和财富，他们仅在婚庆行业每年就为美国经济贡献了 50 亿美元（这一数值超过了印度本国居民每年的总婚庆花销）。虽然印度移民的后代并不喜欢那些他们不甚了解的宗教仪式，但他们仍向往有骏马和鼓队表演的盛大婚礼。宾夕法尼亚大学的德韦什 · 卡普尔教授将这种混合美印传统的仪式称为“臃肿的印度婚礼”。[11] 为刺激亚裔美国人消费，梅西百货等百货商店在每年 5 月都会举行亚太裔传统月的庆祝仪式，邀请亚洲厨师、偶像和社会名人进行表演。

亚裔美国人在学术上也取得了很大成就。无论是全美拼字大赛还是再生元科学天才竞赛，获胜者大都出自这个群体。纽约顶级的斯蒂文森中学和布朗士科学高中在 20 世纪 70 年代有 3/4 的学生是白人，而现在其亚裔学生占了一半以上。由于亚洲在科技领域取得的巨大成就给美国带来了竞争压力，加上亚裔父母的要求，美国越发关注科学、技术、工程和数学教育。但学术压力也使青少年自杀率不断攀升。亚裔学生在申请大学时的学术成绩十分优异，这使哈佛等知名大学面临多起诉讼。愤愤不平的白人称亚裔学生受益于平权政策，应保证白人的录取率，而亚裔学生称学校应公平录取，不应依照族裔配额人为限定录取率。[12]

可以说，若无亚洲人，硅谷不会有今日之名望。就受教育程度来说，在美国，72% 的印度移民都至少拥有学士学位，而目前美国每年至少 70% 的特殊专业人员 / 临时工作签证（H–1B）都签发给印度人。随着成千上万印度南部的技术人员涌入美国，泰卢固语成为美国发展最快的语言。研究者维韦克 · 瓦德瓦称，1995—2004 年，硅谷 53% 的科技公司都至少有一名外国创始人，且这名外国创始人来自亚洲。[13] 谷歌和脸书的办公区就像联合国总部，其食堂提供阿拉伯国家、日本等当地的美食。[14] 印度人不仅在科技领域大放异彩，同时也通过印度企业家协会等组织相互联系。

亚洲人在美国体育界也表现得极为耀眼。无论是来自中国的篮球运动员姚明，还是来自日本的棒球运动员铃木一朗，亚洲人在美国体育界占有重要地位。父母来自中国台湾的NBA球星林书豪的出现带动了球衣销量，创造了亚裔美国人球衣销量的传奇，他在“亚洲行”时举办的篮球训练营也十分受欢迎。同时，效力于洛杉矶天使队的大谷翔平也因其出色的投球和击球能力被誉为贝比·鲁斯的接班人。几乎所有参加2018年冬季奥运会的美国花样滑冰运动员都是亚裔，韩裔运动员克洛伊·金赢得了2018年冬季奥运会单板滑雪项目的金牌。

美国人比以往能够更好地理解亚洲人的信仰和精神世界。19世纪下半叶，印度僧人和哲学家斯瓦米·维韦卡南达在1893年的世界宗教议会上强调了印度教的地位，并在美国各地进行演讲，此后成立的许多吠檀多中心也开始宣扬印度教思想。弗里乔夫·卡普拉在1975年出版的畅销书《物理学之道》中普及了印度教和佛教的神秘主义，同时，他宣称两教教义与量子力学互为补充，提高了印度教与佛教在西方的地位。卡伦·阿姆斯特朗所著的关于佛陀和穆罕默德的书以及迪帕克·乔普拉在现代社会背景下重新解释吠陀哲学的书都十分畅销。13世纪波斯的神秘主义者鲁米的诗集是美国现在最畅销的作品之一。[15] 美国穆斯林的数量每年增长近10万，其中包括前基督教信徒和来自巴基斯坦、孟加拉国和印度的移民。虽然自“9·11”事件后，美国国内的反穆斯林情绪高涨且仇恨犯罪也有所增加，但美国的穆斯林人数自2000年起已增长3倍有余，达到330万。

大众存在一种普遍的刻板印象，认为在美国的亚裔群体虽取得了难以忽视的学术和经济成就，但在政治上并无发言权。事实上，这一状况也在改变。虽然亚裔美国人几十年来一直积极参与美国政治，但直到现在他们的地位才有所提升。截至目前，已有数位亚裔美国人被任命为夏威夷州州长，第一位是20世纪70年代的有吉良一。路易斯安那州前州长鲍比·金达尔在2016年参加了美国总统竞选。2017年，在第115届美国国会中亚裔美国人的人数再创新高，其中包括加利福尼亚州的议员阿米·贝拉和罗康纳。此外，佛罗里达州的史蒂芬妮·墨菲是美国第一位越南裔议员，伊利诺伊州的谭美·达克沃思是美国第一位泰裔参议员。[16]有一半印度血统的贺锦丽是加利福尼亚州资浅参议员。2013年，有一半萨摩亚血统、来自夏威夷州的图尔西·加伯德成为美国国会议员中第一位印度教教徒。她持《薄伽梵歌》而非《圣经》宣誓就职。亚裔美国人无论是在州议会还是在学校董事会都发挥着重要作用。2017年，虽被竞争对手称为恐怖分子，但锡克教教徒拉维·巴拉仍当选新泽西州霍博肯市市长，在该市坐落着印度教最大的神庙之一，该神庙完全由手工雕刻的大理石建造而成，且已于近日对外开放。在美国联邦政府层面，诺贝尔奖获得者朱棣文当选奥巴马政府的能源部部长，在印度出生的普里特·巴拉拉成为有名的纽约南区联邦检察官，负责起诉纽约的白领犯罪者。南卡罗来纳州众议院前议员、州长妮基·黑利是锡克裔，现在是特朗普政府的美国驻联合国大使。

几百年来，美国吸引了无数移民，而这些在美国的移民仍影响着其祖国的政治局势。超过 1/3 的美国人有爱尔兰血统，许多爱尔兰裔美国人在 20 世纪 70 年代曾为爱尔兰共和军提供资金，助其购买武器，并在 20 世纪 90 年代支持克林顿政府的和平倡议。定居在美国的 520 万犹太人中，有 70% 的人参与了长距离的民族主义运动，支持以色列的政治和经济。最近，美国因伊斯兰教传教士法土拉 · 葛兰的问题被卷入土耳其内政，因为土耳其总统埃尔多安认为葛兰是恐怖分子，而美国为其提供了政治庇护。

南亚和东亚人丰富了美国民族政治的层次。2014 年，美国“为正义而生的锡克教”组织向国会请愿将印度教民族主义团体国民志愿服务团（RSS）定义为恐怖组织，而印度人民党则在美国为纳伦德拉 · 莫迪参加印度选举筹集资金，但莫迪因在 2002 年于古吉拉特邦参加反穆斯林暴动而被禁止进入美国。莫迪发起的基层群众运动使其成功当选印度总理，因外交豁免权，美国对他的禁令也随之取消。在美国，不同的印裔美国人拥护美国不同的党派：科技人才往往支持民主党，而许多医生、房地产商和小企业主则支持特朗普强硬的反恐言论和削减关税政策。

加拿大早已与亚洲内部事务密不可分。自 20 世纪 70 年代放宽移民政策以来，加拿大欢迎来自中国香港、韩国、菲律宾、中国台湾的移民和来自越南、柬埔寨和老挝的难民。但自 21 世纪以来，来自中国（此处不包含香港和台湾地区）和印度的加拿大移民人数早已超过除菲律宾外的其他亚洲地区，亚洲移民在加拿大移民人口中所占的比重已超过 50%。[17] 多年以来，加拿大为留学生提供了获得加拿大公民身份的捷径，自其踏入任何一所加拿大大学的校园起，就等于坐上了获得加拿大公民身份的直通车。加拿大人口中有近 1/7 都是亚裔。

在北美城市中，温哥华的亚洲化最为明显。近年来，温哥华已超过洛杉矶，成为与中国来往最为频繁的北美城市，每周有来自 10 个中国城市的共计 120 个航班直飞温哥华。同时，华裔加拿大人之间的竞争也十分普遍，来自中国内地的人数已超过来自中国香港的人数，使“香哥华”的广东话群体优势被普通话群体取代。[18] 与锡克教群体来往密切的加拿大总理贾斯廷·特鲁多在 2018 年 2 月出访印度时十分尴尬，因为锡克教分裂运动的余波仍影响着印度。加拿大政府高层正在讨论如何在 21 世纪末将其国内人口从现在的 3 500 万增加至 1 亿，这就使得加拿大未来的种族、人口与外交的联系会越发紧密。

寻求稳定还是大胆冒险

亚洲家庭的涌入导致美国许多小城镇的房价上升。美国投资移民 EB–5 方案吸引了 5 万多名来自中国、越南和韩国的投资者，这些人自 2015 年起每年为美国经济贡献了 300 亿美元，用以交换在美国的居住权和公民身份。随着特朗普政府减少签发 H–1B 签证，印度人也开始关注 EB–5“黄金签证”。房地产开发商准备了更多的中文材料以加快协议的签订。2017 年，伯克希尔·哈撒韦公司与中国房地产网站居外网开展合作，以期吸引更多中国人。[19] 据估计，每年大约有 5 万亚洲孕妇赴美生子，这些孩子一出生就可获得美国公民身份。[20]

大部分亚洲人去美国是为了留学。美国每年都会新增 10 万中国留学生，目前美国大学每年招收的中国学生人数已达 30 万，其次是印度、韩国和沙特阿拉伯学生，来自这些国家的留学生人数都比来自加拿大的要多。总的来说，当前在美国大学学习的逾 100 万留学生中，亚洲学生的人数已经超过欧洲学生，占比超过 50%。[21] 未来泛亚洲化最为显著的地点或许就是美国西海岸的大学食堂，在那里，亚洲人之间相互欣赏且能在学生会选举中互相帮助。

教育早已成为美国经济的重要部分，政府和私人在教育上的开支共占国内生产总值的近 10%。仅在 2014—2015 学年，美国收取的亚洲留学生的学费便接近 100 亿美元。[22] 随着在美国的亚洲留学生数量增加，美国的一些私人机构开始兴起，专门为亚洲人提供服务，帮助亚洲人进入社区大学并为其提供家教服务，助其提高英语水平。伊利诺伊大学聘请了会用普通话讲解足球比赛的解说员，普渡大学在心理健康中心聘请了会说普通话的顾问，艾奥瓦大学商学院也聘请了教师指导教授如何念中国学生的名字。[23] 同化亚洲留学生是一种文化经济。在美国的亚洲留学生极大地促进了美国经济的发展，尤其是租赁业、餐饮业和旅游业。若亚洲留学生离开，美国会十分想念他们。

但亚洲学生的流向已发生重大变化。随着美国大学削减预算，提高学费，并且自 2015 年以来，学生签证的数量大幅减少，许多亚洲学生选择了去加拿大、英国、澳大利亚等国家。特朗普执政的第一年，申请美国留学签证的印度人减少了 30%。签证数量的缩减还因美国人怀疑留学生的忠诚度。2018 年初，得克萨斯大学奥斯汀分校终止了来自美国美中文化教育基金会的资金支助，同时特朗普政府限制中国留学生获得高科技领域的硕士学位。若中国的政府机构减少对去往美国留学的中国学生的资金支持，则在美国留学的中国学生人数也会相应减少。

可以肯定的是，过去 40 年里，有上千万亚洲人在美国定居，且为成为亚裔美国人而自豪。他们的子孙，无论是在美国出生的华裔还是印度裔，都理所当然地将自己视为美国人，也只会拥有美国护照。[24] 美国的华裔和韩裔开始取一些西方化的、带有基督教色彩的名字，如男孩叫托马斯、约翰或安德鲁，女孩叫维维安、露西或埃米。上一代亚裔美国人在美国有固定的聚居区，而今天亚裔在美国的居住地十分分散。

与前几代中国移民和印度移民不同，现在有许多留学生一获得学位证书便踏上归国的旅程，中国留学生的回国率已由 2012 年的 72% 升至 2016 年的 82%。[25] 亚洲人在美国大学里形成了紧密的群体关系，许多学生几乎只在自己的群体内部社交，这种群体关系在他们归国后会发展为一种企业合作关系。拥有麻省理工学院学位和曾在硅谷工作的亚洲人归国后会在亚洲的技术中心工作，如班加罗尔和杭州。与其留在美国，为美国的经济发展贡献力量，亚洲人更愿意在毕业之后回国发展，因而移民自由主义者认为，美国应为留学生提供绿卡以留住他们。

这与美国大众普遍的观点相悖，美国大众普遍认为大批亚洲学生留学美国显示出美国永恒的吸引力及其在全球文化中的中心地位，学生在美国学习是自我实现的重要（或唯一）路径，他们自然而然就会融入美国的价值观。但显而易见，大部分亚洲学生去美国并非为了加入美国国籍或融入美国的价值观并与祖国断绝关系，而是为了丰富其价值观并为其在全球（最有可能是亚洲）开展职业生涯奠定基础。

亚洲十分欢迎海归。中国和印度已吸引了包括李彦宏在内的大批海归。李彦宏最开始在布法罗学习并为搜信（Infoseek）工作，后来创立了百度。巴基斯坦、乌兹别克斯坦、印度尼西亚和菲律宾等经济实力较弱的亚洲国家也在吸引人才回国。随着本国现代化进程的推进，在俄罗斯工作的200万乌兹别克斯坦人也将会回到自己的祖国。随着留学生回国，他们会带回技术和资金，或自己创业，或担任大型企业高管，或向政府提出改革意见，或买下房产并重新开发，甚至还会为贫苦大众建设学校和医院。

因此，大部分去美国留学的亚洲学生都不是为了在那里定居，而是为了寻求机会，充分学习美国的学术知识和企业文化并带回国内以发展本国经济。无论承认与否，美国的种族歧视都确实存在。此外，亚洲政府也热烈欢迎移居海外者归国指导新工业园的研发项目。[26]在政策咨询方面，中国的智库采用美国式人员更迭法，以吸引海外的华人社会科学家回国。[27]几十年来，在利雅得、新德里和北京担任领导的精英大都有西方国家的文学硕士学位或工商管理硕士学位（如印度前总理曼莫汉·辛格），或是有在英美国家游学或进行学术访问的经历，他们带回西方知识，用以改造自己的社会。有趣的是，虽然海归已习惯了在劳动力市场上享受优待，但他们正日益面临来自本土优秀学生的激烈竞争。[28]事实上，20年前，中国就开始建设“985工程”，承诺投资至少20亿美元发展近40所大学，助其在全球学术排名中占有一席之地。2017年，清华大学和北京大学在该排名中位列前20，还有其他8所中国大学位列前100。[29]但前200名中，印度仅有两所大学上榜。

同时，美国人供职于亚洲公司也不再罕见。美国人已经为日本汽车公司工作了几十年。田纳西州、肯塔基州、亚拉巴马州等都竞相为丰田汽车公司或现代汽车公司提供建厂条件。很多州都用数十亿美元的税收减免和现金回扣来吸引富士康投资建厂，最终这一项目由威斯康星州获得。美国员工与亚洲员工一样，更关心薪水而非老板的出身。考虑到许多美国家庭收入减少，这一点也不足为奇。银行业、保险业、房地产业、医疗保健业和娱乐业使美国成为世界第一大经济体，但经济问题使美国家庭拥有房产的梦想破灭：经济困难的美国千禧一代很难拥有自己的第一套房产，而随着家庭成员的减少，也无须再买房；[30]一些老年人将其房产卖给资金充裕的亚洲人，自己则在租住的房屋中度过晚年。同时，电子商务冲击了美国的零售业，每周都有商场面临倒闭。消费拉动着美国 60% 的经济增长，但 60% 的美国人经济处境都十分艰难，因为美国 80% 的工作岗位都是低技能且低收入的。美国前 10% 的人占有绝对多数的财富，日益加剧的不平等现象成为敏感的政治话题。富者更富，贫者更贫——美国国民年收入的中位数在 2010—2013 年下降了 5%，为 4.67 万美元，而中产阶级的收入仍止步不前。

上述情况使物美价廉的亚洲商品在美国大受欢迎，在世界其他许多地区也是如此。事实上，数以千万计的贫苦美国人没有智能手机，以致无法使用收费低廉的手机银行，仍需为银行存款、借记卡、支票兑现或发薪日贷款等服务支付高额费用。在有了价格亲民的亚洲智能手机和微信后情况便会有所好转，更不用说低成本的印度仿制药物，这些药物已经占领美国 1/3 的市场。美国人的疯狂消费行为不仅表现在买入很多无用之物，他们还喜欢在自助餐厅里暴饮暴食，这加重了美国人的肥胖危机。从疯狂消费向体验式经济的转型将使许多亚洲人获益，因为“零工经济”时代，亚洲人往往加班加点、不辞辛苦地工作，不易对药物上瘾，且他们还能通过销售编码课程和中文课程发财致富。

即使来自亚洲的房地产商、待产孕妇和大学生人数在近期并未有显著增加，但北美人口结构的亚洲化程度仍在继续深化，这都是为了追求更大的利益。从旧金山到匹兹堡，受过良好教育的亚洲人提高了美国一些城市的都市化程度和宜居程度。当谈到宜居性和创造性时，朝气蓬勃、人口众多且种族多元的城市成为首选，如温哥华和多伦多。[31]曾经，美国化有利于亚洲人获得稳定的生活和人文教育。而现在，亚洲化已经融入美国社区，并为美国人提供了他们在国内无法获得的全球机遇。

从亚裔美国人到美裔亚洲人

除了亚洲人从海外回归亚洲之外，还有越来越多的美国留学生自小便到亚洲学习和生活，这使西方人对亚洲的态度有了重大转变。美国人在中国学习普通话，在新加坡创立公司，并在越南和缅甸旅游。与20年前来到亚洲的西方人不同的是，目前住在亚洲的千禧一代是否会重返美国还不得而知。

亚洲人的双语启蒙自幼儿园时期就开始了，在美国的主要城市中，浸入式中文课程变得越来越流行，甚至取代了过度拥挤且教学质量低的公立学校。学费高昂的纽约爱文世界学校承诺学生毕业前就能说一口流利的中文。在科罗拉多州，普通话已取代西班牙语成为最流行的第二外语。2015年，时任美国总统奥巴马发起了“百万强”计划，目标是到2020年有100万美国学生学习普通话，这是个不小的数目，但与4亿学习英文的中国人相比便不值一提。

大部分美国人在进入大学前从未深入了解过亚洲，但往往在进入大学后便会开始对亚洲十分感兴趣，对他们来说，与其学习浪漫的意大利语，不如学习接受度更高且更实用的亚洲语言。在美国，亚洲研究系和教授亚洲语言的课程在不断增加。理解亚洲的思想就能更好地把握亚洲的未来。在哈佛大学，受欢迎程度仅次于“经济学”和“计算机科学”的课程是“中国古典伦理和政治理论”。除了已有的能熟练掌握亚洲语言和历史的美国学者之外，越来越多的美国大学雇用了亚洲教职工，并为一些亚洲学生提供奖学金，因为他们能让美国人了解真正的亚洲，也能加强西方学者的学术训练。[32] 从爱德华·萨义德提出“东方主义”到后殖民主义研究的兴起，在对帝国主义遗产进行批判的领域，亚洲学者中涌现出了很多杰出人物，如佳亚特里·斯皮瓦克、萨拉·苏勒里·古德伊和霍米·巴巴。移民到西方的亚洲学者引发了对全球社会动态与规范的激烈讨论。在久负盛名的科研院所之间，一些长期的人才交流项目效果显著，为学术交流提供了更加广阔的平台，如哈佛燕京学社和北京大学的合作项目。

只要对阿拉伯地区、南亚或东亚事务感兴趣，美国的大学生便可以出国学习，在过去 10 年里，出国留学的美国学生数量已翻番。虽然每年仍有半数的美国留学生会去往欧洲，但亚洲现已超过拉丁美洲，成为美国留学生的第二选择。[33] 中国在最受留学生欢迎的国家排行榜上排名第三，若不计在英国留学的中国留学生，中国在排名上很容易就能超过英国。也有越来越多的外国人到印度、日本和韩国学习。[34] 每年有近 1.5 万美国学生来中国留学，这与其他亚洲国家接收的美国留学生总数几近相同。每年在菲律宾和澳大利亚参加英语课程的美国学生数量都会增加10%。

亚洲国家既欢迎美国留学生也欢迎美国大学在亚洲建分校。受2001年“9·11”事件的影响，亚洲学生很难申请到美国的签证，在此之后，美国大学都竞相在全球设立分校。乔治城大学、康奈尔大学和西北大学都在多哈设有分校，纽约大学和耶鲁大学则分别在阿布扎比和新加坡设有分校，杜克大学也在北京附近开设了完整的本科课程。在亚洲设立一流的西方学术中心极大地影响了赴美留学的亚洲学生数量。以往新加坡的高才生通常会去斯坦福大学、哈佛大学、牛津大学和剑桥大学深造，但现在纽约大学上海分校和耶鲁－新加坡国立大学学院也被纳入选择范围。此外，在过去10年里，中国、日本和韩国所有的重点大学都开设了纯英文课程，授课老师均为海归博士和渴望高薪的西方学者。[35] 亚洲人可以在本国接受一流的英语教育，这意味着在10~20年之内，亚洲的顶尖人才将在亚洲接受完整的教育。

越来越多的美国人来到亚洲留学。因许多亚洲留学项目提供学费补贴、住宿费补贴、先进的设施和其他福利，美国许多知名高中的毕业生都选择在亚洲接受“美式”教育。也就是说，这些美国学生的整个本科阶段都在国外度过，而并非只留学一年。这意味着，每年都有几千名来自西方的学生摆脱西方话语的束缚，摒弃那种与生俱来的优越感。他们的思想更加开放，亚洲的价值观成为他们前进的思想基础。

大学毕业之后，亚洲的工作机会也很多。过去10年里，每次我在清华大学演讲时都注意到有越来越多的外国学生来中国攻读高质量且学费相对较低的文学硕士，他们接受中英双语教学，且毕业后有大量机会到中国公司和跨国公司工作。2016年，清华大学苏世民学者项目正式设立，这一奖学金项目被称为“21世纪的罗德奖学金”，不同的是，苏世民学者项目设立的目的是吸引顶尖人才来到亚洲而非去欧洲。中国的评论者一直抱怨称，中国将优秀学子派往国外学习却并未引进国外的优秀人才。现在这一现象正在改变。

同样，在研究生教育阶段，许多商学院的高级管理人员培训项目将重心放在了亚洲。哈佛商学院最近的课程创新是为学生提供沉浸式的全球化体验，要求学生为课程的合作公司解决问题并在其总部就职，其中大部分公司都在亚洲。很多西方的商学院都效仿在新加坡设有分校的法国欧洲工商管理学院，如宾夕法尼亚大学沃顿商学院2015年在北京创办了宾夕法尼亚大学沃顿商学院中国中心。

西方一些受过高等教育的专业人士认为，随着英国脱欧，反对特朗普的势力日益强盛以及西方精英对本国政治持厌恶态度，亚洲将成为最大的赢家。西方已有一个社会阶层十分熟悉在亚洲生活的好处，如美国银行家、英语教师和传教士。为从当地视角了解如何从亚洲的经济增长中获益，马克·默比乌斯和吉姆·罗杰斯等著名投资商都住在亚洲。现在，新一代海外移民者正追随他们的脚步，抓住亚洲的各种机遇并享受着海外移民的优待，如低税收、高质量的生活、公共安全、严格的教育以及有效的治理，亚洲的一些城市是世界上最安全的城市，如东京、大阪、新加坡、香港。

自金融危机后，美国移居海外的人口数量大幅上升，从 1999 年的 400 万增至 2013 年的 680 万，2017 年则达到 900 万。[36] 在亚洲国家中，最受美国人欢迎的是菲律宾、以色列、韩国和中国，中国和印度是来自美国的移民人数增长最快的国家。汇丰银行的《外籍人士调查报告》显示，在亚洲的外国人年薪超过 25 万美元的可能性是其在国内的 3 倍。[37] 美国训练的飞行员在亚洲的航空公司十分受欢迎，年薪达到 30 万美元。[38] 薪水如此丰厚，难怪数以千计的英美金融专家和咨询师选择在亚洲国家而非在英美退休，英美的中层管理者很难晋升，公司内竞争激烈且会被强制退休。因此，他们选择精明地管理自己的税金、住房和医疗成本，并继续从事私募股权、财富管理或商业银行业务。随着许多国际学校在亚洲建立，美国教师也接踵而至，他们的工资是在美国时的三倍，而且他们的孩子也能接受更好的教育。

低迷的经济和能源市场使许多在亚洲的移民家庭的顶梁柱被银行、石油和天然气公司解雇，但鲜有人知的是，很多移民家庭都选择留在亚洲，在当地工作并送孩子入读当地的学校。从压力巨大的西方公司员工到朝气蓬勃的亚洲公司雇员，这不是一种另类的选择，而是职业规划的转变。这反过来也有利于缩小中国香港、新加坡等地移民和本地人之间长期存在的社会隔阂，移民者越来越将自己视为社区的一员，而非带有优越感的局外人。受西方经济问题的影响，来自西方的移民者会选择留在亚洲过更加亚洲化的生活，而非回到西方。亚洲现代化的速度越快，西方移民者选择定居的亚洲国家也就越多。曼谷、雅加达和胡志明市吸引着已定居在中国香港、中国台北和新加坡的移民。普吉岛和巴厘岛四通八达的机场和高质量的国际学校吸引了数字时代的企业家到此定居。

亚洲政府深知这有利于吸纳人才、促进创新。几十年来，有许多来自英国、德国和美国的人才到海湾国家定居。沙特阿拉伯的阿卜杜拉国王科技大学为美国学者提供了可观的薪水，并将他们安置在麦加附近的沙漠地带，这些学者致力于帮助沙特阿拉伯解决在能源和其他领域的紧迫挑战。为获取稳定的长期居住权，西方人也被企业家移民签证吸引，由此这些企业就能雇用并培训当地从冶铁业到人工智能等领域的尖端科技人才。泰国为想在其国内创业的外国企业家签发为期 4 年的签证。中国不仅吸引海外留学生归国，而且还开展了“千人计划”，吸引了 6 000 多名外国企业家、科学家和创新者来中国居住。几乎所有的亚洲国家都与西方国家的做法不同，它们都张开怀抱吸引全球人才。

对美国千禧一代来说，亚洲从未如此有魅力，他们中 80% 的人都相信相比其他地区，亚洲最有利于其未来的发展。在亚洲，美国工程师和英语教师的需求量巨大，年轻的美国演员和特技演员纷纷到中国香港繁荣的电影市场上碰运气，在针对亚洲客户的商业广告中出现了越来越多的美国人的身影。美国的许多篮球和足球运动员加入中国和泰国球队，领取丰厚的季薪。重要的是，亚洲吸引的不只是普通的美国年轻人，更多的是聪明、敢于冒险和迎接挑战、富有企业家精神的年轻人。过去 20 年里，我游历亚洲各处，见到了越来越多漂洋过海来此定居的美国年轻人。不管他们是否有对未来的具体规划，敢于来到陌生的国家，说着陌生的语言便十分需要勇气和智慧。我认识一个叫辛格的加拿大年轻人，他是一名摄影师，为亚洲城市和公司制作品牌视频，并由此开拓了一个有利可图的利基市场，他此前一直在新加坡、香港和上海三地往返奔波。还有一个叫本杰明 · 约菲的法国投资商和技术工程师，他经营的企业是中国最大的创业孵化器之一。在社交媒体遍布全球的时代，每一个这样的成功故事都会鼓励 5 个人、500 个人甚至更多人。随着东京、曼谷、巴厘岛短期租房业务的兴起，有更多西方人想来亚洲碰运气，他们都无意再回到本国。居住在美国的亚洲人被称为亚裔美国人。我们会称居住在亚洲的美国人为美裔亚洲人吗？

第六章　为何欧洲人热爱亚洲而非亚洲人

亚洲与欧洲之间的关系历史悠久而紧密。从希腊军队远征东方到十字军东征，再到欧洲国家对亚洲的殖民侵略，亚洲千年来似乎都在被动接受欧洲的辉煌文明及其帝国主义的影响。但反过来看，腓尼基人曾占领地中海地区，大蒙古国曾侵掠东欧，阿拉伯人留存了希腊古典文化，中国的商品和发明也促进了丝绸之路的繁荣。大多数西方人主要通过欧洲探险家和传教士了解亚洲文明、语言和宗教，如英国航海家詹姆斯·库克绘制了南太平洋岛屿的地图，德国语言学家、牛津大学教授马克斯·穆勒在19世纪中期研究印度的超验智慧时将东方尤其是印度浪漫化。还有俄国神秘主义者尼古拉·列里赫，当游至西藏和喜马拉雅山山脚之时，他坚信该地区古老的符号系统为艺术、科学和宗教间的调和提供了一种合理的结构。欧洲人对亚洲的迷恋有利于亚洲的自我发现：正是法国考古学家在柬埔寨的茂密丛林中发现了宏伟的吴哥窟，将古高棉王朝灿烂的文化遗产挖掘了出来。如今，那里每年都吸引了数百万游客前去参观。

虽然“亚洲”一词在欧洲意为“另一片大陆”，但今天的欧亚合作意味着欧亚大陆的融合。美国的传统观点认为，应将衰落的欧洲放于次要地位，转而关注崛起中的亚洲。现在看来，衰落的美国及其失败的亚洲政策将欧亚融合推至首要位置。从伦敦到上海，高铁、贸易中心和互联网支撑着欧亚之间的商业网络，这甚至有可能发展成为一个欧亚体系。

自20世纪90年代至21世纪前10年，我作为大西洋代表团的一员频繁来往于美国和欧洲之间，旨在加深欧美的文化交流，我的身份也从一名交换生、本科生变成一名智库学者和博士研究生。对美国人来说，只有与欧洲联合才能应对俄罗斯的不稳定、阿拉伯世界的暴动和“全球反恐战争”。对欧洲来说，美国仍是其主要的保护伞和贸易伙伴，同时也是其在保护人权、推进民主等方面的主要同盟。简单来说，欧洲亲近美国、惧怕亚洲。

如今的情况则恰恰相反。在布什政府和奥巴马政府时期，因伊拉克战争和美国时刻监视欧洲的传闻，欧洲逐渐疏远美国。在特朗普政府时期，因美国对欧洲的国防支出大幅增加，并提高对欧洲核心产业的关税，退出《巴黎气候协定》，双方分歧逐渐加深。对欧洲人来说，亚洲长期的价值主张忽然变得比美国的价值主张更适合欧洲。我在欧洲的演讲主题也从探讨美国变为探讨亚洲。

亚洲已成为一个离间欧美关系的议题。美国将欧洲视为对抗俄罗斯的扩张主义和地中海东部危机的主要力量。但这些正是促进欧亚融合的重要渠道。美国几乎取消了与俄罗斯官员的所有联系并推翻了所有涉及伊朗的协定，而欧洲国家每个月都会召开伊朗投资大会，且每周都与普京商议解决乌克兰危机和恢复能源合作的问题。甚至有人说，因欧美关系进入冰期（就像在一段无聊但稳定的婚姻关系中，双方因脾气不和而发生冲突），亚洲逐渐拥有了越来越多的话语权。每年春天的慕尼黑安全政策会议通常是大西洋国家的外交部部长和国防官员的会面，近年来，由于俄罗斯和中国的参与，该会议的氛围变得更加活跃，而美国副总统、国务卿和主要议员每年都无功而返。

欧洲转向东方的政策远比美国成功。欧洲自 20 世纪 90 年代起便开始向东扩大影响力，将东欧国家纳入欧盟并通过欧洲复兴开发银行资助它们实现现代化。欧洲理事会成员包括俄罗斯和高加索国家，欧洲安全与合作组织也包括其他位于中亚的前苏联成员国。亚欧会议成员之间已形成世界上规模最大的经济组织，其经济总量约占世界的一半，对外贸易额超过世界的 60%。亚欧两地区之间的贸易额预计在 2025 年会达到 2.5 万亿美元，是目前欧洲和北美之间或亚洲和北美之间贸易额的两倍。[1]

毫无疑问，在亚洲崛起的过程中，欧洲比美国更有可能从中获益。亚洲和欧洲都对“美国优先”的保护主义政策感到担忧，因此，双方都希望用新的欧亚合作代替与美国的合作。美国的保护主义措施对美国劳工和出口贸易都造成了损失，而欧洲则通过互惠关税充分利用了美国舍弃的市场机会。[2] 因亚洲市场的巨大需求，欧洲实现贸易顺差，因而德国的政府官员公开拒绝美国财政部对德国贸易额进行控制的诉求。

欧洲和亚洲一致认为，双方的当务之急是联结太平洋和大西洋地区。继一战中中国向德国宣战一个世纪之后，德国与中国及其他亚洲国家的关系变得越来越好。中国已取代美国成为德国在欧盟体系之外的头号贸易伙伴。与美国领导人相比，欧洲国家领导人访问亚洲国家的次数更多，德国总理默克尔在2014—2018年8次访问中国。德国内阁和中国国务院每年都举行联席会议。德国电气工程领域的巨头西门子十分支持中国的“一带一路”倡议，其在中德市场上活跃的时间远超其他中国企业，同时中国也需要西门子的高科技产品帮助自己实现“中国制造2025”的目标。另一个例子便是德国的亚智科技股份有限公司，该公司向中国的太阳能电池板制造商，如上海电气集团股份有限公司销售一种先进的薄膜涂层。随着双方海运往来更加频繁，汉堡与上海30年的友好合作关系也不断深化。柏林政府启动了一个名为StartUp AsiaBerlin的多边创业平台，派遣科技人才代表团去往班加罗尔、马尼拉和雅加达，以帮助酷热这种为缺乏电力的热带亚洲国家生产太阳能冰箱的公司拓展本土以外的市场。同时，每年的柏林亚太周也为亚洲企业家了解和购买德国的创新技术提供了新途径。

在欧洲，中国的产品销量最好。柏林会展中心经常展销最新款的中国平板电视和家用电器，这些产品也会在欧洲的百货公司销售。即使你不去逛展销会，也会通过泰格尔机场的普通话播报知道中国的展销团队已经到柏林了。欧亚间互联互通的基础设施越完善，人们在该地区内出行和进行市场营销的成本就越低，就会有越来越多的亚洲人在欧洲开店。

欧洲国家亲近亚洲最重要的一步便是不顾美国反对加入亚投行，并将外交和商业合作方面的重心都向这一由中国发起的机构倾斜。但它们的这一行动十分合理，因为中国最大的贸易伙伴是欧盟而非美国。[3] 随着欧洲中央银行逐渐增持人民币作为外汇储备并允许在欧洲设立人民币离岸清算中心，中欧间资产流动性的增强为更广阔的商业合作扫清了障碍。[4] 因而，欧洲其他国家现在都复制德国的发展模式，向高速发展的市场扩大出口，尤其是出口到亚洲。因为看到了“一带一路”倡议可能带来的巨大出口收益，欧洲国家开始与中国协商以确保能获得合理收益。

欧亚地区尚未签署主要的贸易协定，也没有大陆贸易所必需的远距离货运系统，所以欧盟与亚洲的贸易额能达到当前数额已十分不易。现在，50 多条连接欧亚主要城市的货运铁路正在建设中，因此欧洲国家更迫切地想抓住亚洲带来的发展机遇。作为世界上最大的货运代理公司之一，德迅公司正在扩大其亚洲业务，同时利用其数字物流知识加大数十个亚洲港口和中心城市间的物流吞吐量。随着义乌至马德里和成都至杜伊斯堡的中欧班列开通，“一带一路”会议每月都会在伦敦、米兰和柏林召开。

杜伊斯堡是德国最大的内陆港，中国在此投资了大规模的运输和物流业务，这里每周有 20 班列车开往中国。2017 年，一个中德文化交流委员会在杜伊斯堡组织了哈萨克斯坦节，有十几个国家搭建展馆举行演讲，举办音乐会、艺术展览等活动，还配备了供应各国美食的餐车，这些活动是为了庆祝连接欧亚大陆及沿线国家的丝绸之路的建设。在“新丝路上的蓝色集装箱”活动上，一个重要展品是火车。在开展货运服务的前两年，许多标有中铁快运蓝色标识的火车满载着笔记本电脑和手机开往西方，但返程时装载的货物并不多。2017 年，欧洲人意识到装载电子产品的集装箱隔热效果较好，恰好可以运输法国的红酒、伊比利亚的火腿和白罗斯的牛奶。[5] 随着亚洲人对欧洲高质量冷冻食品的需求量不断增加，会有越来越多的商品经欧亚铁路被运送至亚洲商店。[6] 西欧最大的食品公司雀巢和联合利华在欧洲的销量还不足其总销量的 20%，亚洲早已成为其增长最为迅速，甚至是最大的市场。

欧洲零售业已渗透到所有的亚洲市场。德国体育用品公司阿迪达斯仅在上海一地的鞋子销量就已超过在瑞士和奥地利的销量总和。德国的跨国公司和中小企业进驻了中国电子商务平台，如阿里巴巴的天猫。例如，德国著名连锁零售企业 dm-drogerie markt 通过与阿里巴巴合作，其高品质的配方奶粉等产品在几天内便可由火车运至亚洲。法国也想与俄罗斯、中国和印度深化贸易关系。2016 年，法国与此三国的贸易额已近 1 000 亿美元，虽然仍少于其与英国和美国的 1 420 亿美元的贸易额，但前者增长速度很快。2018 年世界杯使国际足球联盟获利颇丰，虽然中国队无缘参与，但此次世界杯 1/3 的赞助商都来自中国。继 2018 年平昌冬季奥运会之后，接下来的两届奥运会都将在亚洲举办，分别是 2020 年东京奥运会和 2022 年北京冬季奥运会，这无疑会促进足球和滑雪板等众多欧洲产品的销售。

欧洲越来越关注亚洲市场，这是不争的事实。近年来，荷兰电信公司 Veon 的电信网络已覆盖俄罗斯和哈萨克斯坦近 2 亿人。2018 年，挪威电信公司 Telenor 出售了其东欧业务，以专注为孟加拉国、缅甸、巴基斯坦、泰国、马来西亚等亚洲国家提供服务，这一市场规模大约是其在欧洲的 50 倍。英国的跨政府繁荣基金每年有近 20 亿美元的发展援助投资资金，其中大部分都被投向了土耳其、印度、中国和印度尼西亚。甚至一些植根于欧洲的产业也开始走向亚洲。比如英国、西班牙和意大利的足球俱乐部开始在亚洲体育场举办赛季以外的表演赛。许多欧洲的米其林星级厨师纷纷到迪拜、新加坡、香港和上海，世界名厨让·乔治斯·冯格里奇顿在上海开的餐厅是其所有的连锁餐厅中最赚钱的。200 多年来只承办国内业务的意大利私有银行也将一半的业务拓展至亚洲。

亚洲的城市化发展极快，因此，亚洲的一些大城市也仿照欧洲建设可持续发展城市。所有欧洲国家，包括德国、意大利和西班牙在内，均已实现（或几乎实现）电网平价，即利用风能、太阳能等可持续性能源发电的成本下降至与传统发电成本相当。因老旧的城市规划和交通堵塞，曾有“花园城市”美誉的班加罗尔已成为“垃圾城市”。同样拥堵的还有新德里和马尼拉，这些地方需要仿照巴黎、维也纳和柏林建设自行车道、公园、经济适用房、绿色建筑和垂直农业。随着亚洲经济更加发达，老龄化问题更加严重，除了工业区，居民还需要可以散步的社区。德国城市规划师在中国天津和蒙古国大草原设计了生态城市。西门子已在曼谷铺设高架轻轨，并将在吉隆坡扩建轻轨，同时还在竞标亚洲另外十几条轻轨项目。欧盟国际城镇合作项目与 30 多对欧亚合作城市共同资助可持续发展项目。目前，欧亚城市通过“大都会”（Metropolis）等平台共享城市建设的指导方案，官员们可直接在政策上互通有无。德国建筑师奥雷·舍人在东亚设计的建筑屡获殊荣，如新加坡的住宅综合体翠城新景、曼谷的第一高楼王权云顶大都（MahaNakhon）、胡志明市的“帝国之城”（其绿色的设计理念与越南自然环境中的热带植物相映成趣）。还有十几家欧洲公司开发出了针对大众的低成本的 3D 打印房屋。[7]

欧洲人为亚洲人提供的另一项有价值的服务便是跨境汇款。汇丰银行、渣打银行等有殖民背景的银行在几十年前便将业务拓展至十几个亚洲市场，且建立起了目前大部分亚洲国家银行都未能实现的地区网络。渣打银行很快便成为海上丝绸之路的合作银行，几乎把所有重心放在了海外华人和泛印度洋地区与“一带一路”倡议有关的项目上——渣打银行现在除了有一个英文名字，已经没有其他任何英国的特征了。

亚洲国家在欧洲的投资远多于在美国的投资。中国 2016 年在欧洲的投资额已达到 400 亿美元，投资领域包括消费品、娱乐业、公共设施和电信业，且随着中国对美国投资的减少，这一数值还会继续增长。[8] 中国化工集团以 400 亿美元的价格并购了总部位于瑞士的先正达公司，这是目前中国规模最大的海外并购案。[9] 通过 10 年来不断的兼并活动，印度的安赛乐米塔尔集团成为欧洲最大的钢铁制造商，紧随其后的是印度的带森克虏伯塔塔钢铁公司。2015 年，沙特阿拉伯王储穆罕默德 · 本 · 萨勒曼在一次拍卖会上以 3 亿美元的价格购买了重建的路易十四城堡，该城堡位于法国的路维希安，这表明西欧各地的私人金融家、律师等专业人士正受雇于阿拉伯投资商。

亚洲投资商在欧洲的投资主要集中在英国，随后是荷兰、法国和西班牙。李嘉诚的和记黄埔有限公司是英国最大的外国投资商。中国的总部基地全球控股集团将伦敦东部的皇家阿尔伯特码头开发成了一个特殊的商业区，这里是亚洲进入英国的门户。2017 年，两艘中国海军护卫舰停靠伦敦并进行友好访问。英国脱欧削弱了英国的经济实力，大量亚洲资金则趁机流向英国的房地产市场。卡塔尔在英国拥有价值 500 亿美元的资产，包括在英国第二大连锁超市公司森宝利和英国航空公司等持有的股份，卡塔尔在伦敦拥有的产权甚至超过了英国皇室。[10] 脱欧后的英国十分急迫地想要与亚洲签订金融和贸易协定，尤其是在占出口比重较大的服务业。英国金融市场行为监管局（FCA）颁布了一系列新规，以吸引亚洲公司在伦敦证券交易所而非美国进行首次公开募股。英国前首相卡梅伦在卸任之后便紧接着执掌了一个 10 亿美元的基金项目，致力于加强英国与亚洲间的贸易联系。伦敦与新加坡之间的“金融科技桥梁”项目旨在帮助新公司在两地筹集资金，尤其是为帮助那些想进入亚洲银行市场的英国公司。中国的 8 所商业银行都在伦敦设有办事处，以吸引欧洲人为中国和“一带一路”项目投资。“英国待售”——用这句经常可在伦敦听到的话来形容英国的现状再合适不过了。

中国与欧洲，欧洲重新发现亚洲

21 世纪前 10 年，在美国的外交话语中很流行将欧洲分为“新欧洲”和“旧欧洲”，“旧欧洲”在美国强硬的外交政策面前缩手缩脚（尤其是对待伊拉克问题），而“新欧洲”面对全球危机时持有与美国相同的现实主义立场，并支持加大国防支出和实行对外干涉。阿拉伯国家通过其经济实力影响了欧洲的外交政策。现在，中国也在新旧欧洲的分歧之下找到了支持其投资的“新”东欧国家，所以中国投资了匈塞铁路[①]、塞尔维亚的发电厂和钢铁厂，还有罗马尼亚的炼油厂。罗马尼亚、保加利亚等国家人口日益减少，而农业生产更加现代化。随着亚洲对粮食的需求不断增加，中国和其他亚洲国家持续买入欧洲的土地，并将在几十年内持续建设能将食物运回亚洲的交通要道。那些曾属苏联势力范围的国家现在能从美国进口军事装备，从欧洲获取实现现代化的资金，从中国获得新投资，实在是十分幸运的命运逆转。

中国甚至发起了一项新的合作机制，即中国和中东欧 16 国之

---

① 匈塞铁路是自匈牙利首都布达佩斯至塞尔维亚首都贝尔格莱德的铁路，全长 350 公里，由中国、匈牙利、塞尔维亚三国合作建设。——编者注

间的合作，简称“16+1 合作”，设有秘书处，每年召开会议协商中国在东欧的投资事宜，并促进中国的企业家和当地的中小企业进行合作。[11] 从商业到政治的全面合作产生了预期效果：中国大力投资希腊的比雷埃夫斯港和匈牙利的工业与智库。因其种族历史和语言结构，匈牙利人称自己为“欧洲的亚洲人”，将“东部开放”战略作为其外交政策的中心。中国与东欧各国在各个领域而不仅仅是国家元首之间建立了多元化的合作，这与由克林顿政府资助的国家民主联盟基金的失败形成了鲜明对比，后者在 20 世纪 90 年代曾试图使波兰成为全球解放运动的中心。2012 年，首届中国与中东欧合作峰会（简称“16+1 峰会”）在波兰举行。

欧洲的市场监管也随着商业趋势与时俱进。此前，欧洲缺乏市场咨询服务，也并未派人关注亚洲，但现在，从亚欧工商论坛到中国欧盟商会，再到德国柏林的墨卡托中国研究中心，都为欧洲公司、政策制定者和精英提供最新的指导。尽管中国高层多次出访欧洲，但欧盟中仍不乏否认中国市场经济地位的观点。欧洲国家认为中国市场的开放程度不尽如人意，它们要求获得中国的互惠准入权，并要求中国保护欧洲企业。同时，欧盟也与美国一样，对中国购买可应用于军事方面的科技十分警惕。因此，德国阻止了福建宏芯投资基金收购德国的半导体设备制造商爱思强公司。欧洲对中国仍缺乏信任，尤其是在一些中国投资商聚集的国家。

但与中美之间的紧张关系不同，中欧的摩擦可以理解为一种竞争性摩擦：欧洲的高质量商品、严苛的制度与一些亚洲国家盗用知识产权及不对称的市场准入制度之间的冲突。因为中国经济增长放缓，欧洲国家开始在亚洲其他国家进行分散投资。随着中国劳动力成本上升和技术要求的不断增加，德国工业企业博世公司等开始将其先进的防抱死制动系统和其他汽车零部件的生产转移至越南，并在那里应用最先进的技术，培训工程师。新加坡有1 800家德国企业，且每年都会增加100多家。欧盟每年在东盟的投资额达200多亿美元，是东南亚最大的投资商，累积投资额已达到850亿美元。因与东盟的年贸易额达到2 500亿美元，欧盟已超过日本成为东盟的第二大贸易伙伴（仅次于中国），同时东盟也是欧盟的第三大贸易伙伴，仅次于美国和中国。[12]瑞士和中国在2014年签署了自由贸易协定，目前正在与东盟成员国商议此事。无论瑞士人去往何处，比利时人总会紧随其后。事实上，在与新加坡签署自由贸易协定之后，欧盟也想与东盟签署该协定。

欧洲视野已拓展至整个亚洲。印度也紧跟韩国和日本，计划与欧盟签署自由贸易协定。在2017年印欧峰会上，欧洲投资银行承诺帮助印度推进“技能印度”和“数字印度”倡议，同时，印度与欧洲公司签订合同，通过可再生能源计划推进印度“智慧城市”的建设。德国和法国开始向印度销售新型潜艇等军事装备。在英国首相特蕾莎·梅2017年访问印度之后，伦敦市市长萨迪克·汗也带领了一个大型代表团访问印度和巴基斯坦——欧洲国家希望在这两个全球增长最快的经济体中占据有利位置，它们不再是殖民者，而是贸易伙伴。

海湾国家的市场同样生机勃勃，阿拉伯国家首选欧洲人帮助它们进行经济转型，进入后石油时代。例如，法国电力公司（EDF）在沙特阿拉伯和阿联酋推广太阳能，以减少石油和天然气的消耗，从而减少能源补贴并出口更多石油与天然气。欧洲的工程公司是海湾地区基础设施的主要建设者，德国建筑公司 SL Rasch 设计建造的麦加钟楼（高度是大本钟的 6 倍）是最具代表性的建筑之一，德国无人机公司 Volocopter 则为迪拜提供了可供出租的无人机。英国向沙特阿拉伯出口了更多导弹和其他武器装备，助其应对与也门的冲突。

在所有海湾国家中，沙特阿拉伯最反对欧洲侵略伊朗，甚至因此取消了与德国的合同。美国曾承诺减轻对伊朗的制裁以换取伊朗停止推进核项目，但美国违背了承诺，这导致欧洲与美国、沙特阿拉伯的关系日益僵化。虽然美国威胁说要禁止与伊朗有合作关系的欧洲公司进入美国市场，但欧洲国家已暗自做出调整，使自己能合法地与伊朗进行贸易，同时又开发了一个平行的金融网络以避开美国的干预。欧洲还允许伊朗投资商收购制药公司和机械公司，帮助伊朗应对因制裁带来的经济下行问题。在伊朗基什岛自由贸易区，不受联合国制裁的欧洲本土银行在这里与比利时、土耳其和印度尼西亚等国家的公司签署投资协议，为伊朗提供资金。

制裁充其量只是减缓了伊朗进入欧亚商业体系的步伐。伊朗航空公司购买了空中客车公司的飞机，欧洲能源公司正与亚洲的合作伙伴共同开发伊朗的天然气田，挪威的萨迦能源公司在伊朗建设了价值30亿美元的太阳能设备，梅赛德斯–奔驰也向伊朗销售了一批公共汽车。满载欧洲游客的豪华火车从布达佩斯出发到达德黑兰，游客可以参观当地灿烂辉煌的历史遗迹。到伊朗旅游的人数每年都成倍增长，2016年伊朗共接待了600多万外国游客。[13] 在脱欧之后，英国开始竭力扩大进出口，同时努力推进伊朗与英国公司在能源、基础设施等领域签署合同。

欧洲在丝绸之路上的贸易历史可追溯至殖民时代之前。随着新丝绸之路时代的到来，欧洲国家深知在亚洲市场上确立稳固地位的必要性。英国人在印度、法国人在越南、荷兰人在印度尼西亚的商业优势都已消失殆尽。欧洲城市正利用各自的优势吸引亚洲投资。在海运发达的威尼斯，商业联盟正相互联合以扩大成市级和省级的商业组织，为了给中国和印度的同行留下深刻印象，它们需要代表500万人而非仅25万人的需求。同时，意大利威尼托大区想拥有更多自治权，以在亚洲贸易伙伴的帮助下废除官僚制。因此，亚洲化虽然会导致欧洲国家内部权力下放，但欧洲城市会更愿意联合起来共谋发展。

亚洲人向西方进军

阿富汗人号称自己拥有希腊血统，哈萨克斯坦有德意志民族定居，在中亚存在一些小型的欧洲民族定居点和欧洲民族生活的踪迹。近 6 000 年来，印度雅利安移民使印度文明得以在欧亚大陆西部和北部传播。直到今天，立陶宛的语言中仍有大量的古梵文同源词。而反过来看，过去几十年里，在欧洲定居的亚洲人数量不断上升。在后殖民时代，一大批南亚人移民至英国。现在，英国人口中有近 200 万印度裔、200 万巴基斯坦裔，还有孟加拉裔，这些人口在英国总人口中占比已超 5%。2015 年，不同拼写方式的“穆罕默德”已取代“奥利弗”成为英国男童中最流行的名字。自 20 世纪 50 年代起，来自土耳其的外籍劳工已成为德国人口结构中不可忽视的一部分。目前，德国共有 8 200 万人口，其中 400 万都是土耳其人，约占其总人口的 5%。20 世纪 90 年代，德国放宽了移民获得德国公民身份的条件，因此，现在许多来自土耳其的移民都获得了德国公民身份。法国和荷兰分别有 100 万和 60 万土耳其移民。在后殖民时代，法国一直都有来自阿拉伯地区和非洲的移民。20 世纪 90 年代，德国的阿拉伯移民数量也不断上升，自 21 世纪开始，来自中国、越南和印度的移民数量也不断增加。中国重庆的姐妹城市杜塞尔多夫是西欧地区中国移民和日本移民数量最多的城市。统一后的柏林吸引了大量移民，促进了其自身的文化繁荣，柏林也因此成为欧亚一体化程度最高的欧洲城市，在柏林随处可见土耳其烤肉、阿拉伯香炸豆丸、印度奶昔和中国面条。

在欧洲的亚洲人不再是贫困的下层阶级，其经济和政治地位不断上升。在英国，有十几位下议院议员有南亚血统。2018 年，父母是巴基斯坦移民的赛义德·贾维德成为英国的内政大臣。出生在达卡的库马尔·巴塔查里亚勋爵在 20 世纪 60 年代前往英国伯明翰，并在华威大学制造工程学院获得博士学位，该学院为英国中部地区制造业的复兴做出了重要贡献。2016 年，投资银行家吉特什·加迪亚被授予爵位，他在就职时面对印度史诗《梨俱吠陀》宣誓。亚洲人在一些没有太长殖民历史的欧洲国家也发挥着越来越重要的作用。1994 年，政治家杰姆·厄兹代米尔成为第一位土耳其裔德国联邦议院议员，他同时也是德国绿党主席。越南裔的菲利普·勒斯勒尔曾在默克尔的内阁中任卫生部部长。在印度出生的安舒·贾殷已任德意志银行联合首席执行官三年。瑞典有 2% 的人口来自伊朗，他们中的许多人都在体育、艺术、科学、媒体和政治领域大放异彩。挪威有 5 万多巴基斯坦裔移民，其中哈迪娅·塔吉克是该国最年轻的文化大臣和议员。许多在欧洲的亚裔运动员的全球知名度很高，如英国拳击运动员阿米尔·可汗和板球运动员莫因·阿里，还有一些来自阿拉伯国家、日本和韩国的足球运动员打入了英超联赛和德国足球甲级联赛。

去往欧洲旅游的亚洲游客人数不断上升。中国游客偏爱英国、德国和意大利，而印度人则对东欧和西欧同样钟情，尤其是布拉格和布达佩斯，许多宝莱坞电影曾在这里取景。美国著名服装零售商盖璞（GAP）在巴黎市中心贴有大型海报，海报上的中国孩子穿着可爱的衣服。亚洲人还喜欢乘坐诺唯真邮轮和地中海航运公司的船只，游览从斯堪的纳维亚到亚得里亚海之间的景观，这些船只每艘可容纳 7 000 名游客，是以前承载量的两倍。富裕的阿拉伯人经常造访英国和法国，住在伦敦和巴黎的豪华酒店中，并经营着许多马场。在英国随处可见的奢华的印度婚礼现已蔓延至法国：钢铁大王拉克希米·米塔尔租借了凡尔赛宫为其女儿举办订婚派对（并邀请了歌手凯莉·米洛），还在埃菲尔铁塔上空举行烟花表演。

20 世纪 90 年代中期，我曾在德国生活，那时的我怎么也不会想到，有一天会有说着德语的印度人穿着皮裤，在著名的玛利亚广场上做服务员。根据欧盟委员会的民意调查机构"欧洲晴雨表"的调查，大多数东亚人和南亚人对欧洲的政治稳定和人权保护赞赏有加。但许多欧洲人对亚洲人的看法完全不同，他们尤其厌恶一些亚洲人结成帮派，利用立陶宛松懈的边界控制进入由欧洲 26 国组成的申根地区（该地区内的人民可以自由通行，商品也可自由流通）。最近，欧洲国家对其境内越来越多的阿拉伯人，尤其是对奉行保守主义的穆斯林做出了回应。法国、荷兰和比利时禁止或部分禁止妇女在公共场合穿戴穆斯林罩袍或面纱，瑞士禁止在清真寺修建宣礼塔，而奥地利禁止外国人投资建设清真寺。在 2017 年大选中，德国右翼政党——反伊斯兰教的德国选择党在联邦议院赢得了超过 10% 的席位，奥地利则由反移民的联盟政府掌权。

受 2011 年"阿拉伯之春"和叙利亚内战影响，大批移民、难民和避难者涌入欧洲，这打破了欧洲社会内部长久以来的同质性，造成了紧张的政治局势，上文提到的那些政治事件即是其表现之一。德国在 2015 年便接收了 100 多万难民。在柏林新克尔恩区的太阳大道上，有 1/2 的门面都标有阿拉伯语。瑞典有超过 12 万叙利亚人，且大部分都是 2011 年之后移民至此。他们的到来使这个移民友好型国家必须认真思考如何维持其文化自由。

欧洲一直想减轻西亚种族冲突和宗教动荡对其产生的影响。30 年前，伊朗宗教领袖对印度裔英国作家萨尔曼·鲁西迪发出了追杀令，因其小说《撒旦诗篇》被指亵渎神明。20 世纪 90 年代，土耳其和库尔德的武装组织爆发冲突，在德国的餐馆和加油站发生炸弹袭击。基地组织分别在 2004 年和 2005 年对马德里和伦敦实施恐怖袭击，这都表明欧洲很难不受西亚动荡局势的影响。在伦敦、巴黎、布鲁塞尔、柏林和巴塞罗那发生的每一起与“伊斯兰国”相关的恐怖袭击都使底层的移民备受关注，欧洲人也因此更加排斥移民。在东欧，普遍的反移民情绪使匈牙利人和斯洛伐克人希望将罗马尼亚的吉卜赛人驱逐出境，吉卜赛人是印度民族的后裔，在中欧和东欧有数百万人口。斯洛伐克人甚至会在广场上袭击富裕的阿拉伯游客。随着欧洲严格限制移民流入，即使穆斯林移民稳定增长，到 2050 年，穆斯林人口也仅占欧洲总人口的 7%~8%。对欧洲来说，亚洲移民带来的挑战更多的是文化问题而非人数问题。

事实上，欧洲迫切需要亚洲人填补其劳动力市场的空缺。欧洲的酒店等服务机构人员极为短缺，但它们只是减少服务提供，拒绝采用自动化技术来解决问题。德国许多工业大省都需要成千上万来自南欧或亚洲的工人。从全国来看，德国到 2020 年将需要 20 万护士来照顾老年人，该国正在积极地招募菲律宾人来担任这些职位。与此同时，许多欧洲公司偏爱印度的技术工人。虽然英国成立了专门的机构培训本土工程师，但戴森公司在英国的制造中心仍需 3 000 位工程师。在人才争夺战中，亚洲人备受欢迎。

英国一直以来是亚洲学生留学的首选目的国，但英国脱欧之后，该国教育预算减少，英国将会招收更多支付全额学费的亚洲学生。许多一流的欧洲大学效仿美国大学在亚洲成立分校。[14] 因可获学费补贴，且教学实践注重培养学生进入跨国企业从事管理工作的能力，许多亚洲学生看到了接受欧洲教育的长远价值。这也是欧洲学生选择到亚洲分校就读的原因。法国的巴黎政治学院、意大利的都灵大学和欧洲其他许多大学都开设了相关课程，帮助学生学习普通话和中国公司的管理经验，同时也帮助学生进入华为等顶尖公司工作，学生回到欧洲之后便可成为公司的管理人员。因此，无论是在欧洲学习的亚洲人还是在亚洲学习的欧洲人，都将成为未来建设欧亚共同体的主要力量，他们的力量将远超目前欧洲的民粹主义。

欧洲国家政府开始系统性地提升民众对亚洲的认识。自 2000 年起，亚欧基金每年都会举办国际艺术家交流会。巴黎的卢浮宫与卡塔尔长期合作，展出伊斯兰的艺术作品。德国的洪堡论坛会在 2019 年年底开幕时展出大量丝绸之路的文物。几十年来，土耳其人和阿拉伯人都对欧洲霸占其文化遗产心生怨恨，但现在这一切就像是在提醒他们，应该在欧洲的帮助下重塑辉煌。

欧洲人和阿拉伯人都意识到，阿拉伯人并不愿意去欧洲，也不会在那里久住。德国政府已承诺很快将投资几十亿欧元用以建设接收难民的大规模项目。欧盟也为新移民在校园里安排工作，这表明欧洲的难民政策远比美国成熟。欧洲现在是世界上最富裕的地区，其人民的生活质量最高，但其亚洲化趋势也逐渐明显。在未来几十年，欧盟将与土耳其和阿塞拜疆结为同盟，欧洲国家也可能会吸纳更多的难民（即使速度可能会放缓），以解决其低生育率和人口老龄化的问题。或者还有另一条路，随着欧洲国家人口的减少和经济发展速度的放缓，它们不得不允许更多的亚洲投资商进入欧洲市场，投资其房地产和公司。欧洲可以自己选择，但这两条路的结果并无不同。

第七章　亚非欧大陆的回归

欧洲国家、俄罗斯和土耳其都转向了东方，非洲也是如此。几个世纪以来，欧洲通过殖民主义和冷战的操纵一直控制着非洲的战略事务。虽然苏联支持安哥拉和苏丹的马克思主义革命党，当时的中国也与其他发展中国家保持团结一致，但最终还是英国、法国和美国决定了非洲的命运。然而，自21世纪初以来，非洲迅速转向亚洲。这种转变最显著的驱动力是2002—2012年的大宗商品超级周期①，在此期间，亚洲和非洲之间的贸易额增长了近2 000%，这一数字确实惊人，全球增长最快的经济体有近一半出自非洲。如果欧洲持续作为非洲粮食出口的主要目的地，非洲人今天的境况就会糟糕得多——今天非洲一半以上的贸易是与亚洲进行的。在某种程度上，从东非到大洋洲之间广阔的印度洋地区正与西方脱钩，而该区域内各国贸易和金融往来的频率不断上升。迪拜已取代巴黎和伦敦成为非洲主要的离岸中心，阿联酋航空也已取代法国航空成为往返于非洲的客运量最大的航空公司。[1]迪拜港口世界集团正在塞内加尔、阿尔及利亚、埃及、卢旺达等地扩

① 超级周期是指在相当长的一段时间内，大宗商品的价格出现反常的大范围上涨。——译者注

建港口设施和物流中心。来自中国、印度和其他亚洲国家的贸易商与银行家在迪拜会见非洲客户的频率最高。

前殖民时代的学者将跨越印度洋地区的这种相互联系称为亚非欧王国，可见今天亚非之间重建的亲缘关系有多么深厚的历史渊源。尽管西方媒体和经济学家忽视了非洲，但亚洲在非洲大陆获得的战略利益正在激增。中国一直在积极加强与东非的合作，致力于成为通往非洲大陆内部资源和市场的门户。埃及、埃塞俄比亚和肯尼亚是“一带一路”倡议在非洲的主要成员。在非洲，中国是亚洲的保障，中国的到来标志着机遇的到来。无论中国走到哪里，其他亚洲国家都肯定会跟进，并带着商品去进行交易。从港口到互联网电缆，亚洲投资建设的基础设施为非洲欠发达国家成为世界经济中更有效的参与者奠定了基础，这也能够帮助它们实现经济多样化，促进消费。在拉各斯、内罗毕、约翰内斯堡，以及基加利、坎帕拉和达累斯萨拉姆等二线城市的新购物中心，新兴的非洲城市中产阶级正在缓慢崛起。如果西方公司对其在非洲不断增长的销售额感到满意，那么它们应该感谢亚洲。

但真正抓住这些机会的是亚洲企业。在埃塞俄比亚，有 100 多亿美元的中国贷款和 1 亿美元的投资被用于纺织业和制药业的工业化项目。埃塞俄比亚修改外国投资法后，中国企业进入了其皮革行业，现在中国企业雇用的埃塞俄比亚工人的数量是当地企业的数百倍。在莱索托，因为有了中国的公司，服装（如李维斯牛仔裤）生产已成为该国最大的产业。[2]“非洲制造”计划的发起人海宇将中国的服装生产和其他轻工业转移到了塞内加尔和卢旺达等国家。比亚迪汽车公司正在摩洛哥的自由贸易区建设一家大型电动汽车生产工厂，以期同时打入非洲和欧洲市场。

随着中国在非洲商业活动的增加，据估计已有 50 万中国新移民出现在非洲城市。他们大多不是国企员工，而是跟随国企员工到达非洲的人，他们从中国进口价格较低的商品卖给在非洲的华人和非洲本地居民。那些持国家资助签证前往非洲的人中，许多人会永远留在国外，在零售业或制造业领域开创自己的事业。[3] 最重要的是，一个会说英语、技能熟练的中国新管理层正在通过中非卓越基金会项目到非洲吸取经验。[4] 尽管大宗商品的价格下跌，当地竞争的加剧（包括直接从中国进口商品的非洲企业）以及排外情绪的出现已导致超过 15 万中国人从安哥拉回国，但中国在肯尼亚等国的制造业投资和绿地投资激增。这些投资将为非洲带去更加多元化的中国劳动力。[5]

西方媒体已经报道了很多与中国在非洲的影响力有关的新闻。此外，还有中国人自己的宣传活动，比如 2017 年上映的轰动一时的电影《战狼 2》，在这部影片中，中国军队和救援人员痛击了试图推翻非洲合法政府的美国雇佣兵。

非洲国家欠中国的债务不断增加。中国目前拥有肯尼亚一半以上的外债，对赞比亚的外债持有量也在迅速增加。[6]

事实上，我们可以看到，非洲的亚洲化程度远远超出了中国化程度。中国是第一个推动非洲的港口、铁路和矿山产业升级的国家，在非洲有了这些资产后，其他亚洲国家就更容易进入非洲市场。中国打开其大门后，其他亚洲国家蜂拥而入，推行自己的发展计划。当中国对非洲大宗商品的进口减少时，印度和东盟的进口却在增加。中国购买的用于制造移动电话的刚果钴正在减少，但印度对刚果钴的购买量在增加。印度与非洲的贸易额已经达到每年 1 000 亿美元，并且还在以每年 35% 的增长率增长，印度对外直接投资额的 20% 都直接流向非洲。[7] 几十年来，印度企业和商界大亨一直把毛里求斯当作避税天堂，而现在印度人正在非洲各地建设企业，经营范围包括石油、酒店和啤酒厂。当中国在非洲的基础设施建设项目和技术并购受阻时，印度成为非洲新的首选合作伙伴。许多接受中国资本的埃塞俄比亚工厂已转向印度咨询公司，以提高工人的生产力。[8]

在后殖民时代最初的几十年中，印度支持非洲国家的方式是与其进行以物易物，而非用它们所持有的少量美元进行贸易。如今，尼日利亚是印度在非洲最大的贸易伙伴，莫迪政府提供的 100 亿美元信贷计划支持着印度企业进驻这个国家。随着尼日利亚皮革厂生产的产品在激烈的竞争中被来自中国的合成皮革染料取代，许多皮革厂的工人可能会去修理遍布非洲的塔塔汽车，或者去印度巴帝电信公司[①] 工作。印度巴帝电信公司是非洲 18 个国家电信市场的领军企业，也是非洲大陆上的第二大电信公司。印度的公

① 印度巴帝电信公司是印度最大的电信运营商，在 20 多个国家运营电信业务，用户数量超过 3 亿。——译者注

路建设工人通过在阿富汗与喜马拉雅山区工作，学会了如何应对恶劣环境，印度基础设施租赁与金融服务公司（IL&FS）在埃塞俄比亚等具有战略意义的国家签署了越来越多的建筑合同。

说到移民非洲的亚洲人，中国人出现得较早，但在非洲，华裔人口在亚洲移民人口中的占比并不高。自 19 世纪英国人带印度人去修建肯尼亚到乌干达的铁路，非洲的印度裔居民数量至今已增长到 300 多万，主要集中在南非、毛里求斯和肯尼亚等国家。[9] 20 世纪初，甘地曾居住在南非的德班，并发起了反对歧视的非暴力运动，德班如今是在印度境外拥有印度裔人口最多的城市。[10] 非洲最年轻的两位亿万富翁——乌干达的阿希什 · 塔卡尔和坦桑尼亚的穆罕默德 · 杜吉都来自印度裔移民家庭。印度国家信息学院（NIIT）是非洲最优秀的外国教育机构，该机构将课程与整个非洲大陆的工业需求结合起来。

日本也通过日本国际协力机构（JICA）的贷款在非洲各地积累了几十年的投资经验。日本目前计划向非洲基础设施和发展项目提供 400 亿美元资金。[11] 日本和印度与非洲还有深度合作，它们与非洲开发银行合作，承诺为新的“亚非增长走廊”提供 2 000 多亿美元资金。[12] 马来西亚、韩国和新加坡的公司在非洲商业界中的地位也越来越引人注目。尽管有人指责亚洲农业企业“掠夺非洲土地”，但其投资确实有助于提高非洲的农业生产率。虽然非洲拥有全世界 60% 的耕地，但目前非洲的农业生产率远低于世界其他地区。从杂交种子到农村道路，再到高效贸易，亚洲国家的投资可能最终会给非洲带来一场绿色革命。[13] 由于气候变化和消费的增加，非洲的粮食收成受到影响，非洲国家从亚洲进口的粮食也越来越多。

因此，非洲和亚洲在跨印度洋地区重新形成的良好合作关系在长期来看影响是非常积极的。非洲现在的人口数量是殖民地时期的 3 倍（或 4 倍），亚洲人正在帮助非洲应对如此迅速的人口增长问题，并使其能够在平等的基础上参与全球经济。鉴于西方在非洲的殖民历史，西方对中国新殖民主义的非议是不可避免的，但讽刺的是，中国对非洲国家的基础设施投资跨越了国界（如建设跨越 6 国的东非铁路），这实际上正好帮助非洲人打破了欧洲殖民者人为设定的边界。亚洲人在非洲四处搞建设，并不意味着 19 世纪的“非洲争夺战”正在重演。亚洲人正在竞相联结非洲，而不是分裂非洲，他们正在帮助非洲建设现代化基础设施，这是西方与非洲政府几十年来都未曾做到的。亚非之间的联系可以追溯到数个世纪以前，但它们从未如此紧密。

积极讨好发展中国家的大国通常被认为是在进行“逐底竞争”，但随着非洲国家的经济增长，它们的领导人变得更加务实，精明的外交可以推动一场竞赛，在所有参与者中，胜者能从外国获得最大的利益。毕竟，亚洲人是在以高价购买而非掠夺非洲资源，非洲各国政府可以由此增加收入以投资多元化经济。非洲的腐败现象非常普遍，尤其是在矿产和基础设施建设领域，这早在亚洲人去往非洲之前就已经存在——殖民主义、冷战和窃盗统治是造成腐败的主要原因。在贿赂非洲国家领导人方面，欧洲人无人能及。在过去的几年里，欧洲主要国家的政府才真正执行（但没有完全执行）了经济合作与发展组织的《反贿赂公约》。在遏制非洲腐败方面，亚洲各大国和投资者可以做的还有很多，但非洲人自己要做的更多。亚洲在全球制造业中一直占据主导地位，加上使用机器人带来的低成本自动化，这意味着非洲可能永远无法吸引大规模的制造业，即便工资水平再低也是如此。因此，非洲必须有效利用其矿产资源，投资宜居城市、服务业和企业家教育，为非洲市场量身定做产品。非洲人越关注亚洲投资者，与他们展开越多合作，非洲人就越能学会如何保护自己的核心产业，使用法律对合资企业和技术转让进行规范，并提高本地工人的技能，这正是亚洲崛起采用的模式。

一些非洲领导人对“中国模式”表示钦佩，他们希望能够学习中国经验，促进其国内的社会发展。然而，非洲由 53 个后殖民国家和高度分化的政权组成，很像后殖民时代的南亚。仅印度一国就有近 30 个邦，这些邦组成了一个巨大的多民族混合体，其中既有内战留下的烂摊子，也有白手起家的发展冠军。印度和非洲相同的一点是，农业人口远远多于工业人口，企业与政府之间既有合作也存在冲突，实业家为大量人口提供了急需的服务。卢旺达是非洲发展的先行者，它以亚洲的新加坡为榜样，其总统保罗·卡加梅非常钦佩李光耀在进行大规模社会投资的同时，实现了国家连续 15 年的高增长。如今，卢旺达在竞争力、政府效率和信贷获取的容易程度方面与毛里求斯齐名，在非洲名列前茅，其国会议员中妇女所占的比例为 64%，居世界首位。非洲国家的治理榜样均是亚洲国家。2015 年，在南非约翰内斯堡举行的中非合作论坛上，中方支持非洲人以非洲方式解决非洲问题。[14]

第八章　新太平洋伙伴关系

广阔的太平洋将亚洲和拉丁美洲分隔开来，但拉丁美洲的亚洲化与非洲的亚洲化有许多相似之处。拉丁美洲国家一度处于欧洲的殖民统治之下，后来又屈从于美国的霸权，如今却前所未有地与亚洲联系在一起：商品的单向流通，对基础设施、公用事业和其他行业进行的投资，商业联系错综复杂，债务增加，移民速度加快，相互间的怀疑增多。两地之间从以中国为中心的关系逐渐变成拉丁美洲与全亚洲之间更广泛、更高效的多边关系。

然而，由于非洲和拉丁美洲之间存在根本差异，拉丁美洲的亚洲化具有新特点。太平洋一直是两片大陆间相互联系的最大障碍。虽然古人类早在 1.7 万多年前就从亚洲跨越白令海峡大陆桥来到美洲，但亚洲和拉丁美洲文明之间的贸易关系没有像非洲和欧亚大陆之间那样有几千年的历史。此外，自 19 世纪初门罗主义被明确提出以来，美国在拉丁美洲的主导地位几乎没有受到过威胁。无论是卡斯特罗领导的古巴（尽管 1962 年发生了导弹危机），还是查韦斯领导的委内瑞拉，都没有在该地区发起广泛的抵制，拉丁美洲地区几乎完全依赖与美国的贸易和投资，美国对拉丁美洲的地缘政治活动施加了严格的限制。

但如今情况不同了。欧洲的经济增长放缓，北美在进行能源革命，特朗普对拉丁裔移民采取强硬立场，但与此同时，亚洲与拉丁美洲的关系正蓬勃发展。对大多数拉丁美洲国家来说，中国已经是其最大的贸易伙伴，它们向中国出口牛肉、大豆、石油和锂。从墨西哥到智利，快速发展的太平洋联盟国家多年来一直希望加强与亚洲的贸易关系。因此，尽管美国退出了《跨太平洋伙伴关系协定》，[1] 在特朗普就职几周后，智利仍召集了所有拉丁美洲和亚洲的参与国，中国也加入了观察员的行列。[2] 当中美贸易的紧张关系威胁到美国的大豆出口时，南美洲国家却从中受益：巴西和阿根廷现在向中国出口的大豆比美国向中国出口的还多。[3] 包括阿根廷、巴西、巴拉圭和乌拉圭在内的南方共同市场经济合作组织正在努力与日本达成一项自由贸易协定，甚至连美国都未能与日本达成此协定。

因为向亚洲出口能获得丰厚的利润，所以向西推进是拉丁美洲国家的一项战略任务，智利和秘鲁与亚洲国家签署了近 20 项自由贸易协定就是明证。秘鲁 40% 的出口产品是跨越太平洋的，亚洲也是阿根廷唯一有贸易顺差的地区。尽管拉丁美洲的企业很难进入亚洲竞争激烈的商业版图，但其领先全球的铁矿石和镍生产商巴西淡水河谷公司与墨西哥烘焙食品供应商宾堡集团等，已在整个亚洲实现了规模上的飞跃，并鼓励其他企业竞相效仿。[4]

不仅仅是南美洲，整个西半球在处理与亚洲不断增长的贸易方面都与美国存在差异。中美贸易总额每年接近 6 000 亿美元，但年增长率已降至 2% 以下，美国对中国的多种商品（包括太阳能电池板和钢铁）征收关税，以期减少其不断扩大的贸易逆差。尽管加拿大与中国之间也存在巨额贸易逆差，但加拿大正在推动一项自由贸易协定，促进其商品、机械和服务的出口。墨西哥的铜、电路和汽车出口稳步增长，该国也希望与中国更自由地进行贸易。同样地，虽然美国、加拿大和墨西哥对日本存在贸易逆差，但只有加拿大和墨西哥对日本实行贸易自由化政策。自 2005 年《日本与墨西哥经济伙伴关系协定》生效以来，墨西哥对日本出口增长，稳步减少了对日本的贸易逆差，墨西哥还为其快速发展的汽车工厂从日本进口了高质量的汽车零部件，因而也从中获益。东盟现在已经超过日本，成为美国在亚洲的第二大贸易伙伴，美国与东盟、日本、韩国和印度的贸易总额大大超过了与中国的贸易额。但如果美国不加入《跨太平洋伙伴关系协定》，美国对所有这些市场的影响力就会减弱。根据彼得森国际经济研究所的结论，到 2030 年，美国退出《跨太平洋伙伴关系协定》对其贸易和投资造成的损失将超过 1 300 亿美元，加拿大和澳大利亚将取代美国在牛肉、猪肉、奶制品、谷物销售方面的市场份额，新加坡和澳大利亚将取代美国在金融、咨询、通信方面的优势地位。[5] 从逻辑上说，特朗普政府会后悔退出《跨太平洋伙伴关系协定》，因为关税会提高其进口成本，并导致就业机会减少，从而对美国产业造成损害。

与亚洲和非洲的关系一样，尽管大宗商品价格下跌，但亚洲和拉丁美洲之间的贸易额和投资额仍在增加。中国继续向拉丁美洲做出承诺，目标是在 2015—2019 年实现 5 000 亿美元的贸易额和 2 500 亿美元的投资额。[6] 中国国家开发银行、中国进出口银行每年向拉丁美洲提供的融资总额超过了世界银行、美洲开发银行和安第斯开发公司的总和。除此之外，还有来自亚洲的 300 亿美元的工业和基础设施合作基金。[7] 由于货币贬值和价格管制，巴西公用事业公司股价暴跌，2015—2017 年，中国电力集团在巴西收购了 20 多家电力公司。中国的基金会还在巴西港口、物流、采矿、科技和农业领域投资了 200 亿美元。在阿根廷，中国 2017 年发放的 170 亿美元贷款为两座核电站、太阳能项目和水电站提供资金。[8] 在墨西哥，中国汽车制造商江淮汽车集团正在建设一座大型工厂，预计将雇用 6 000 名工人。北京和广州与东京和首尔一样，现在也有直飞墨西哥城的航班。拉丁美洲制造商与非洲制造商一样，通常把亚洲企业视为不公平的竞争对手，并对进入亚洲市场的非正规壁垒感到不满。[9] 他们还担心进一步的开放可能会导致某些国内产业难以得到保护，例如，2015 年，在哥斯达黎加的英特尔旗舰工厂就被迁往越南。

然而，与现在非洲的情况一样，这不是一个新殖民时代。杠杆是双向的，基于过去的情况进行预测几乎没有借鉴意义。例如，中国没有把委内瑞拉变成其进军南美大陆的桥头堡，反而意识到自己正在把钱扔进一个无底洞，因而中断了额外的贷款。委内瑞拉拖欠了 1 600 亿美元的债务，其中大部分是欠中国和俄罗斯的。巴西不会允许中国大幅上调电价，中国也不想因此疏远数亿巴西人。中国认识到，稳定和开放比霸权和仇恨更好。

在南美经济体与中国建立充满活力的关系的同时，它们也在自由地与亚洲其他大国建立联系。对大多数拉丁美洲国家来说，印度已经超过中国，成为增长最快的出口目的地。尽管距离遥远，但印度 20% 的进口矿产来自拉丁美洲，而且随着印度逐渐开放其受保护的农业领域，拉丁美洲也成了印度重要的粮食供给方之一。亚洲人反过来也将拉丁美洲和加勒比地区的 6.5 亿人口视为一个巨大的市场，从拖拉机到电视机，各种产品的销量都在快速增长。拉丁美洲是印度汽车出口的主要目的地，每年印度医药产业向拉丁美洲出口的总额超过 10 亿美元。有 2.5 万拉丁美洲人在印度的信息技术公司工作。[10] 目前，印度对墨西哥和巴西的出口额超过了其对印度尼西亚和俄罗斯的出口额。日本汽车制造商本田、韩国电子产品巨头 LG，以及越南主要的电信运营商 Viettel 集团，都在拉丁美洲地区进行投资并实现了发展。委内瑞拉资深外交官阿尔弗雷多·托罗·哈迪博士最近出版了一本指导亚洲人在拉丁美洲经商的指南——《了解拉丁美洲：解密指南》(*Understanding Latin America: A Decoding Guide*)，真是适逢其时。

事实上，亚洲人融入拉丁美洲已有很长的历史，这为促进两地联系奠定了基础。19 世纪中叶，近 22.5 万中国“苦力”被带到古巴的种植园和秘鲁的矿山工作。到 20 世纪初，这些工人中有许多人在安第斯山脉地区的各个城镇中做生意。如今，王氏家族和吴氏家族是秘鲁最富有的家族之一，利马市中心的唐人街则是一个繁荣的中国商业家族聚集地。在过去的一个世纪里，日本人一拨接一拨地来到巴西，他们最初是为了填补意大利移民不断减少造成的空缺，但很快就成了当地各行业的专业人士。巴西的日裔已经成为最大的日本侨民群体，他们的总数比在美国的日裔多 150 万。1990—2000 年，日裔秘鲁人阿尔韦托·藤森担任秘鲁总统长达 10 年，他的女儿藤森庆子在 2016 年的秘鲁总统选举中以极微弱的劣势落败。阿拉伯人也很好地融入了拉丁美洲，从墨西哥（亿万富翁卡洛斯·斯利姆的家乡）到哥伦比亚再到巴西，黎巴嫩的商业家族在这些国家都已成功立足。自 19 世纪中叶以来，印度人也在加勒比地区和南美洲流动，最初他们是作为大英帝国在东印度群岛的契约劳工来到拉丁美洲的。在特立尼达、苏里南和圭亚那，印度裔人口占了大多数。20 世纪 60 年代，印度移民后裔契迪·贾根担任圭亚那的总理，90 年代又担任了圭亚那的总统。

巴西是南美洲最大的经济体，与亚洲有着历史悠久的关系，虽然巴西并不紧临太平洋，但其与亚洲的双边经济联系最为密切。巴西的经验对其他拉丁美洲国家与亚洲的未来具有指导意义。自 20 世纪 60 年代以来，日本国际协力机构一直支持着巴西的工业化，并帮助塞拉多成为巴西的粮仓，塞拉多农业产值占全巴西的 70%。[11] 尽管日本与拉丁美洲的贸易规模远小于中国，但其投资组合规模更大，遍布造船、纺织、钢铁和汽车等多个行业。在处理与中国的关系时，拉丁美洲可以从日本的经验中吸取教训，中国在扩大其在西半球的影响力时，也可以从日本的经验中吸取教训。日本已开始专注于进口大宗商品和出口制成品，很快就将其技术和管理知识移植到了整个巴西的经济体系中。[12] 在过去 10 年里，中国一直是巴西最大的贸易伙伴，巴西把巨额贸易逆差变成了 120 亿美元的贸易顺差。事实上，除韩国以外，巴西对所有亚洲国家都有贸易顺差。

里奥布朗库研究所（Rio Branco Institute）是巴西引以为傲的外交培训学院，对从这里走出来的大使们来说，亚洲是他们的新目的地。现任巴西驻新加坡大使弗拉维奥·达米科明确表示："我们是一个大西洋国家，但我们的未来在亚洲。"巴西与其他拉丁美洲国家一样，最大的贸易伙伴是中国，与印度间的贸易增长最快，与东盟的贸易额超过了日本。巴西在亚洲最大的一笔对外投资是在印度尼西亚，用于在苏拉威西岛进行镍矿开采。对巴西和其他拉丁美洲国家来说，随着它们将精力集中在亚洲其他地区，其与中国之间便将不再存在紧张关系，而只有互利互惠。正如达米科所说的，"我们有资源，他们有人才"。

拉丁美洲国家不仅需要利用亚洲的资源提升其硬件设施，而且要提升软件设施，以最有效地利用其资源。新加坡等国在这方面发挥着重要作用。随着墨西哥在南部开发经济特区，它已经求助新加坡盛裕集团，旨在建设世界级的工业园区。新加坡还投资了墨西哥的能源和医疗行业，以期提高其生产力。每年在新加坡举行的拉丁美洲与亚洲商业论坛都会吸引众多来自太平洋两岸，希望加强商业联系的企业。拉丁美洲的建筑公司开始使用新加坡

VRcollab 公司的虚拟现实软件进行网站开发，新加坡教师工会下辖的教育圈有限合作社（Educare）在哥伦比亚的学校推出了数学课程。与此同时，新加坡的电子政务服务行业的领军企业劲升逻辑（CrimsonLogic）公司正在智利、玻利维亚、秘鲁、特立尼达和巴拿马安装其海关清关软件，而其新拓展的航道可使更多亚洲的集装箱船更高效地抵达美国东海岸，而东海岸的液化天然气油轮则可以更高效地抵达亚洲。一位巴拿马大使这样概括了他们的雄心壮志："我们想成为中美洲的新加坡。"

第九章　亚洲国家治理模式的未来

民主问题在亚洲国家之间存在较大差异，其中既有民主程度排名高于美国的国家，也有损害了民主之名的国家。在贝塔斯曼基金会（Bertelsmann Stiftung）发布的转型指数（这一指数衡量的是一个国家民主制度的巩固程度及政府效率）排名中，韩国名列前茅。韩国的法治力度非常强，可以弹劾一名在位总统，并将其监禁 20 多年，目前韩国正在实施严格的任期限制。与此同时，印度、印度尼西亚和菲律宾也正在发展成为民主国家，而巴基斯坦、孟加拉国和缅甸的民主仍然十分脆弱。亚洲人对民主并不缺乏兴趣，也不缺乏维持民主的能力，但他们确实有一种实际的偏见，更支持务实型政府，并在文化上对集体失范持谨慎态度。亚洲人从历史中吸取教训，对实力较强的政府与野心勃勃的领导人可能存在的弊端心存警惕。亚洲人希望更具包容性，但不能以效率为代价。

从“民主”一词中可以获得的关于一个国家是如何进行治理的信息越来越少。有调查显示，从墨西哥到意大利，如今的民主国家都是民众对政客和民主制度最不信任、最不尊重的国家。法治，意味着法律应高于行政行为，但现在的状况更像是法制，即政府滥用法律，将其作为一种权力工具。近年来，我注意到，当西方分析人士和评论员在研讨会或辩论会中被直接问及他们认为哪些国家对未来有令人钦佩的愿景与战略时，他们的回答几乎都是中国、印度和新加坡。全球公众的想法似乎也是如此。2017 年，一项针对 25 个国家的调查结果显示，在积极的全球影响力方面，印度（53%）和中国（49%）都排在美国（40%）之前。[1]

今天，关于什么是最好的政府形式，以及如何在个人自由和集体责任之间取得适当平衡的辩论正进行得如火如荼。所有社会都面临普遍的挑战——地缘政治波动、经济形势不稳定、技术断层、社会经济不平等、环境压力，这些问题相互交错，复杂性日益增加。这是一项艰巨的任务，而且几乎没有证据表明西方政府的模式能够应对这些问题。就像自然进化一样，成功和失败并不取决于哪种理论更令人信服，而要看哪种理论最能适应现实需求。

英美的失败

星星的排列和上帝的礼物是有区别的。美国 20 世纪的崛起属于前者。美国打造了世界上最强大的经济和军事力量，而欧洲则陷入了数十年的战争，其在亚洲和非洲的殖民地仍然受到压制。在战后的几十年里，美国的经济最具活力和创新性，并且美国政府肩负使命，希望引领自由民主的国家度过冷战时期。虽然美国政党发生了变化，但美国政府在国家治理方面仍保持着连续性，并拥有着强大的民族精神。上一代美国人见证了辉煌的逝去，放松管制、去工业化、金融化和政治化共同撕裂了美国的社会结构。2014 年，盖洛普公司的一项调查发现，大多数美国人对美国政府的表现感到厌倦，有 65% 的美国人已经对美国的政府体系失去了信心。[2]

许多西方政治家看待世界的心态仍然是志得意满的，这对西方的千禧一代来说毫无意义，他们对所谓冷战必胜的过时口号提不起任何兴趣。所有年龄段的普通公民都对他们的政治机构失去了信任，无论是白宫、国会、政党、最高法院、大企业还是教会。西方民众有充分的理由相信，美国的政治体制受到了“操纵”，这是特朗普和美国自由派学者都认同的观点。现已有颇具说服力的研究指出了美国是如何陷入有民主而无治理和有权利而无民主的状态的。[3] 有民主而无治理，即公民被赋予了权利，但对他们来说，享受服务是一种特权，不是一种权利；有权利而无民主，则意味着在一个自由的社会中，其法律不符合公共利益。最重要的是，由于存在普遍的选区划分不公问题，政治家可以选择自己的选民，而不是选民选择政治家。这些结论是在特朗普当选之前得出的，说明美国的民主体制既是团结的工具，也是分裂的原因。20 年前，在苏联解体后，西方知识分子曾自信地认为，随着经济实力的增强以及对政治问责的要求日益提高，亚洲的强人政治将会瓦解。现在西方人却担心他们自己的体制正在退化为强人政治，或是一种无序的民主。

如果说经济增长是自由民主的基础，那么西方长期缓慢的增长似乎预示着今天的民粹主义，尽管这一论述有些不合逻辑，且事实也并非如此。然而，英国脱欧和特朗普当选美国总统都表明，英美精英阶层对本国社会的了解是多么贫乏。他们将美国和英国与西方的自由秩序混为一谈，但大多数欧洲人并不这么认为。西方文明包括一系列政权形式，从美国的总统共和制到北欧的君主立宪制，从西欧的多党议会民主制到东欧的非自由政体——西方文明并不是一个意识形态集团。尽管英美两国和欧洲大陆有着共同的历史与密切的利益关系，但它们的治理体系存在明显的不同，加拿大与西欧间的关系要比其与美国和英国间的关系亲近得多。美国人和英国人曾经那么自信地预测，在经过英国脱欧和特朗普当选的双重冲击之后，民粹主义的浪潮将席卷欧洲。但2017年的荷兰、法国和德国大选表现出来的状况恰恰相反，尽管面临民粹主义压力，保守党和社会民主党在面对改革与团结问题时始终保持一致。欧洲大陆的中产阶级规模一直在扩大，贫富差距也在缩小。[4]欧洲国家不得不延迟退休年龄，使其劳动力市场更加灵活，但它们并没有取消福利制度。德国的多党制与美国的两党制截然不同。德国各党在移民、社会支出、基础设施和其他问题上能够达成妥协，虽然各党派在这些问题上存在分歧，但它们都知道，要想当选，就必须展现进步的成果。整个西方面临相似的困境：人口老龄化，债务增加，工业基础被侵蚀，贫富分化，民众对政体的信任度低，社会结构不断弱化。这些问题在各国的分布并不完全相同，各国处理问题的方式也不同。

美国的政体并非一种领先的善治模式。过去 10 年里，以收入中位数作为衡量标准，美国人的生活水平实际上已经下降了，教育、医疗、公共安全等领域的保障正在削弱。根据社会心理学家史蒂芬·平克的说法，与其他大多数西方国家相比，美国是“落后的”。尽管存在上述两方面的问题，但控制全球主要储备货币的特权保证了美国的货币稳定，可这既不能掩盖美国存在严重不平等现象的事实，也不能掩盖美国缺乏有效的补救措施的现状。[5] 在政治上，美国的代表权得到了有力保障，但其行政管理权的施行很欠缺——众议员和参议员的权力严重过剩，而行政官员如州长和市长的权力严重不足。许多官员都接受过法律方面的培训，却在制定政策时无能为力，浪费太多时间在争论上，却没干出什么实事儿来。结果，政治凌驾于政策之上。“我们什么都没做！”参议员约翰·麦凯恩在 2017 年夏天哀叹道。

现在，比起民主，似乎所有国家都更看重物质的丰裕。美国皮尤研究中心在全球的调查显示，人们不希望以腐败和无能为代价换取民主制度。相反，不仅仅在日本、韩国和印度等亚洲国家（包括民主国家），西方民主国家（包括英国、法国和美国）也有许多人愿意考虑非民主形式的政府，针对这些国家的调查报告显示，有超过 50% 的受访者持这一观点。有一项著名的调查显示，从二战到今天，认为“生活在民主国家至关重要”的美国人的占比已经从 3/4 下降到不足 1/3。[6]

全球的政治话语正向后意识形态阶段转型，高质量的治理能力和公民满意度是衡量政府治理成功与否的决定因素。所有社会都希望在繁荣与宜居、开放与安定、有效治理与公民言论自由、尊重个体与强调群体凝聚力、选择自由与完善的社会福利之间取得平衡。人们衡量这些事情的标准不是他们的国家有多民主，而是他们在城市里是否感到安全，是否买得起房子，工作是否稳定，养老是否有保障，能否与朋友和家人保持联系。如今，英美的政体已偏离轨道，它们可以向亚洲领先的政体学习，这些政体注重长期愿景和集体利益，而不是短期的极端个人主义和狭隘的特殊利益。事实上，在英国脱欧之后，英国许多政府官员和经济学家对英国成为“欧洲的新加坡”抱有希望，暂且不说英国将一个前殖民地视为榜样有多么讽刺。也许美国和英国都可以从亚洲领先的技术官僚政治中吸取一些经验。

新加坡：技术官僚政治的榜样

太多的民主会带来危险，这并非亚洲人的观点。古希腊哲学家柏拉图阐述了一系列可能的政体，从贵族统治到暴政，并将民主描述为通向衰败的倒数第二阶段。在柏拉图看来，一个成功的城邦需要受过教育、积极参政的公民和明智的统治阶级，民主应与贵族政治相结合。他认为，没有这两种属性的民主将会造就一个自由但危险的无政府社会，容易受到暴政的影响。为了防止这种衰败，柏拉图认为政府必须由一个有公德心的“监护人”委员会领导。今天，我们称这样的体系为技术官僚政治。

技术官僚制政府建立在专家分析和长期规划的基础上，而非建立在狭隘的、短期的民粹主义奇想或私人利益之上。它既是精英主义的（提拔有能力的领导者），也是功利主义的（寻求最广泛的社会利益）。技术官僚更多的是通过智商测试而非人气竞选的方式选拔的。他们是接受过良好的教育和训练且经验丰富的专业人士，而不仅仅是背景雄厚的精英。技术官僚政治不是临时的和被动的。相反，技术官僚政治开始让政治科学变得名副其实，这是一种严谨的制定政策的方法。

“技术官僚”一词的现代用法可追溯到 1870 年的法兰西第二帝国，当时法兰西第二帝国被俾斯麦领导的普鲁士王国击败，蒙受耻辱，此后便成立了巴黎政治学院，主要培养政治和外交领导人，希望扭转法兰西第三共和国的命运。19 世纪后期，尽管后来成为美国总统的伍德罗·威尔逊对德国政府的组织设计赞赏有加，但他还是呼吁美国人认真学习“行政学”。[7] 如今的美国人已经忘记了，正是 20 世纪技术官僚的干预将美国推向了巅峰：镀金时代让位于进步时代。当时美国出台了一些影响深远的政策，如为穷人安置住房，抑制联邦机构和国会中的腐败。罗斯福新政促成了社会保障局等大型专业官僚机构的建立；杜鲁门总统在二战后成立的联邦公路管理局完成了美国交通基础设施的建设。硅谷之所以能成为创新中心，不是因为阳光明媚的天气和风险投资的偶然到来，而是因为五角大楼的战略支持，雷达、半导体、互联网和全球定位系统等领域都得到了发展。这些技术官僚机构是美国国力的基础，即使现在它们被人蔑视，并被贴上了“深暗势力集团”的标签。

如果说今天的美国有什么值得亚洲人效仿的地方，那就是硅谷的“管理创新”（而非华盛顿的政治统治）。世人无不对美国社会的活力和韧性感到惊讶：在历史上，无论是民主国家还是非民主国家，没有一个国家能为3亿人创造如此高的生活水平。但是，领土面积不大、资本市场不发达、未经过几代工业创新以及人才较少的国家（实际就是指世界上除美国以外的其他所有国家），是无法随意用其宝贵的、有限的自然资源或人力资源来做试验的。当一些国家未能实现其战略愿景时，或当其公民目睹民主未能兑现其承诺时，它们就会求助于技术官僚，以扭转颓势。

纵观亚洲国家政府，从莫斯科到马斯喀特，从迪拜到北京，在各国政府中最受尊敬、最受关注的是新加坡政府。[8] 许多亚洲人都能联想到其继承自殖民地时期的议会制。许多亚洲国家都有一位非常强大的后殖民时代的领导人，带领这些国家走过了最初几十年的脆弱时期，新加坡的李光耀可以说是其中最有魅力的。李光耀认为，“法律与秩序”这一术语的顺序颠倒了，秩序是最重要的，其次才是法律。早年间，在新加坡的市政厅会议上，华人、泰米尔人和马来人用他们自己的语言相互争论，于是李光耀强制他们说英语。新加坡过去常常有盗贼绑架和勒索当地人和外国人，李光耀便将这些罪犯判处死刑。今天的新加坡，个人不得持有枪支，几乎没有人犯罪，公共安全非常有保障。新加坡是世界上最富有、人民受教育程度最高的国家之一，拥有最优质的基础设施和最高效的政府，也是最容易创业的地方之一。救助儿童会称，只有在斯洛文尼亚，儿童才能像在新加坡那样安全健康的社会环境中成长。这种评价不无道理。2005 年，《时代周刊》称赞李光耀为“哲学家之王”，他成功地将新加坡转变为一个世界一流的转口港，并启发了中国的发展。有一种反驳的观点称，小国的经验不适用于大国。但如今，世界上一些面积较大、人口较多的国家正试图把自己打造成一个大型的新加坡。

亚洲人广泛地借鉴了新加坡的技术官僚制度，以有效满足公民的需求，他们从国际经验中学习如何制定政策，并使用数据和情景模拟进行长期规划。尽管新加坡在全面实施民主制度之前，就已将其技术官僚政治制度化，今天的新加坡政府仍试图将民主制度的包容性与技术官僚管理的有效性结合起来。民主反馈对于确保政府走上正确的道路至关重要，但民主本身并不是目的。许多西方评论家赞美政治舞台，仿佛它是纯粹民主的化身，但是民主并不能保证国家实现有效治理和改善民众福利等更高目标。的确，过多的政治行为会败坏民主，而过多的民主则会阻碍政策的推行。政治关乎立场，而政策则关乎决策的施行；民主产生妥协，技术官僚则产生解决方案；民主能满足需求，技术官僚政治则可以将其优化。

一个适当的技术官僚政体比教条主义政权灵活得多，也比民主政体更易改变路线。李光耀曾一度自称社会主义者，在20世纪70年代才转而打造监管较松的中国香港式劳动力市场。因此，在实践中，悖论是完全有可能出现的，即使这在理论上可能说不通。新加坡是一个完全自由的国家：没有贸易限制，卖淫合法。同时它也是一个“保姆国家”：新加坡拥有世界上最健全的政府补贴住房制度、强制性退休储蓄制度以及普及全民且具有成本效益的公共医疗体系。这是一个一流的自由市场，而政府通过国有企业管理着一半的经济体量。换句话说，新加坡是一个自由主义的“保姆国家”，在这个国家里，资本主义的自力更生与再分配的福利性措施相互融合，政府在市场中扮演着重要角色以确保政府收入的稳定。这是一个大型的政府，但也是一个精简的政府。

新加坡政府官员彼得·霍区分了追究责任和解决问题的政治文化。[9] 今天的西方民主国家有一份愿望清单，而亚洲的技术官僚政治有解决问题的策略。民主既不能保证做出好的决策，也不能保证好的决策得以实施。好的技术官僚政治对投入和产出都十分重视。民主和技术官僚政治的合法性来自政府的选择过程，也来自公民普遍愿望的实现：坚实的基础设施、有保障的公共安全、洁净的空气和水、便利的交通、宽松的经商环境、高质量的学校教育、高品质的住房，儿童能够得到良好的照顾，言论自由，就业机会多等。按照技术官僚的思维模式，不能及时完成这些事情就是一种腐败。优秀的技术官僚不会玩没完没了的追责游戏，而是会想办法解决问题。

新加坡的技术官僚模式是通过政府、业界和学术界共同制定战略构建社会的灵活性。对这样一个小国来说，它有着高度多样化的经济，失业率几乎为零。新加坡的 SingPass[①] 系统将所有官方文件和职能都在网上公布。其政府设置了合理的关键绩效指标，并定期对这些指标进行评估。在其他国家，公共服务都无法通过关键绩效指标得到如此严格的监控。从护照检查、机场的公共厕所到银行和大学的行政大楼，新加坡到处都放置了触屏电脑，要求公民对所接受的服务进行评分，政府则会切实关注评分结果。政府的工作过程也是透明的。从银行到大学，所有的公共机构都会进行年度审计，这是一种进行公开点名和批评的机制，一旦有任何相关的失信行为，都会在网上和《海峡时报》头版刊登。

通过这些事实我们可以认识到，虽然新加坡的民主选择有限，但它仍然拥有非常强大的民主文化。在新加坡，公民投票是强制性的，就像在澳大利亚、比利时和其他一些民主国家一样。（许多西方国家的投票率很低，除非它们也采取强制投票的办法，否则这些国家的选举结果很难被认为是民主且合法的。）政治家每周都在公共社区的庭院或活动室里举行讨论会。议会辩论和政府预算听证会向公众开放，并通过电视进行转播。从税收到交通运输，再到医疗支出，市民们都可以发表意见。如果国家养老基金的投

① SingPass 是新加坡政府的网上个人政务服务系统，登录后可用于处理各种公共事务。每个新加坡的永久居民都有一个 SingPass 账户。——译者注

资回报率比预期低超过 1%，民众就会开始抗议。政府还会组织数百次审议协商，对所有重大政策问题进行广泛调查，并通过网络向议会委员会请愿。有人讽刺新加坡践行的是法国外交官、历史学家托克维尔所描述的一种“好的专制”制度，这种政体力图满足人民的愿望，“使他们无须思考，不必为生活上的任何烦恼而困扰”。但是，正如柏拉图所预见的，只有受过教育的人才能负责任地享有民主权利。

新加坡有进行公开对话的机制，但这种机制并没有变成一种过度的协商。公共讨论不会使政策的推行停滞不前。拥有实时信息的公民希望在政策制定上有发言权，也希望有实施政策的实际行动。新加坡领导人被公众信任，他们有能力权衡各种因素做出决策。每隔几年就举行一次民主选举的政体，许多政策都必须在短期内让选民快速接受。但正如政治心理学家菲利普·泰洛克所述，政治讨论如果完全透明，那么决策肯定是能让公众接受的，但并不一定是正确的。[10] 因此，民主政治必须辅以技术官僚手段，以评估决策的长期影响，并提供纠正措施。

泰洛克的研究还表明，如果专家未能正确预测一系列政治和经济事件，并不是说这就不是一个有效的技术官僚政治。政府治理不是做预测，而是做决策。技术官僚不应该在预测市场上进行竞争，而应该倾听市场、专家和公众的意见，并制定整体政策。事实上，有充分的证据表明，新加坡执政党尽管在选举中面临的竞争很小，但它们确实会对公民的担忧做出回应，并且在必要时改变政策。例如，当移民数量快速增加以致对交通造成影响时，公众会进行抗议，政府就会对移民加以限制。如果允许外国人投资公共住房引发了市场价格波动，激怒了当地人，政策就会在一夜之间被调整。政府关切迅速增多的老年人口能否得到充分照顾，担忧他们的生活成本太高，相应的福利和社会支出就会大幅增加。自我纠正比任何事都重要。

对任何一个成功的政府来说，技术官僚政治的基础是一支专业的公务员队伍。公务员是政府的管理者，他们知道如何管理政府机构。公务员应该拥有专业的知识技能、强大的个人能力和官僚自主性。根据柏林赫蒂管理学院的研究，公务员队伍应重视公正的招聘和晋升机制，参考社会和经济数据的统计诊断，并要求一定的高学历人员比例，以这个标准来衡量，新加坡的公务员队伍在世界上首屈一指。该国公务员的培养路径就像一个螺旋形的阶梯，每上一级阶梯都让公务员学会管理不同的事务，获得第一手经验，建立广泛的知识基础。相比之下，美国的政治机制就像一部电梯：一个人可以从底层进入，然后直接爬到顶层，却错过了中间所有的学习过程。

与公务员应该做什么样的工作同样重要的问题是，他们应该如何做这些工作。每个政府部门都有规划人员，这些“深谋远虑的官员”通过自己的研究和全球案例研究，在持续发展的基础上为领导人构建一个客观可行的方案。新加坡公共服务学院已经投入了 1 000 多万美元模拟反恐作战方案。这些方案旨在将领导人拉出他们的舒适区，制定强有力的战略，以保证国家政策的前瞻性。为了制订最现实可行的计划，公务员岗位会招募经济战略、基础设施、环境管理、国防和社会服务方面的专家。例如，城市规划由建筑师、经济学家、人口学家、生态学家和许多其他领域的专家组成的团队来处理。这种横向机制不是为了建立更多的垂直官僚机构，而是为了汇集资源，并将其应用于应对各种挑战中，如监测边境和航空，追踪供应链，确保粮食安全以及保护关键基础设施。在这个过程中，通才变成了专家，专家也变成了通才。总的来说，新加坡的公务员是一个由谦逊的完美主义者组成的全面发展的团队。

李光耀认为有一个高效的行政官僚机构是很重要的，这个机构必须推行法治，且杜绝腐败。一项成功的反腐措施是，给官员发放高薪，使其将政府服务视为一种受托机制，而不是通向财富的途径。尽管新加坡内阁部长和其他高级官员的工资在 2012 年被削减了 1/3（甚至是 1/2），新加坡公务员的薪酬水平仍是世界上最高的。该国公务员不仅工资很高，而且根据国家的经济发展状况，他们还能获得奖金。每年都有几百人通过竞争性的评估被选为“行政官员”，他们的工资是标准工资的两倍。

现代组织理论之父马克斯 · 韦伯可能会对目前美国联邦政府的政务感到非常担忧，自 20 世纪 80 年代的里根政府以来，联邦政府的服务水平一直在走下坡路。美国 400 多家机构的 200 多万公务员（包括 50 万邮政服务人员）薪酬过低，劳累过度，经常使用过时的软件，并受到政府周期性停摆的不良影响。美国公务员没有被要求也没有动力向其他国家学习。制度性的记忆，即历史知识的积累，随着专业人士的退休而被遗忘，但政治家既不咨询有经验的智库，也不咨询经历过这些问题的专家。在提供独立于业界说客的政策评估和建议方面，美国国会图书馆的国会研究服务部和美国政府问责局起着至关重要的作用，但如今，政府问责局的工作常常被忽视，而国会研究服务部则避免处理政治上有争议的问题。自从撒切尔夫人废除了英国一度引以为豪的公务员制度以来，英国政府也遭受了不可估量的损失。在 2016 年英国脱欧公投之前，时任英国首相戴维 · 卡梅伦没有就英国脱欧可能带来的影响咨询英国行政部门的意见，毫无准备的继任者特蕾莎 · 梅仓促组建了一个委员会，引领英国走向未知的前路。这一过程和结果是任何明智的亚洲国家都不会效仿的，无论其践行的是技术官僚政治还是民主政治。

在精英政治中，找到最佳决策并使之得以施行的可能性要大得多。所谓精英不仅关乎智力成就，而且关乎实实在在的经验。精英政治是从一个体系的内部提拔优秀人才，而不是绕过他们直接进行政治任命。精英政治减少了革命的可能性，因为人们认为，获得更高的社会地位和进入领导阶层对所有人都是可能的，只要他们努力工作并掌握先进的技能。培养有技能的领导者需要有稳定的公共教育体系作为基础。新加坡现任总理是一名计算机科学家，担任教育部部长是新加坡官员通往更高职位的重要基石。像新加坡的技术官僚一样，新加坡的教师也很受尊敬，薪水也很高。

美国式的寡头政治既不是技术官僚政治，也不是精英政治。在精英政治中，宣称某个候选人“不合格”不是一种单纯的竞选辞令，而是一项重大的议题。尽管大多数选民认为特朗普不够格当总统，但他还是赢得了选举。在美国，有“竞选资格”指的是有能力赢得选举，而在精英政治中，有“竞选资格”意味着一个人有能力胜任该职位。此外，在精英政治中，发表违犯宪法的或不道德的言论的人真的会丧失竞选资格，而不只是口头说说。

即便是新加坡这样的精英技术官僚政治，也需要小心，要避免与其人民疏远，从而沦为寡头政治。2011 年，新加坡执政党人民行动党的资深议员因在竞选活动中表现出精英主义的倾向而在选举中落败。2017 年，许多新加坡公民很兴奋有机会选举他们（名义上）的总统，却发现候选人资格被限制到只有一个人符合要求。这次选举是以支持少数族裔女性哈莉玛·雅各布的名义进行的。有些民众只是想看到那些有着非传统背景的、新鲜的面孔出现在这个国家的领导人队伍中。现有的趋势表明，这种情况必将发生。人民行动党在普选中的支持率从 20 世纪 70 年代的近 90% 下降到今天的不足 70%。2015 年，新加坡议会席位首次由多个政党竞争获得。尽管如此，在那次选举中，人民行动党仅仅通过接受反对党工人党的纲领，即加大对新交通基础设施和公共住房的投资，并限制移民，就重新赢得了大部分此前失去的席位。无论议会如何平衡，都会有 6 个非选区的议员席位被分配给来自商界和公民社会的知名人士，他们会定期就政府政策发表严肃且具有批判性的声明。

新加坡继承了英国的传统，并实行一党专政制度，其议会由牛津联盟和协商会议组成。在技术官僚政治中，议会民主的目的不仅是选举代表，而且要让议会成为一种与公民进行持续协商的机制。记住，选举是具有追溯力的，选举往往是实施惩罚而不是提供解决方案。因为选举既是对个人的公投，也是对问题的公投，选举不会就具体政策向公民提供指导。因此，选举并不是在持续变化的背景下了解民意的最佳方式。为此，我们需要数据，如普通调查、民意调查和社交媒体的定性数据；我们还需要定量数据，如人口和经济趋势的数据。社会数据和传感数据结合起来反映的社会问题可能比选举结果反映的更全面，因为它的范围更广（涵盖所有问题，不受热点话题影响），也更新（其搜集数据的频率远高于选举的频率）。权衡技术比权衡信任更容易，而前者可以是通向后者的路径。

西方人认为数据工具有助于民主，在新加坡，民主审议活动，无论是选举、倡议、调查还是社交媒体，都会提供一个数据集，帮助技术官僚根据所有现有的依据来指导政策的施行。例如，领导者要确保考虑到每个群体的需求，比如穷人、老年人或年轻人，那么有关他们的财务行为和教育状况的数据就十分重要。新加坡并非被数据控制，而是平衡了数据和民主，使两者相辅相成，数据可以决定哪些政策是必要的，而民主可以修改和批准这些政策。

新加坡提高医疗支出，增加对穷人的补贴就是明证。因此，数据驱动的技术官僚制度优于单独的代议制民主制度，因为前者既能获悉人民的具体愿望，又能抑制议员潜在的腐败行为和与特殊利益群体的勾结。

亚洲的技术官僚政治正迅速适应现代技术，甚至正在形成“数字民主”。讽刺的是，西方的政论者曾经认为，一旦人人都能使用手机、卫星电视和其他信息渠道，通信和社交媒体技术将使威权主义过时。事实上，这些技术及其带来的政治透明度，正给民主制度下反应迟钝的领导人带来压力，同时也使对公众需求做出回应的技术官僚制度更具合法性。

新加坡总理李显龙表示，经历了在民主管理上的反复尝试，新加坡正在成为一个“正常”的国家。但毫无疑问的是，新加坡人民更感兴趣的是实实在在的产出，而不是为了民主而进行的投入。他们想要对当权者进行可靠的、理智的审查，而非形成党派间的僵局。技术官僚式协商有可能变成民粹主义民主，但永远不应该为后者牺牲前者。如今，任何国家都无法承受那种短期的、狭隘的民粹主义——以选举结果而非国家绩效为目标，将数月或数年时间浪费在选举前的“跛脚鸭”① 阶段。

这就是新加坡公众在下届选举之前的几年中如此关注新一代领导人的原因。李光耀与终身统治的威权主义者不同，他于 1990

---

① “跛脚鸭”一词源自南北战争时期的猎鸭术语，形容统治者被架空，没有实权，软弱无力。——编者注

年辞去总理职务，那时离他去世还有 25 年。他的儿子李显龙则想在 2021 年前轻松退休。李显龙可以高枕无忧，因为他知道已有十几位四五十岁的部长早在几年前就建立了一个协作过渡团队。李光耀的后代中，没有人能很快（如果还会的话）成为新加坡的领导人，而这一事实几乎不会让任何人感到困扰。相反，新加坡正在向一个复杂得多的集体总统制演变，这是一个民主技术官僚委员会，对国家治理的各个方面有着广泛而深刻的认知。

随着国家的稳定和领导层的世代更迭，新加坡正在修改严酷的法律，因为这些法律的部分条件和规范已过时。在修订《国内安全法》以限制政府的预防性拘留，推进《信息自由法》的通过，减少对政治集会的限制，将同性恋合法化和废除鞭刑这种官方惩罚形式等问题上，公众进行了积极而激烈的辩论。每一条这样的法律都有其历史和文化背景，可能源自英国的殖民统治，也可能源自老年基督徒的价值观。新加坡并不害怕形成自己的道德准则，它也有理由坚持己见。尽管政府学会了更加信任民众，给予他们更多的自由，但对一个民族多元化程度甚至超过其建国之初的国家来说，以言论自由的名义迫使它容忍对自由的滥用（例如那种利用言论煽动社会仇恨的做法），则无疑是愚蠢的。

新加坡社会学家蔡明发在其著作《被否认的自由主义》（*Liberalism Disavowed*）中指出，新加坡在公共住房、多种族主义和国家主导的资本主义等问题上的政策选择，都体现了其独特的非西方道路。[11] 新加坡是一个例子，说明了必须实现种族平等，防范集团主义倾向。多样性和包容性是有区别的。从理论上说，民主是维持多种族社会和平的关键工具，因为所有人都有平等的发言权。但仅凭这一点并不能消除社会、经济和政治决策中的种族因素。的确，在印度和马来西亚存在着有种族和宗教背景的政党，这只会导致民族和种族群体之间的竞争心态更加顽固。对这种紧张局势的成功处理，既需要高度的团结意识，也需要能使不同群体聚集在一起的政策。这就是为什么新加坡要求公共住房必须由一定比例的华裔、马来裔和印度裔居民共同居住，而且政治候选人群体必须能反映该国的种族多样性。尽管领导层对非华裔总理感到不习惯（最受欢迎的政治家是一个泰米尔裔印度人），但新加坡仍有许多印度裔总统和法官，以及一位马来裔女性总统，印度裔官员在当前新加坡内阁中所占的比例已失衡。

技术官僚政治非常适合亚洲比较传统的“顺民”文化，但技术官僚不应滥用其文化特权，脱离群众。技术官僚政治应该是文明的而不是好战的，应该是包容的而不是狭隘的，应该是以数据为导向的而不是以教条为导向的，应该是公开的而不是封闭的。技术官僚善于权衡手段与目的、成本与收益以及因果关系。但为了避免陷入精英主义的冷漠，技术官僚必须将民主与数据、远见和情感结合起来。他们不仅要有“头脑”（才能），而且要有“心”（同情心）和“双手”（经验），社会治理不仅要在理论上成立，而且要能在实践中操作。

因此，一个好的技术官僚政治，其信条必须是功利主义的，它必须分配资源以实现最大限度的社会流动性和公共利益。政府的目标不仅是引导社会创造更多的财富，而且应使公民获得更多的福利，这是亚当·斯密和杰里米·边沁的思想的结合，既要发扬（和保护）个人自由，也要促进公平和平等。民主手段和功利主义目的之间不一定存在紧张关系，技术官僚必须注意前者，实现后者。功利主义的政府明白，浪潮不一定会把所有的船都掀翻，事实上，只要有合理的政策，大多数船都能保持平衡，诸如价格合理的住房和交通成本、低成本的医疗和教育、最低工资保障和社会保险等。公众可能会因领导人的能力而尊敬和信任他们，但公众会根据领导人的表现而非资历来评判他们。

欧洲国家为应对金融危机而采取的紧缩政策，是各国领导人和金融界游说团体采取非功利主义思维的例子。极端的开支削减不仅不人道而且会适得其反，让穷人勒紧裤腰带只会导致经济萎缩和不安全感的增强。紧缩政策不会创造就业、增加收入、产生税收或刺激消费。美国因缺乏功利主义思维而深受其苦。美联储前主席本·伯南克和美国财政部前部长蒂姆·盖特纳策划的华尔街救市计划被认为拯救了美国金融体系，但他们没有为普通民众设计出相应的稳健政策。只有功利主义才能将美国带入另一个进步的时代。

我到阿曼、格鲁吉亚、阿联酋、哈萨克斯坦等几十个拥有远大抱负的亚洲国家旅行时，总是能收到一本册子，封面上写着该国 2020 年、2025 年、2030 年或更长远的“愿景”或“战略”。册子中对未来的描述十分大胆，包括建设玻璃塔，打造无人驾驶汽车、垂直农场，培养知识工作者。而这些都是从新加坡的总体规划中照抄过来的。经过数十年的智力资本输入，新加坡模式已经成为其最佳的出口产品，新加坡每年可从与中国、越南、印度、（现在还包括）阿拉伯国家和非洲国家签订的几十份建设新加坡式工业园区的合同中赚取数十亿美元，除此之外还包括企业服务、设施管理和当地技能培训。新加坡的治理模式是开源的。每年，新加坡合作项目都会吸引数千名外国官员来学习。同时，每周都会有来自亚洲各地的市长和官员代表团抵达李光耀公共政策学院，参加高管培训项目，在那里，他们可以学习技术官僚的社会治理方法，然后将经验带回自己的国家并付诸实践。在21世纪，国家建设者、城市规划者和经济战略家的灵感都来自李光耀，而不是托马斯·杰斐逊。

从民主政治过渡到技术官僚政治

几十年来，西方知识分子吹嘘印度是“世界上最大的民主国家”，但亚洲人看到了印度的真面目：环境脏乱、人口过剩，是一个深陷第三世界泥沼的准社会主义国家、一个很大却不重要的国家。从整体来看，亚洲大部分地区的民主更多地存在于选举过程中而非政治进程中。议会不是真正民主的体现，而是地方腐败和国家政治的连接点。时至今日，这或多或少是南亚和东南亚国家存在的状况。学者将印度的议会选举形容为一场拍卖，从一袋大米到一台电视机，一切都是为了换取选票。巴基斯坦政党与其赞助人或独裁者的命运紧紧相连。孟加拉国的民主不过是两个敌对家族之间的一场游戏，他们利用政府各部门和法院在选举的每个关键节点互相搞破坏，只同意通过限制司法独立和新闻自由的法律。泰国的国会议员不管理国家，而是向选民发放救济，帮助组织葬礼。缅甸已经正式转向民主，但军方仍然控制着 25% 的议会席位，对所有立法都拥有否决权。印度尼西亚的工厂主和地主购买议会席位，制定有利于他们的法规。因此，在民主的表象之下，亚洲许多国家的议会不过是假公济私的欺诈行为。

亚洲民众非常清楚，长期以来，他们的黑手党式政权伪装成民主。在前几十年中，印度、印度尼西亚和菲律宾政府的表现都令人失望，但近年来，这些国家的民众选出的领导人都具有明显的技术官僚主义色彩。印度人、印度尼西亚人和菲律宾人对自己的国家充满商业活力却有一个无能的政府感到不满，他们受够了尽管政府表现不佳，但市场仍蓬勃发展的陈词滥调，因此，他们投票选出了一些更为脚踏实地的领导人，致力于构建公共事务的问责制和一个不那么腐败的商业环境，重视对基础设施、就业、教育和医疗保健等领域的重大投资。与此同时，在经济学人智库 2010—2016 年的民主指数中，这三个国家在亚洲国家中排名上升幅度最大，表现出其政治包容性日益增强（见表 9–1）。但不要弄混因果关系：这些国家之所以变得更具包容性，是因为践行了技术官僚主义，而不是因为其选举实践发生了变化。

表 9–1　亚洲国家 / 地区政府效率和包容性排名

效率排名

国家 / 地区	2010 年	2016 年
新加坡	1	1
中国香港	14	5
日本	21	10
以色列	26	24
韩国	34	41
马来西亚	37	51
阿联酋	48	20
卡塔尔	50	54
土耳其	76	95
泰国	81	71
中国内地	89	68
印度	91	90
菲律宾	93	101
沙特阿拉伯	94	77
印度尼西亚	112	98
越南	113	99
哈萨克斯坦	126	102
俄罗斯	127	117
伊朗	128	114
孟加拉国	155	156
巴基斯坦	157	149
伊拉克	189	190

包容性排名

国家 / 地区	2010 年	2016 年
韩国	20	25
日本	22	20
以色列	37	29
印度	40	32
泰国	57	100
印度尼西亚	60	48
马来西亚	71	65
菲律宾	74	50
中国香港	80	68
新加坡	82	70
孟加拉国	83	84
土耳其	89	97
巴基斯坦	104	111
俄罗斯	107	134
伊拉克	111	114
哈萨克斯坦	132	139
中国内地	136	136
卡塔尔	137	135
越南	140	131
阿联酋	148	147
伊朗	158	154
沙特阿拉伯	160	159

注：2010—2016 年，大多数亚洲国家或地区的政府效率排名都有稳步的或显著的提高。韩国和菲律宾等国略有下滑，其政府最近的变动预示着它们的发展将回归更为积极的轨道。

因此，关注技术官僚政治的关键原因之一是：这是亚洲的未来。当社会意识到民主并不能保证国家实现成功时，技术官僚政治就变成了一种拯救方法。民主最终会让位于技术官僚政治。想想看：印度、印度尼西亚和菲律宾已经至少有一代人实行了民主制度，但直到现在，世界才开始关注他们在引进数字身份证、减少繁文缛节和设立经济特区方面取得的进展——所有这些想法都来自技术官僚。亚洲许多国家的日常政治生活经常为补贴、安全、建筑、货币和其他一些具体问题所困扰，公众希望这些问题能够得到更好的解决。亚洲三大民主国家的17亿公民希望用技术官僚政治的规则去平衡他们无序的政治，这是正确的。他们已经足够民主了，但在技术官僚政治方面还远远不够。

对那些关注国家在政治制度上的差异的人来说，印度是中国式自上而下经济改革的主要倡导方之一，这令人惊讶。但不同政权之间的分歧并不妨碍国家间相互学习。印度总理莫迪认识到，印度与中国不同的是，印度在实现国家统一之前就经历了政治权力下放，也就是说，印度中央政府的权力仍远远低于其各邦权力的总和。印度连续几届政府都向各邦发放补贴，以求换取它们的忠诚，但这只会助长进一步的分裂。莫迪并不是要推翻民主，而是要通过协调国家基础设施、税收和投资法规，缓冲印度在前现代化时期因权力下放带来的影响。莫迪用名为“印度国家转型委员会”的联邦结构智库替代了过时的计划委员会，以指导国家经济转型。莫迪还在尽最大努力解决腐败问题，志在把自己打造成为“印度的李光耀”。

对亚洲民众来说，民选技术官僚的崛起来得并不早。印度的莫迪、印度尼西亚的佐科·维多多和菲律宾的罗德里戈·杜特尔特都曾担任省长或市长，他们都曾直面地方的需求，并尝试过各种想法来满足这些需求。这提醒我们，有实际治理经验的领导人，即使贫穷且并非精英，也比富有的政治家好得多。许多西方评论家喜欢将这些出乎他们意料被选出来的领导人与埃尔多安、普京一同称为“民选强人”。他们需要多出去走走了。之前的几十年里，尽管有政府的干预，印度的经济和社会发展仍然十分有限。如今，印度已经转变为这样一个国家：政府是创新的主要驱动力之一，也是国内外信心的主要来源。在莫迪当选之前，只有一小部分印度人受益于20世纪90年代的自由化政策。莫迪为印度带去了技术官僚思维和功利主义精神，他的技术官僚政治使印度向前迈出了一大步，其政治口号是：“小政府、大治理。”

印度和印度尼西亚在2018年的一项调查中名列前茅，这些国家的公民认为他们的民主制度运行良好，民众的满意度超过70%（与德国和加拿大一样高）。印度尼西亚总统佐科·维多多和菲律宾总统罗德里戈·杜特尔特在禁毒战争中都采取了法外手段，但这一做法获得了消息灵通的公众的广泛支持。人们对严格的亚洲领导人的功绩既有赞扬也有贬低，杜特尔特就是一个例子。西方媒体嘲讽杜特尔特是亚洲的乌戈·查韦斯，但在菲律宾，杜特尔特因打击毒枭和清理街道而广受爱戴。新加坡针对枪支和毒品的严苛法律表明，尽管涉及跨国犯罪团伙，但打赢反暴力战争是有可能的。不仅亚洲公众支持本国政府的强硬政策，而且西方的刑事司法也开始效仿某些亚洲法典，用严刑峻法惩处毒品犯罪和持枪犯罪，涉嫌恐怖主义的就更不用说了。

亚洲各国领导人更关注国力，而不是议会程序。提高国力并不是要建立臃肿的官僚机构，但这是许多亚洲国家政府已经存在的问题。这意味着要建立一个更加精简、更加高效的政府，包括简化税收政策，发放商业和采购许可门户网站。[12] 各国政府正在精心计算跨国合作在投资和税收、就业和工资、技能和技术方面带来的好处。他们对国内现有企业的态度越来越严厉，对那些项目不能按时交付的企业采取强硬措施，直至项目完成才付款。在菲律宾，官员们现在不仅谈论公私伙伴关系，而且新增了一个要素——面向人民的公私伙伴关系。

“亚洲的价值观”过去常指对居高临下的政府权威的顺从。但自 20 世纪 80 年代以来，亚洲人已经证明，一旦民众对政府的寻租行为[①] 忍无可忍，即便是稳固的精英阶层也可能面临被推翻的命运。亚洲人抛弃了对富裕阶级的迷恋，转而要求政府进行更加优质的社会治理。亚洲人变得更加自由和民主，这并不意味着他们就不能抛弃那些效率低下的民选领导人，转而支持技术官僚式的实干家。2014 年上台的泰国军政府目前在高度自由的社会中获

① 寻租行为是指政府部门及其管理者以其拥有的特权向服务对象牟取非正当利益。——编者注

得了对国家管理的有力支持。莫迪已经在一些邦遭遇了选举失败。令人感到新鲜的是，从由板球明星伊姆兰·汗领导的巴基斯坦正义运动党到由泰国千禧一代组成的泰国未来前进党，这些新兴的政治组织一直在给领导人施加压力，要求提高政府的透明度，建立问责制，并激励了大批年轻人投身政治。然而，要想当选，这些新政党需要有效的政策平台和有能力实施这些政策的管理者。尽管曾被称为过渡民主国家的格鲁吉亚和蒙古国仍在继续施行竞争性选举，但对其政府治理更为重要的是，这些国家也启用了技术官僚来管理经济、养老金、基础设施、投资和其他关键领域，从而使重要的长期政策能够得到稳定施行，不受选举中政客立场反复无常的影响。主导亚洲政治的面孔将不断变化，但技术官僚政策应继续存在。

西方有一种观点认为，在单一政党占主导地位的国家，民众就像是温顺的旅鼠，接受以基本物质保障换取政治自由。但正如杜克大学教授埃德蒙·马勒斯基在越南的案例中所展示的那样，民众支持政府不是出于对执政党的恐惧，而是出于对未知选择的恐惧。事实上，民众是务实的，甚至会真诚地支持政府，即使政府提出的备选方案虽然议程看似合理，但可信度和可操作性尚未得到证明。[13] 越南有快速发展的经济和开放的社会，即使不进行激进的政治变革，也能成为大多数发展中国家希望效仿的榜样。

也就是说，在西方人展望亚洲治理的未来时，他们需要将注意力从日本、韩国等在二战后深受美国影响的政体转向更为谨慎、成熟的，践行民主技术官僚统治的国家。在过去的一个世纪里，泰国经历了几十次政变和政权更迭，但仍然取得了进步，原因在于其强大的忠君传统和中央集权的官僚体制。泰国的秩序和改革都源自该国的技术官僚而非民主机构。同样地，尽管几十年来马来西亚的掌权者不断轮替，但仍有许多技术官僚机构在管理外国投资、基础设施、技术和其他关键领域。这些都不是完全自由的民主形式，但都在寻求政治开放与目标明确的技术官僚政治之间的适当平衡。

根据国际非政府组织自由之家的数据，超过一半的亚洲政府被认为是“不自由的”。世界上执行死刑率最高的国家都在亚洲：伊朗、沙特阿拉伯、巴基斯坦、越南和伊拉克。越南、泰国、柬埔寨和菲律宾等东南亚国家则有世界上最严酷、最暴力的监狱。但与此同时，亚洲国家公民的政治权利和自由总体上稳步增加，政党更加多样化，结社更加自由。因此，越来越多的亚洲国家正朝着混合型政权的方向前进，使民主与强有力的管理者相结合。如果一个稳定的领导层可获得广泛支持，那就不能轻易将其视为独裁。

最重要的是，在整个亚洲，收入的增长、技术的渗入和代际变化正在赋予人们更大的社会和经济自由，但政治仍受到一定程度的管控，因为在很大程度上，亚洲政府和人民满足于这种情况。对人类来说，对稳定和社会秩序的渴望就像对自由的渴望一样自然。如果美国式民主会危及给社会进步和民主带来保障的社会稳定，那么亚洲后殖民时代这些多元化的、脆弱的大国对美国式民主不会有什么兴趣。这就是为什么人们不应该期望日益自由的社会文化背后会出现一个“无为而治”的政府。亚洲人意识到，在一个健康的社会里，责任与自由一样重要。

亚洲自上而下的革命

亚洲人现在的目标是在处理经济和司法改革、基础设施投资和网络安全等核心问题时，能够保持政府管理的连续性，不让政府出现剧烈的动荡。正如欧洲工商管理学院院长伊利安·米霍夫根据世界银行全球治理指数所论证的那样，随着经济的增长，最能影响经济表现的是法治而非民主。亚洲人已经认识到，对私有财产的保护、自由的企业文化和负责任的政府是他们目前发展的关键驱动力。各地崛起的中产阶级都要求确立这些制度并付诸实践，否则就会引发革命。

“自上而下的革命”这一矛盾的概念在整个亚洲却是事实，它既基于这一政治愿景的可信度，也基于人们对国家领导人的信任程度。根据爱德曼公司发布的 2018 年“信任度晴雨表”，只有亚洲国家的人民对政府的信任度较高，例如新加坡、中国、印度、印度尼西亚，其中阿联酋的得分最高。[14] 当政府获得信任时，它不仅可以推进社会的长期转型，而且还可以在危机中果断行动，无论是在面临经济衰退时还是在面对地缘政治冲突时。因为这些亚洲国家领导人是从代际周期而不是选举周期考虑问题的，而且他们的权力界限很明确，所以每个人都知道责任到底落在哪里。无论是政治领袖还是企业领导，都不可能隐姓埋名，洗刷自己的罪恶。失败可以被原谅，但永远不会被忘记。

由于俄罗斯人知道他们无法改变自己的政府，所以他们转而关注政府实际的成果，即没有民主形式的善治。俄罗斯总统普京复兴了部分产业，修建了购物中心和职业学校，重振了俄罗斯人的民族自豪感，同时也帮助俄罗斯维持稳定，抵御地区动荡，应对低油价的影响。从 2015 年开始，他任命了几位有能力的技术官僚来管理国有企业和偏远地区。[15] 尽管他在 2018 年的俄罗斯总统选举中轻松获胜，但如果他在当前任期内扩充专业行政人员的队伍，那么如果他在 2024 年退休（或半退休），人们也不会感到意外。

然而，任命几位技术官僚并不等同于创建一个技术官僚体系。我们听到越来越多的国家吹嘘它们的技术官僚制度，对此我们应该十分谨慎，以免该词变得像民主一样没有说服力。永远要提防伪装成其他形式的寡头政治。

就连海湾地区僵化的君主制国家也在想方设法使自己的制度和社会现代化。沙特阿拉伯王储穆罕默德·本·萨勒曼一直在推行激进的改革，包括经济转型、教育投资、提供保障性住房、减少腐败，以及限制该国瓦哈比教派神职人员的影响力，所有工作都在同时进行。尽管阿联酋也是一个君主制国家，但它像新加坡一样，试图利用其主权财富推动经济多元化，建立一个能够监督关键政策领域和监控关键绩效指标的技术官僚阶层。阿联酋现在的竞争力在世界上排名第7。尽管阿联酋等国的政府过去常常雇用外国人来运营其许多机构，但现在有足够多才华横溢、充满希望的阿联酋年轻人在竞争政府的高层职位。博雅公共关系公司一年一度的阿拉伯青年调查在20个国家开展，根据2018年的数据，阿联酋是他们心中最理想的居住地，领先于任何西方国家。

在整个亚洲，年轻人是这股浪潮中的生力军，他们要么支持沙特阿拉伯等改革派政府，要么反对伊朗等不作为政府。事实上，伊朗的年轻人不是去清真寺等待时机，而是走上街头，抗议腐败和脱离实际的衰朽的神权政治。在格鲁吉亚和亚美尼亚也是如此，在公民抗议并导致一场政治危机之前，每个新政府最多有一年的时间来证明自己能对国家进行良好的治理。民族主义不能取代法治或有效的公共服务。土耳其和伊朗等亚洲国家的刚愎自用的政权正苟延残喘。

还有一些国家已经触底。在伊拉克，由于西方过度注重该国的民主而不是国家建设，该国宗派主义长期存在，什叶派取代了逊尼派居于统治地位。对也门、叙利亚和阿富汗等受战争蹂躏最严重、最脆弱的亚洲国家来说，印度式特警部队比民主人士有用得多。如今，在所有的政策领域都积累了丰富的关于哪些政策有效，哪些政策无效的历史知识，再加上实时评估和调整这些政策的能力，即便是亚洲国家面临最具挑战性的窘境，也可以借助技术官僚的方法来扭转局面。

亚洲的“公民”社会

在亚洲大部分地区，公民社会既不像西方那样独立，也不像西方那样具有政治话语权。在新加坡，非政府组织通常是致力于公民事业的志愿团体，但不可以从事政治活动。在西亚，伊朗公民社会冒着极大的风险为政治和社会事业进行动员，而在其阿拉伯邻国，这种活动几乎是不可能的，在土耳其也是如此。相比之下，在乌兹别克斯坦，由于政权更迭，人权观察组织获准重返该国，有一家新电视台公开挑战该国政府。[16] 印度长期以来一直被认为是“世界非政府组织之都”，大约有 250 万公民社会组织成员活跃在社会、健康、宗教和政治领域，尤其是印度教的国民志愿服务团（RSS），它为执政党印度人民党提供意识形态基础，并试图在全国范围内，从教科书到媒体，强制推行狭隘的民族宗教主义叙事。

亚洲各地的传统电视媒体和印刷媒体仍在不同程度上受到审查。在其中一些国家（如印度），高度自由和直言不讳的媒体会受到政治惩罚。在西亚，即使是在政治上最不自由的国家，现在也有了更加多样化的电视言论。总部位于卡塔尔的半岛电视台国际频道改变了阿拉伯世界的媒体格局，它对阿拉伯地区的政权（当然，除了其本国的政权）进行了批评性的报道，其在 2011 年对“阿拉伯之春”的支持，激发了阿拉伯电视台及其他媒体的效仿。

我发现亚洲各地越来越多的人，尤其是年轻人，在所有问题上都公开表达自己的想法，除了对那些只需要翻白眼或暗示性眼神（或表情符号）就足以表达其观点的小问题。社交媒体的崛起为几乎所有亚洲国家的人们提供了一个重要的释放口，网站和评论员往往处于那些不稳定的政府无法触及的地方。政府掌控了数字领域，为个人和企业自由创造了更大的空间，但通过审查互联网内容，这也成为一个新的政治控制区。在中国，新浪微博和微信的崛起，打开了数字公共领域，使中国人在社会政策和腐败问题上有了更多发言权。政府倾听并采纳建设性意见，同时也打击不良言论。

保守的亚洲文化使该地区在解放妇女权利方面进展缓慢，但时代和技术的变革正促进社会规范发生翻天覆地的变化。尽管印度、巴基斯坦和孟加拉国都有女性国家元首（如印度的英迪拉·甘地和巴基斯坦的贝娜齐尔·布托），议会中也有许多女性，但落后的宗教习俗仍然导致了大量的女性被虐待、镇压和强奸。印度重男轻女，造成了严重的性别失衡，3 500 万过剩男子将面临被社会疏离且难以婚配的问题。尽管政府颁布了法令，试图解决这类问题，社会活动人士也倾尽所能，但情况并没有好转的迹象。在也门和阿富汗等最贫穷的阿拉伯国家和中亚国家，女性在学校和公共生活中遭受性骚扰和歧视的比率之高令人震惊。在约旦等阿拉伯国家，文化禁忌还在禁止受过教育的妇女工作，导致大量女性大学毕业生失业。即使在最发达的亚洲国家，如日本和韩国，女性的工资仍然很低。在中国，女性获得了经济地位，并在企业中发挥着重要作用，如女性员工在阿里巴巴管理层中所占的比例为40%。然而，在终止独生子女政策后，为了刺激人口的增长，又出现了一种呼吁女性回归家庭的趋势，这显示出女性仍处于弱势地位。

但已有迹象表明亚洲国家在解放女性权利方面取得了一定进步。在约旦和巴基斯坦，荣誉谋杀已经被定为犯罪。通过在推特和优兔（YouTube，美国视频网站）上发帖，沙特阿拉伯女性掀起了一场宣传风暴，最终促成了一项法令的颁布——允许女性开车（尽管该运动的一些领导人后来被捕）。沙特阿拉伯王储穆罕默德·本·萨勒曼则放开了女性参加体育赛事和去电影院的权利。在阿联酋和卡塔尔，女性获得社会地位已有20年，尤其是在教育领域，那里的大多数教师都是女性。阿联酋内阁的女性人数比美国还多，其中大约有一半人受过西方教育。阿拉伯国家大约1/3的初创企业是由女性经营的，随着石油财富的减少，受过教育的女性对于提高家庭收入，进一步推动性别平等等方面发挥着至关重要的作用。在伊朗，女性正在公开场合拿掉头巾，并且开始进入大学，进入在传统上由男性主导的领域，比如计算机科学。

亚洲人受教育程度越高、越富有，就会越在意自己的意见是否被政府接纳，不管他们的政府是否变得更加民主。当前在亚洲许多国家发生的对公民社会的大规模镇压恰恰使人们看到这些国家更自信的媒体和新一代受过教育的企业家、青年和女性，这些人蔑视腐败和精英特权。历史的潮流与这些人同在——政府知道，一味地压制并不能让国家变得更好。

亚洲的巨富和新富阶层能够通过捐赠来稳定社会，减少殖民主义、社会不平等、治理不善带来的负面影响吗？慈善事业在佛教教义和《古兰经》中都有被提及，但没有像西方那么系统化和公开化。根据世界捐赠指数，自2014年以来，由于虔诚的佛教信仰，缅甸一直是慈善捐赠比例最高的国家（达90%），但它也是最贫穷的国家之一。同样，由于伊斯兰教法中有关天课（zakat）的规定，2016年阿拉伯地区近90%的公民都进行了慈善捐赠。天课是一种强制性捐赠，是伊斯兰教五大支柱之一。

从李嘉诚到沙特阿拉伯王子阿尔瓦利德·本·塔拉尔，亚洲一些最知名的亿万富翁都资助了学术研究中心，助其致力于本地区事务的研究，他们的名字被写在欧美一流大学的教学楼上。然而，在国内，文化传统敦促这些富翁不要炫耀财富，而要谨慎、谦逊地进行捐赠。捐赠的规模和形式正在改变，为了激励他人和产生更大的影响，慈善变得更加正式和可见。2010—2016年，中国最大的100家慈善捐赠机构的捐款规模增加了两倍，达到46亿美元。没有一个亚洲国家像印度这样对社会福利有着如此巨大的需求。甘地影响了塔塔家族和戈德雷吉家族的早期印度实业家，他们将年收入的10%或更多捐赠给教育等事业。最近，印度富人的数量大幅增加，慈善捐款在2010—2016年增长了6倍，超过了来自外国的捐助。亚洲商业领袖因其在普惠金融方面的努力越来越受到西方的认可，比如印度工业信贷投资银行（ICICI）首席执行官昌达·科克哈尔，她于2017年获得伍德罗·威尔逊企业公民责任奖。

与此同时，亚洲的慈善事业不会走上和西方同样的道路，因为亚洲人对待缺乏实质性记录和监督的公民社会团体十分谨慎。因此，大多数亚洲亿万富翁（除了一些阿拉伯人和印度人）不会加入比尔·盖茨和沃伦·巴菲特发起的“捐赠誓言”活动，即捐赠他们的大部分财富，相反，他们会向慈善机构投资。自20世纪60年代以来，菲律宾的阿亚拉基金会一直专注于教育、青年领导力、艺术和文化方面的项目。在中国，全国最富有的200人中，已有46人建立了这样的基金会。瑞士信贷银行等已帮助数十位客户建立了此类基金会。2015年，新加坡连氏基金会主席连宗诚创建了亚洲慈善协会，以促进地区捐赠者之间的合作。2015年，在中美两国慈善家的支持下，中国首家独立慈善培训中心——国际公益学院开始运营。亚洲慈善家进行捐赠的前提是，那些变革者要能引领更多的变革者。

对几乎所有白手起家的亚洲人来说，教育都是非常重要的，因此传播和增加教育机会成为像马士礼格银行创始人阿卜杜拉·本·艾哈迈德·古赖尔这样的慈善家的主要关注点也就不足为奇了。古赖尔向教育事业捐赠了11亿美元。威普罗公司董事长阿齐姆·普雷姆吉已经向慈善机构捐赠了80亿美元，以他的名字命名的基金会主要致力于改善农村教育。2013年，腾讯联合创始人陈一丹离开公司，全身心投入到一个3.2亿美元的基金项目中，用于教育领域的理念转型，并出资3亿美元升级以文科为主的武汉学院。这批中国科技产业界的亿万富翁在利用为他们创造财富的技术方面占有优势。阿里巴巴和腾讯的基金会都为捐赠废弃手机和台式电脑设立了网站，共同为当地的技术分销项目筹集了数亿美元。腾讯在商店和机场的“慈善盒”都有支付平台，允许使用电子支付系统进行少于 1 美元的捐款。天课也走上了数字化之路：2013 年斋月期间，联合国难民署在网上呼吁人们捐款，每位捐款者平均捐了 700 美元。

影响力投资已成为亚洲慈善家的一大新动力。阿联酋基金会、阿拉伯基金会论坛和伊斯兰开发银行都已筹集资金，投资到为人们提供创新医疗模式的社会企业中，它们或独立运作或与西方基金会建立合作伙伴关系，如比尔和梅琳达·盖茨基金会的生命和生计基金，这是一项 25 亿美元的基金计划，旨在抗击小儿麻痹症和河盲症等疾病，已经成为阿拉伯世界规模最大的生计基金。但是，富有且严谨的亚洲人需要做更多的工作来解决贫穷、不平等和社会压力问题。印度、巴基斯坦和菲律宾有数百万无家可归的人，其中包括儿童。斯里兰卡、蒙古国和哈萨克斯坦是世界上自杀率最高的国家。由于边界管理不力、社会脆弱，在沙特阿拉伯、巴基斯坦、印度和整个东南亚，贩卖人口问题的严重程度远远超过世界其他地区。[17]

亚洲不断增加的人口和大规模的挑战促进了技术在社会治理中的应用。在整个亚洲，你会发现领导人都能熟练地使用最新的数字技术。阿联酋政府已经任命了一名专门负责人工智能的部长，将所有政府数据和服务放在区块链平台上，并计划在 2020 年前推出一种完全数字化的货币 emCash。在中国的江苏省，一米高的机器人在政府机关扫描、审查和管理数以万计的标准案件的判决，如交通违规或未付账单。通过首尔市辖区的 mVoting 系统，韩国数百万居民能够毫不费力地对与他们的利益或与其所在地区相关的计划进行在线评估和投票。与此同时，美国仍在为网络中立而战，意大利还不知道应如何配置宽带互联网。

在利用大数据作为促进社会秩序的工具方面，中国走在了前列。中国政府利用阿里巴巴、腾讯等平台的数据，利用新的社会信用体系来确定哪些公民有失信行为，并予以处罚。一些人贷款被拒，无法购买机票或火车票，护照被吊销，或暂时被关闭上网通道。重要的是，社会信用体系还会打击有食品安全问题的餐馆和销售假冒伪劣商品的商贩。信誉长期以来一直是亚洲社会的一项重要资产，现在对社会和商业市场上的每一个人来说都是如此。

亚洲国家只是先做了西方政府想做的事情，如果西方政府被允许部署此类技术而不被检举的话，他们会做得更多。美国国家安全局和其他情报机构违犯宪法、侵犯公民隐私的行为不断被曝光，西方所谓的法治和权力滥用之间的界限正在变得模糊。随着包括面部扫描和移动应用追踪在内的监控技术在亚洲各地和欧洲国家的应用，这一界限将变得更加模糊。

亚洲人目睹了数字技术减少了西方的就业机会，扭曲了其政治局势，并撕裂了其社会，他们不想重蹈覆辙。亚洲国家政府正要求苹果等西方科技公司将虚拟专用网络（VPN）从其应用程序中移除，并要求将有关自己领土范围内公民位置的数据移除。除美国和巴西外，使用脸书人数最多的国家大多是亚洲国家——印度、印度尼西亚、菲律宾、越南、泰国和土耳其，但不管是不是民主国家，在这些国家中，对被视为冒犯国家言论的审查要求都非常多。印度总理莫迪和印度尼西亚总统维多多等亚洲领导人在推特和脸书上拥有很多粉丝，这两个平台一直是亚洲部分国家公民参与、政策信息传递和在竞选中制造声势的关键平台。但在俄罗斯疑似于2016年美国大选中对脸书进行操纵，病毒视频在印度和缅甸引发骚乱后，亚洲政府聘请了脸书和瓦次普（WhatsApp，一个跨平台应用程序）公司对信息进行筛查，打击在社交媒体上传播病毒信息的行为，确保“假新闻”不会破坏社会和谐。正如经济学家丹尼·柯所言，自由开放的民粹主义文化和网络报纸的评论区类似：它们被那些滔滔不绝的“键盘侠”控制了。一个更好的模式可能是自由社会，在自由社会中，官员更像维基百科的编辑，确保信息的准确性和秩序感。[18]

在亚洲各种各样的文化和政权中，各国似乎普遍接受某些规范，如混合资本主义、技术官僚治理和社会保守主义。西方的思想不太可能战胜亚洲的这种思维模式。相反，在未来几十年，全球竞争将惩罚那些优柔寡断的人。亚洲国家要想证明自己有能力面对社会、政治、经济、技术和环境压力相互交织产生的复杂问题，就需要有具备功利主义思维的有能力的领导人。亚洲的技术官僚政治已经证明，它和西方的民主政治一样适合（甚至更适合）这项任务。

以亚洲的方式治理世界

亚洲的崛起也在改变全球治理方式。政府治理是要制定秩序和规则，它不仅意味着要实施监管，甚至要提供公共产品。长期以来，亚洲一直是全球治理方式的被动接受者，但现在它成了规范的塑造者和公共产品的提供者。美国在全球部署军事力量，并为此花费巨资，而其他国家因此降低了此类预算，我们称美国为其他国家提供了安全保护伞。那么，中国利用贸易顺差和外汇储备，为数十个国家建设低成本的基础设施，为什么不能说中国为其他国家提供了发展平台？美国要求所有美元交易由美国银行来清算，以便美国财政部能够批准资金流动，这被认为是在维护金融体系。那么，阿里巴巴为全球数百万中小企业提供了一个无缝交易的平台时，为什么不能称之为全球互联网贸易的突破呢？

西方人不希望亚洲人在制定全球规则方面发挥更大的领导作用，就像他们不希望看到美国正在脱离全球治理一样，但这两种情况都在发生。西方人称有一种不甚明朗的东方威权主义对其体制构成了挑战，但比起这种言论，若他们能正视亚洲对地区和全球秩序与治理的切实贡献，会更有成效。

与世界秩序一样，全球公共产品的供应也是多极化的。美国确实提供了世界上主要的储备货币，并管理着货币体系。然而，亚洲人（以及许多其他地区的人）认为美国滥用了其战略和财政实力，而且他们自己能够履行这些职能。在军事领域，亚洲大国已经开始了自己的联合海上巡逻。用印度人的话说，他们是“全球安全网络的提供者”。在全球经济中，当西方经济长期处于低迷时，亚洲则是反周期支出和需求的关键来源，不论是大宗商品贸易还是消费，可以保持整个行业的运转。20 国集团（G20）成员中约有一半是亚洲国家，这些国家的中央银行对全球经济的政策协调至关重要。

与欧洲一样，亚洲大国的稳定是该地区对全球治理的最大贡献。同时，在提供更多重要的公共产品方面，亚洲也逐渐占据了主要地位。对比公共安全产品和基础设施等的部署方式是有用的。军事联盟具有排他性，美国支持那些购买其硬件并保护其利益的国家。相比之下，提供基础设施是为所有人提供了一种平台服务。中国不仅建设了公路、铁路和港口，而且成为世界上最大的造船基地，这些都大大降低了发展中国家进入全球市场的成本。中国安装了电网和光纤网络，还发射了卫星，并促进与此相关的一切科技发展，如渔船导航和共享单车。这些投资会促进中国的贸易，同时也会推动整个世界经济进入 21 世纪。中国在全球收购锂，生产廉价的电动汽车电池，销售价格实惠的太阳能电池板，这为中国企业带来了收入，也有助于减少全球温室气体的排放。事实上，中国、日本和印度都是太阳能、风能、核能和其他能源技术的主要出口国，这些新能源的使用减少了全球的碳排放。

这提醒我们，中国对全球治理做出了许多贡献，这些贡献均被纳入了亚洲活动的悠久历史。日本是世界上最大的对外援助国之一，它向185个国家提供了3 000多亿美元的援助。作为为人类发展做出贡献的一个国家，日本对他国的慷慨程度至今无人能比。印度为联合国50多项维和行动派遣了共20多万人的军队，日本和印度共同为其他国家发射了200多颗卫星，降低了那些国家电信系统的成本。在诺贝尔和平奖设立后的最初70年里，几乎没有亚洲人因其在人道主义或维和方面的努力而获得国际认可。但自20世纪70年代以来，有十几位亚洲人获得过诺贝尔和平奖，例如，致力于实现日本无核化的日本首相佐藤荣作，小额信贷先驱穆罕默德·尤努斯，以及巴基斯坦青少年活动家马拉拉·优素福·扎伊。

那些跨大西洋组织需要适应亚洲的需求，而不是相反。随着世界变得更加多极化，世界体系的规则必须调整，否则旧秩序将完全崩溃。国际货币基金组织、世界银行和联合国安理会实际上并非分别管理全球金融、发展和军事活动。这些组织及其背后的力量，在一个更大的全球市场中，是与其他组织在金融、经济和安全服务方面进行竞争的强劲对手，而亚洲人同样有能力设计出更符合他们需求的机构。《区域全面经济伙伴关系协定》和亚投行就是两个重要的例子。如果联合国安理会的规模无法扩大到包括更多亚洲国家，亚洲国家将干脆置之不理。

崛起的大国既能改变全球规范，又可以选择性地忽视和破坏这些规范，就像美国做的那样。美国通过单方面征收关税，规避和违反了世界贸易组织的规则。印度领导发展中国家在世界贸易组织谈判中保护食品补贴，以对抗西方企业带来的压力。如果西方企业不对知识产权的定义和保护方式做出重大改变，就很难将加强知识产权保护的议程向前推进。

随着亚洲人更多地参与到全球治理中来，我们已经可以预见到将会发生许多事情，这些事情有好有坏。世界银行一直在努力使自己在亚洲发挥更大的作用，其关键部门已撤出华盛顿，从伊斯坦布尔到新加坡都设有办事处，这些在亚洲的办事处不仅会执行总部的议程，还会优先服务于亚洲的重要事务，如基础设施建设和清洁能源的使用。国际刑警组织在新加坡设立了亚洲总部，专注打击网络犯罪，中国和俄罗斯也利用该组织发布“红色通缉令”，逮捕逃犯。越来越多的亚洲国家银行加入环球同业银行金融电讯协会，增强了该组织促进全球资金流动的能力，但这些新的参与者正在采取更强硬的立场，反对美国将伊朗银行排除在该组织之外的行为。在与世界经济论坛的合作下，日本、中国和印度建立了一些技术中心，设计人工智能、区块链、无人机和其他技术的未来监管规则。在国际电信联盟的努力下，未来的互联网监管体制正在成形，亚洲官员在数据隐私和电子商务监管问题上也与美国和欧洲国家官员激烈交锋。

未来的全球监管格局似乎将会是一个由西方传统规则和亚洲

实践组成的混合体。亚洲主权财富基金的投资将非常活跃，但对交易加大审查力度也会提高透明度。美国和欧盟将加大力度阻止中国在其境内投资，除非它们的公司可以获得互惠准入，并且中国对其创新提供保护。与此同时，其他亚洲强国将持续建设自己的技术和金融基础，在那些中国被拒之门外的地方抢购资产，并建立自己的全球投资组合。未来唯一能被接受的新全球规则将是那些经过亚洲人同意的规则。

第十章　亚洲走向世界：文明大融合

不同的人在形容“亚洲人”时通常会使用一些含义相反的词语：优雅或质朴、严谨或混乱、保守或大胆。不仅外人对“亚洲人”有不同的理解，亚洲人对自己也有不同的理解。从阿拉伯语、土耳其语、波斯语到汉语、越南语等，亚洲语言的多样性提醒人们，亚洲人永远难以发出同一种声音。欧洲殖民主义也对亚洲人民国家认同的建构产生了持久的影响，使其从包容性转向排他性。亚洲人以自己的原国籍来形成认同，他们出国时也是如此：印度人、中国人和韩国人在世界各地旅行时不会说自己是“亚洲人”。因此，“亚洲人”的概念似乎是一个人为的建构。亚洲人对身为亚洲人意味着什么不再有任何共识。欧洲或许发明了亚洲这个地理术语，但剥夺了亚洲人对其亚洲身份的认同感。西方媒体对亚洲内部关系的描述，可以用一个词来概括——民族主义，并且通常会在前面加个贬义的修饰词，但这也并没有产生什么影响。

毫无疑问，亚洲社会和欧洲社会一样，对种族纯洁性有着根深蒂固的偏好，甚至存在排外心理，但日常情况表明，整个亚洲地区的民族融合正在加速。亚洲人在文化和物质上的密切联系可以追溯到古代丝绸之路时期，殖民主义锻造了亚洲人共同对抗西方帝国的精神，尽管那时亚洲经济停滞，政治领域缺乏生气，在后殖民时代，亚洲各国关系蓬勃发展。自20世纪50年代以来，每一届亚运会都获得了很多支持，参加的国家代表队也渐渐增多，球迷和媒体的体育精神得以发扬。如今，跨国教育和就业机会以及异族通婚正在改变着亚洲的面貌，尽管亚洲庞大的人口规模使人们对这种改变难以察觉。[1] 亚洲的民族和文化层次太过复杂，因而亚洲国家无法像欧洲社会那样被种族主义定义。不断增强的亚洲内部联系也促生了新的对话，促进了地区间的理解。亚洲人发现，在这个时代，西方社会不再是他们未来的榜样，亚洲各国对技术官僚治国、社会秩序和保守的正义的偏好将他们联系在了一起。

今天的亚洲与其说是一个集团，不如说像一块海绵。在中亚，突厥民族的后裔已经抛弃了西里尔文，改用拉丁文，这样他们与土耳其人和印度人交流就更容易了。在阿富汗，主要的外国电视节目来自印度和土耳其。亚洲移民在孟买、首尔、香港、悉尼、上海和新加坡（官方语言为英语、马来语、汉语和泰米尔语）互相融合并通婚。亚洲人融合的程度越高，他们就越会发现，比起多民族身份，对“亚洲人”的身份认同更加容易。亚洲的“亚洲性”正在复苏。

亚洲形象

亚洲国家的对外形象有了改变。中国的形象变化包括宣传农历新年，及在全球建立500多所孔子学院。中国还在西方报纸和电视台，如英国广播公司（BBC）和探索频道等播出的以中国为主题的纪录片中投放广告。2009—2013年，韩国政府内部高层会议讨论了如何推广韩国的形象，这增加了韩国对全球援助机构的贡献。阿拉伯国家在华盛顿和伦敦的游说公司花重金，提升自己在政界和投资者中的形象。半岛电视台国际频道、今日俄罗斯电视台以及中国国际电视台都在使用英语，这说明亚洲和西方消费“全球”媒体的方式发生了重大转变：亚洲人不再只听西方媒体对他们的报道，越来越多有求知欲的美国人和欧洲人也频繁收看亚洲频道，寻求全球视角。[2] 撇开宣传预算不讲，波特兰通信公司和南加州大学公共外交研究中心的一项调查发现，日本的全球吸引力排名世界第六，亚洲第一，[3] 而新加坡在亚洲晴雨表调查（ABS）中名列第一，亚洲人希望看到自己的国家被模仿。[4]

在积极的自我推广方面，印度仍远远落后于亚洲其他国家，但印度被动的态度也有好处。独立后的印度吸引了西方的嬉皮士、诗人和作家。20世纪五六十年代，一批又一批欧洲流浪者沿着“嬉皮之路”由陆路来到印度。其间，美国诗人艾伦·金斯伯格在印度旅行了15个月，寻找智慧；杰克·凯鲁亚克的作品《达摩流浪者》深受印度哲学影响，他所写的一本关于佛陀的传记也在他去世之后出版。20世纪60年代末，甲壳虫乐队到印度体验超验冥想，这段时间是该乐队最多产的时期之一。20世纪70年代中期，史蒂夫·乔布斯光着脚在印度闲逛，只穿了一件印度传统的腰布，他像一个苦行僧一样追寻纯洁和佛教灵感。后来，乔布斯回到加利福尼亚州，与人共同创立了苹果公司，将自己对内在完美的追求应用到电脑硬件的制造上。马克·贝尼奥夫在辞去甲骨文公司的工作后，也曾在印度各地休假冥想，然后创立了云软件巨头 Salesforce 公司，该公司的办公室里有很多冥想室。

最近，因伊丽莎白·吉尔伯特的小说《美食、祈祷与恋爱》畅销，去往印度瑜伽道场的游客激增。宝莱坞不仅渗透进全球电影文化，还在世界各地促生了各种舞蹈班、DJ 混合音乐和婚礼主题服务。印度的西塔尔琴大师拉维·香卡和指挥家祖宾·梅塔更是闻名世界，梅塔曾在蒙特利尔、洛杉矶、纽约和以色列指挥过交响乐团。

2011 年，中国甚至向印度捐赠了 100 万美元，用于复兴曾经辉煌的那烂陀大学，那烂陀大学是古代世界最大的佛教学习中心。今天，印度的精神遗产和实践具有更广泛的全球吸引力。当代印度最重大的文化变革是联合国将每年 6 月 21 日定为国际瑜伽日，如今在数百个城市有数百万人庆祝这一节日。自 2012 年以来，美国瑜伽练习者的数量增加了 50%，达到近 4 000 万人，其中大多数人的力量、平衡性、灵活性和思维清晰度都有所改善。瑜伽中的正念练习帮助人们深思、感恩、活在当下，在西方的家庭、大学和企业园区都非常流行（越来越多的企业园区由中国风水师设计）。生活的艺术基金会由古儒吉于 1981 年创立，现已推动了全球 156 个国家的正念与和平运动。正念课程是谷歌公司和通用磨坊公司员工职业提升课程的一部分，微软首席执行官萨蒂亚·纳德拉将公司战略的转机归功于正念训练。提供正念课程的应用程序，如 10% Happier，下载量已达数百万次。下一场启蒙运动会不会源于古代亚洲文化的学说？

众多的亚洲文明可以利用其 5 000 多年的文化遗产，复兴独特的历史财富，这自然比创造一种统一的泛亚洲身份更吸引人。即使亚洲国家相互尊重，在如此广阔和多样化的地区也不太可能出现一种单一的亚洲文化复兴。但是，亚洲社会之间正在恢复一种共享，而这种共享正是由不断提升的财富水平和一体化程度所促成的。亚洲人越来越喜欢亚洲，这一趋势反映在购物、饮食、艺术、娱乐、移民和旅游等方面。如果还没有人发起“亚洲歌曲大赛”，那这只是时间问题。

亚洲人往来于亚洲

就像 19 世纪一样，亚洲的移民、异族通婚和人口融合正在重演，且规模越来越大。事实上，亚洲化可能是 21 世纪最重要的人口大趋势。亚洲国家的飞地绝不是一种新现象。1594 年，西班牙殖民政府在菲律宾的马尼拉市岷伦洛区建立了最早的唐人街。如今，世界近 40% 的移民都来自亚洲，根据联合国 2015 年国际移民报告，2000—2015 年，亚洲地区接收的移民数量比其他任何地区都多，亚洲接收了 2 600 万移民（超过欧洲接收的 2 000 万人）。也就是说，亚洲既是世界上移民的主要来源地，也是主要目的地。

中国的海外侨民有 5 000 多万人，主要分布在东南亚各地，侨民当中有种植园主、商人、建筑工人、巴士司机，还有企业高管和体育教练。虽然中国侨民数量比印度多，但 3 000 万印度侨民的分布更为广泛。在印度的近邻中，尼泊尔有 400 万印度人，占其总人口的 15%，斯里兰卡有近 100 万印度人，占其总人口的 5%。在东南亚，马来西亚有 250 万印度人，占其总人口的 10%，新加坡有 35 万印度人，占总人口的 9%。在海湾地区，沙特阿拉伯有 400 万印度人，占其人口的 15%，阿联酋有 350 万印度人，占其总人口的 40%。[5] 居住在海湾地区的印度人每年往印度的汇款数额超过 120 亿美元，在印度的喀拉拉邦等选区，选举结果有时取决于来自海湾地区的汇款，这些汇款填补了竞选资金的缺口。亚洲各地还有 400 万巴基斯坦人，其中 300 万人居住在沙特阿拉伯和阿联酋，另外有 200 万孟加拉人居住在海湾地区。

从 20 世纪 70 年代到 21 世纪前 10 年，南亚人口在海湾地区迅速增加，他们大多是建筑工人和基层神职人员。今天，印度人和巴基斯坦人是这些职业的主力军，但是，在阿联酋、阿曼和巴林，他们也形成了一个由经理、行政人员、实业家和企业家组成的阶层，扮演着重要的社会角色，甚至在政治领域享有一定的发言权。随着时间的推移，技术的发展使这些国家减少了对亚洲工人的需求，迪拜要求其境内 1/3 的住宅和办公室使用 3D 打印材料建造，易于组装的模块化建造不需要更多的劳动力，而阿曼则希望使用无人机代替孟加拉国的工人来浇灌公园。因此，许多没有技能的南亚人将回到印度和巴基斯坦，这两个国家建筑工人的工资在大规模基础设施投资的支持下不断上涨。与此同时，具备技术能力的南亚人可能会继续流向海湾合作委员会成员国，这些国家正在为其新的经济特区和物流中心寻找管理人员。

在迪拜和中国香港，数百万菲律宾人和印度尼西亚人在继续从事家佣、清洁工、保姆、办事员和司机等低薪工作。这些东南亚人与南亚人一起形成了一个半永久的社区，从过去被剥削的阶层逐渐变得为当地社会所接受。几十年来，南亚建筑工人的护照一直被控制在阿拉伯承包商的手中，1/3 的东南亚女佣举报说，她们工作时间过长、工资过低，还蒙受羞辱。但菲律宾政府已开始利用其海外侨民的影响力，暂时禁止其国民在雇主虐待雇员的国家（如科威特）工作，直到雇主不再没收雇员的护照，并保证按时支付工资，为雇员购买保险。印度政府已开始部署自己的保险计划，将覆盖在海湾合作委员会成员国和其他十几个国家的印度蓝领。从迪拜到新加坡，当地的工人运动（在政府的支持下）如雨后春笋，鼓励当地民众与外籍工人分享美食和故事，以表达感激之情。

像泰国这样的中等收入国家在现代化方面进行了大量投资，吸引了大量的外国劳动力。泰国大约有 500 万移民工人，大部分来自缅甸、柬埔寨和老挝。2014 年，泰国查处无证劳工，使 20 万柬埔寨人被遣返，但随之而来的建筑行业的瘫痪迫使泰国政府立即改变政策。马来西亚也依赖来自泰国、印度尼西亚和缅甸的劳工，这些劳工帮助提高了马来西亚的国内生产总值，因为他们会把收入寄回国内。

亚洲新老国家之间人口分布的不平衡将继续促使亚洲的年轻人到离家更远的地方工作，以满足劳动力市场的需求。即使是中国、俄罗斯、韩国、日本和泰国这样的国家，也存在巨大的劳动力短缺，截至2030年，这些国家的劳动力缺口将高达其目前劳动年龄人口的30%，而巴基斯坦、印度、印度尼西亚和菲律宾则有大量的过剩劳动力，可以输出到亚洲其他国家，也可以输出到其他大洲。如果说日渐老龄化的中国已经向世界输出了如此多的人口，想象一下人口年龄更年轻的国家，如印度和巴基斯坦——他们的人口加起来比中国还多，而且他们的公民能够说英语，学习英语的速度也快得多。

尽管在历史上，日本文化和韩国文化最不受外来影响，这两个国家的移民数量的增加依旧引人注目。今天，在日本的澡堂、商店和酒吧外，仍随处可见禁止外国人入内的标志。尽管在发达国家中，日本和韩国的外国出生人口占比最低，但这一数字正在迅速增长。[6] 1990年，在韩国的外国人口数占韩国总人口数的0.1%，如今，这一占比为3%，到2030年预计将攀升至10%，这与一些西方国家的水平相当，而西方国家接收外国移民的历史要比韩国长几十年。[7] 在韩国，跨国婚姻所占的比例也急剧上升，从1990年的略高于 1% 上升到 2014 年的 14%。自冷战时期以来，在嫁给韩国男性的外国女性中，人数最多的是越南女性，其次是中国女性、日本女性、菲律宾女性和柬埔寨女性。[8] 在韩国，多民族家庭的数量现在接近 100 万，是 10 年前的两倍。在安山市附近的元谷洞等地，多民族家庭的比例最高，接近 40%。元谷洞更是自称“无国界村”，因其外国人口占比高达 2/3。

在韩国和日本，同化已经从禁忌的话题变成了必要的改革。尽管融合“新韩国人”带来了巨大的文化挑战，但是，允许他们参加地方选举和地方议会，表明韩国准备修改长期以来与种族血统联系紧密的国籍法。即使是在将外国人视为行业临时工的日本，也有调查显示，年轻人不太把种族作为身份的标志了。[9] 亚洲人的身份认同显然正在构建之中，而不是像外界描绘的那样，是一种刻板的民族主义。

由于中国的经济迅速增长，人口分布不平衡，劳动力日益短缺，亚洲其他国家的人也在涌入中国。[10] 近几十年来，中国繁荣的沿海地区一直依靠中国内陆地区数量庞大的农村劳动力资源，他们从事低工资的建筑工人、工厂工人、厨师、清洁工的工作。但是，随着中国人口老龄化，国内的 2 亿劳动力将不足以满足需求。官方数据显示，自 2000 年以来，在中国居住的外国人数量以每年 10% 的速度增长（根据 2010 年人口普查数据）。非官方的说法是，中国各地已经有大量的外国人。据菲律宾驻香港领事馆估计，有超过 20 万无证菲律宾人在中国从事家政和护理工作。每年春天，大约有 5 万越南人非法越境进入广西收割甘蔗。自 2015 年以来，广西壮族自治区政府甚至正式制订了一项计划，吸引越南人到广西的工厂工作。由于中国人口男女比例失调，男性比女性多 3 500 万人左右，有更多来自邻国的女性与中国男性联姻。然而，在中国这个人口众多的国家，由于外国人口不到 100 万，外国人口占其人口总数的比例要达到 1% 还需要一段时间。因此，中国不像一个“大熔炉”，而更像一个装沙拉的碗，外国人就像撒在里面的胡椒。

移民和异族通婚已经成为迪拜、香港和新加坡等亚洲多元化城市的标志。多年来，新加坡允许其公民在身份证上根据 CMIO① 政策，从华族、马来族、印度族和其他这 4 个选项中选择自己的族群。但是，随着异族通婚率从 1990 年的 7% 增长到 2017 年的 25%，现在新加坡政府允许其公民选择两个族群。新加坡已经是许多“华裔与印度裔混血儿”的家园，包括一些知名的政府官员。一代人之后，新加坡政府肯定会允许公民在身份证上印有三个族群。在海湾地区，法律、宗教和文化上的限制阻碍了阿拉伯人与南亚或东南亚人的通婚，[11] 但这并不妨碍印度人和菲律宾人在迪拜等城市结婚，并养育新一代的“印度裔与菲律宾裔混血儿”。

下一代亚洲人的身份认同感正在亚洲的学校中被建立起来。

---

① CMIO 是新加坡的民族分类政策，其中 C 为 Chinese，即华族，M 为 Malay，即马来族，I 为 Indian，即印度族，O 为 Other，指其他族群。此政策的目的在于确保民族平等，使每个族群保留各自的语言文化，并得到尊重。——编者注

2016年，在中国有40万外国留学生，同比增长5.5%，其中来自东南亚的学生人数是来自美国的学生的4倍，来自韩国的学生人数是来自美国的学生的3倍，来自印度和俄罗斯的学生的数量也在不断增加。巴基斯坦政府计划强制要求本国六年级以上的学生学习中文，那么，10年后，在中国的巴基斯坦学生人数可能会比目前的2万人高出许多倍。在日本有15万外国留学生，位居亚洲第二，而且这个数字还在以每年近10%的速度增长，其中来自中国、越南和韩国的留学生人数最多。2016年，随着来自中国、越南和日本的留学生人数不断增长，在韩国的留学生人数超过了10万人。在印度的留学生人数也增长了7%，达到4.2万人左右，其中大部分来自尼泊尔、阿富汗和不丹。马来西亚的大学吸引了大量来自伊朗、印度尼西亚和中国的学生，而泰国的学生则遍布日本、中国和韩国。东盟正在批准承认成员国的学术认证，这个拥有7亿人口的亚洲地区正在实现自己的伊拉斯谟计划[①]。近年来，我遇到了很多夫妻双方分别来自马来西亚和老挝（这两个国家都是东盟成员国）的跨国夫妇，他们在日本留学期间相识，并一起移民，在多个国家寻求职业发展。如果亚洲人在彼此的国家学习得越多，他们就越有可能形成更强的地区性认知和对共同身份的认同，从而更加融入泛亚洲一代。如今，这一趋势已延伸至海湾地区，迪拜等城市越来越受到俄罗斯人和中国人的欢迎，他们希

① 伊拉斯谟计划是欧洲共同体在1987年成立的一个欧洲大学生交换项目。——译者注

望在快节奏的商业环境中找到实习机会。在整个海湾地区，伦敦商学院等西方院校在此设立了分校，因而去伦敦学习就变得没有必要。

在过去的几代人里，亚洲人的目光聚焦在西方，他们可能听说过或去过纽约和加利福尼亚，但他们通常不会去果阿邦或广州。亚洲中产阶级有强烈的消费需求，而美国和欧洲国家一直是主要受益者，他们想去迪士尼乐园和纽约度假，想在大本钟和埃菲尔铁塔前自拍，想在采尔马特或惠斯勒滑雪。拉斯维加斯的赌场会在春节等亚洲节日到来前数月开始做宣传，以吸引亚洲游客。亚洲人出境旅游的人次每年都刷新纪录，其中中国公民出境旅游超过 1.3 亿人次，最近印度已超过日本，预计到 2020 年将达到 5 000 万人次。在全球范围内，由中国、日本、韩国和印度游客创造的收入每年超过 3 500 亿美元，是美国游客的 3 倍。[12]

但新一代的亚洲人也开始热衷于在亚洲旅行。今天，世界上游客最多的城市是香港、曼谷、新加坡和迪拜——都是亚洲城市（只有伦敦能与这些亚洲城市相提并论）。原因之一是，最受中国游客欢迎的 8 个旅行目的地都是亚洲国家，其次才是美国和意大利。自 2016 年以来，巴黎在受亚洲人喜爱的旅游目的地排名中已经下降。韩国仍然是中国游客的首选目的地（尽管最近济州岛禁止中国游客前往），同时中国游客还喜欢去日本和澳大利亚，并在 2017 年创下纪录，这一年去往俄罗斯的中国游客达 150 万人次。随着签证限制大幅放宽，低成本航空公司蓬勃发展，亚洲人在亚洲旅行的人次正创下纪录。印度的入境旅游人次正以每年两位数的速度增长，最近已突破1 000万人次。在喜马偕尔邦和果阿邦，有很多来自日本和以色列的游客。对迪拜、曼谷和巴厘岛来说，印度人的旅行婚礼是一个商机。伊朗向中国人和日本人发放落地签以吸引他们的到来；每年有近500万俄罗斯人去土耳其；阿拉伯国家的知识分子和商业精英觉得自己在欧洲不太受欢迎，所以他们在伊斯坦布尔和安塔利亚度过的休闲时间越来越多。海南岛宣称自己是夏威夷和迪拜的结合体，作为旅行目的地既安全又实惠，吸引了大批亚洲人来此，他们也希望在此首次接触中国。

随着亚洲成为一个更具有吸引力的旅游目的地，亚洲人在学着保护这个吸引全世界游客的地方。不丹开创了高质量生态旅游的先河。在巴厘岛和其他印度尼西亚的岛屿上，游客经常花一天时间与漆树种植者一起工作，或者去了解生态环境脆弱的鲨鱼栖息地。泰国和菲律宾也发展了一种可持续发展的旅游文化，以支持当地社区。菲律宾的长滩岛很受游客欢迎，2018年，杜特尔特政府宣布关闭长滩岛6个月，腾出时间更新度假村的基础设施，将游客不断涌入造成的污染降至最小。一个可持续发展的亚洲，才是让亚洲人自豪的亚洲，才是让世界欣赏的亚洲。

亚洲文化的重塑

一如亚洲历史上的文化融合，亚洲人仍在继续吸收来自西方的影响，这是增加社会多样性的一种途径。语言就是一个例子：听听那些说印地语和塔加拉语的人说话，你会听到“印式英语”和“塔式英语”。英语作为一种全球性语言，已经成为亚洲内部沟通的重要文化桥梁。在中英文即时翻译方面，微软最近取得了突破，这将大大促进中国人与其他亚洲人以及全世界的交流。

亚洲文化在全球媒体界和商业界的广泛传播正在加速亚洲的自我发现。在这方面，亚洲武术的发展是典型代表之一。多年来，除了传统的武馆之外，中国、日本、韩国和泰国形成了独具特色的民族武术文化，但各自只有单一的武术打法。突然之间，随着美国终极格斗冠军赛、综合格斗教练和电视网络的出现，融合了拳击、摔跤、泰拳、柔道和其他亚洲特色武术的比赛变得极受欢迎，拥有大批付费电视观众。泰国人差立·西尤堂结束了在华尔街的职业生涯后，在新加坡创办了非常成功的ONE综合格斗冠军赛系列，在经常举办的地区性赛事中，将数十名亚洲选手聚集在一起。在这个过程中，亚洲人增进了对自己的武术传统的了解，也提升了自豪感。同时，综合格斗的兴起也提高了美国人对亚洲武术的认识。空手道、柔道和跆拳道在20世纪七八十年代风靡美国，现在泰拳馆也在美国遍地开花。以亚洲武术为基础的娱乐业现在也颇具规模，美国忍者武士是日本原版的全球衍生品之一，拥有功夫绝技的少林僧人经常在各大洲巡回演出，功夫学院则如雨后春笋般出现在欧洲和南非。

世界对亚洲当代艺术作品表示认可，亚洲人也得益于此。20

年前，只有少数亚洲艺术家获得广泛认可，比如日本艺术家草间弥生和波普艺术大师村上隆。但到了2008年，纽约古根海姆博物馆为中国艺术家蔡国强的装置艺术作品举办了大型展览，在中国香港，曾梵志的一幅画创造了拍卖纪录。亚洲当代艺术家开始走向世界，博物馆和画廊展出他们的作品不仅仅是为了给西方艺术增添异国情调，更是出于对他们的创作品质的敬仰。在艺术领域，国际交流也至关重要。许多杰出的日本和中国艺术家在西方，尤其是在纽约工作期间学会了充分表达自己。

亚洲主要城市正在加大对文化中心的投资。东京已经是学生们趋之若鹜的学习建筑的圣地，有许多人到那里参观隈研吾、安藤忠雄和伊东丰雄设计的建筑。中国香港一年一度的巴塞尔艺术周已与瑞士和迈阿密的艺术周齐名。如今，随着台北松山文化创意园、北京798艺术区和上海M50创意园等破旧的工业园区被改造成典雅的工作室，亚洲的其他大都市也正在经历一场艺术复兴。沙迦和吉达已成为在前卫画廊培育阿拉伯艺术团体的中心，而多哈伊斯兰艺术博物馆和阿布扎比卢浮宫等壮观的建筑，则标志着阿拉伯文化复兴的开始。新加坡新开了一家富丽堂皇的国家美术馆，里面收藏的东南亚艺术品数量为世界之最，他们还把一个以前的军营改造成了一个可以互动的露天艺术庄园。新加坡艺术周和“艺术登陆新加坡”博览会激发了该地区近100位亿万富翁和不断壮大的上层阶级对艺术的需求。印度尼西亚等较贫穷的亚洲国家政治稳定、文化自由，允许艺术学校蓬勃发展，不仅在巴厘岛等热门城市如此，在万隆和日惹等不太知名但很时尚的城市也是如此。备受尊敬的孙达拉姆·泰戈尔画廊对菲律宾摄影师、雕塑家和街头艺术家非常推崇。

所有这些都表明，亚洲人自己对亚洲艺术格外关注，也投入了更多的钱。中国的亿万富翁和文化机构正在世界各地搜寻那些流失国外的中国文物，并将它们带回中国。无论是想投资的阿拉伯人，还是想炫耀收藏品的东亚大亨，从海湾国家到日本，亚洲各国人民都十分热衷于收藏西方和亚洲的艺术品，这使苏富比和佳士得等拍卖行的收入实现了两位数的增长，这些拍卖行越来越关注新潮的亚洲艺术，以此吸引它们的西方客户，这些拍卖行已经捧红了韩国极简主义（单色画）艺术、阿尼什·卡普尔等印度雕塑家，以及印度尼西亚的流行艺术。

同样，亚洲音乐界也受到了西方音乐活动的积极影响，如狂热的舞蹈节，以及在优兔上广泛流传的视频。10 年前，富士摇滚音乐节这样的活动屈指可数。而今天，日本有夏日声波音乐节，韩国有仁川摇滚音乐节，上海有电子动物园音乐节，新加坡有祖卡户外热舞节，仅东南亚就有近 10 个地方举办过世界上规模最大的电子音乐节之一——超世代音乐节（Ultra Music Festival）。在引进这些西方活动之后，亚洲的文化已经开始输出。“韩流”就是最明显的例子。韩国说唱歌手朴载相的热门单曲《江南 Style》是第一个在优兔上达到 10 亿（后来达到 20 亿）播放量的视频，但这只是冰山一角，其他韩国流行音乐组合在匈牙利和秘鲁这样遥远的国家也有数千个粉丝俱乐部，韩国流行音乐比赛也在美国和法国举行。2018 年 5 月，韩国男子组合防弹少年团的专辑在美国公告牌排行榜中位居 200 强之首。尽管说唱歌手尼坤是泰国人，但他在加利福尼亚州南部长大，现在是韩国最受欢迎的男子组合之一的成员。尼坤精通泰语、英语、韩语，还会说汉语，是真正的泛亚洲明星之一，这些明星频繁出现在亚洲各地的广告和电影中。为了吸引全球娱乐人士更多的注意力，韩国文化产业交流财团（KOFICE）已成为一个强大的机构，致力于推动韩国文化输出，获得了丰厚的利润。

从快餐到高级烹饪，亚洲美食也已引领了全球潮流。从广义上讲，亚洲美食包含多种食材，有不同的烹饪风格，比如地中海的鹰嘴豆、中亚的烟熏烤羊肉、东南亚的椰奶和香料，还有环太平洋的酱油，每一种美食都反映了一种独特的文化融合，这种融合已经发展了几个世纪（主要是与亚洲邻国的融合）。殖民主义对亚洲菜系的影响远不如亚洲菜系对殖民主义的影响。虽然越南人喜欢吃类似法国长棍面包的越南三明治（原料是米粉），老挝人的沙拉上也有蛋黄酱，但西餐对亚洲人的口味几乎没什么影响。只有日本和中国有 1 000 多家麦当劳门店，而其他亚洲国家都只有 200~500 家。更重要的是，亚洲地区的麦当劳门店的菜单与美国的完全不同，十分有亚洲特色，如印度的马沙拉汉堡、日本的虾汉堡，整个亚洲地区的麦当劳都供应面条。亚洲的麦当劳门店的菜单上有几十种食物是在美国买不到的，这提醒人们，即使亚洲人在某些方面向往西式生活，但要想在亚洲取得真正的成功，就必须先成为亚洲人。

相比之下，亚洲的烹饪传统在西方人的生活中占据着越来越重要的地位。茶起源于中国，后来被英国人带到了印度，目的是与中国竞争在茶叶贸易中的主导地位。番茄酱源自中国福建的鲑汁，这种鲑汁源自越南的一种发酵鱼露，早在18世纪初，英国商人就把这种鱼露带回了英国（在那里，西红柿被用作替代调味品）。2018年，瑞典媒体承认该国著名的肉丸的烹饪秘诀是其国王查理十二世在18世纪时从土耳其学的。在整个西方，米的品种繁多，从印度香米、泰国香米，到韩国的短粒大米，应有尽有。

总的来说，在过去的20年里，亚洲食品已经从侨民主食和廉价外卖变成了主流快餐和高档美食。日本寿司在平民商场、高档餐厅和酒店中随处可见，拉面曾经只是大学生的夜宵，如今已成为全国各地的特色菜。除了供应左宗棠鸡的中餐馆外，韩国烤肉和泡菜石锅拌饭也在美国许多城市出现。（韩国起亚汽车集团在哪里开设工厂，泡菜肯定会出现在附近餐厅的菜单上。）仅2014年，熊猫快餐（美国的中式快餐连锁餐厅）在美国就创造了20亿美元的收入。台湾的泡沫茶是由牛奶、柠檬草和木薯果冻珍珠混合而成的奶茶，也在美国占据了一席之地，开设了数百家新店。权威调查机构欧睿国际报告称，自1999年以来，欧洲的亚洲快餐店的销售额增长了500%。英国的印度咖喱店雇用的工人数量比该国钢铁、煤炭和造船业工人的总数还要多，印度咖喱鸡在英国的销量超过了炸鱼薯条。在伦敦，同时供应粤菜和高档鸡尾酒的客家人餐厅被评为米其林星级餐厅。

烹饪文化的融合带来了创新和成功。中印融合菜在孟买、上海、纽约和伦敦正变得流行。在一年一度的超级名厨集会——马德里国际美食峰会上，印度和泰国名厨云集，如蓝象餐厅的诺尔·索马尼。韩国厨师林正植在美国烹饪学院接受培训后，通过改造分子烹饪法，创造出一种新的韩式烹饪风格，一举成名。林正植烹饪的奇特异国风味为他在纽约的餐厅赢得了两颗米其林星，而他开在首尔的比较传统的餐厅只有一颗米其林星。在美国的移动餐车和购物中心里，“Ko–Mex”（韩国和墨西哥融合菜）菜式是最新的流行趋势之一，这种融合始于在首尔的韩裔美国人，他们渴望童年的墨西哥风味，这也证明了逆向移民和种族融合是如何创造新事物的。

在时尚界，亚洲独树一帜，通过与欧洲品牌的巧妙合作实现自身的发展。日本著名的时尚设计师三宅一生在巴黎时尚品牌纪梵希开始了自己的职业生涯，之后推出了自己的品牌，将东方风格推向全球。今天，从日常服饰到高级时装，亚洲品牌的表现都很突出。优衣库是一个广为人知的日本服装品牌，在全球有大批忠实粉丝。中式服装品牌“上海滩”复兴了一个世纪前的中国风，早期被瑞士奢侈品公司历峰集团收购，并在全球销售。“极度干燥”是一个非常成功的英国品牌，在服装上使用了日本文字来增强其独特的吸引力。时装周在迪拜、孟买和上海越来越普遍，当地设计师积极地吸引来自亚洲、欧洲和其他地区人们的关注，以拓宽客户群。拥有近 200 年历史的中国香港高端连锁百货商店连卡佛，曾因客户更偏爱西方品牌，只销售 4 个亚洲品牌。但如今，连卡佛旗下拥有 30 个亚洲品牌。由于亚洲品牌更符合亚洲人的口味，自 2015 年以来，瑞典服装公司 H&M 的利润大幅缩减。所有的西方服装品牌都希望在印度城市的精英群体中获得更高的知名度，但包括马尼沙·马尔霍特拉、塔伦·塔希利亚尼、里图·库马尔和妮塔·卢拉在内的数十位印度设计师已经非常有名，地位很高，西方品牌不得不将衣服的设计印度化，以与之竞争。简单地说，亚洲现在很酷、很潮。问问美国著名女歌手 Lady Gaga 就知道了，由大阪设计学院的毕业生创立的品牌“Roggykei”深受她的青睐。

亚洲模特也在国际舞台上取得了突破。近 20 年前，帕德玛·拉克施密和亚思敏·盖瑞等南亚模特在西方时尚杂志上大放异彩，中国的刘雯继成为雅诗兰黛的首位亚洲代言人后，在 2013 年成为第一位在福布斯模特收入排行榜上获得一席之地的亚洲人。从那时起，日本、韩国和其他亚洲国家的模特在这个行业也取得了长足的进步。在化妆品行业，韩国的美容产品成为新的全球行业标杆，蒂佳婷、谜尚、伊蒂之屋等品牌纷纷在美国开设门店，并开设了全球网上购物网站。在中国女性紧跟韩国潮流的情况下，联合利华在 2017 年以 27 亿美元的价格收购了韩国科淳化妆品集团。从韩国流行音乐到化妆品，韩国已经成为欧洲雇员在亚洲求职时最热门的选择。

然后是电影。对好莱坞来说，亚洲主题并不陌生，尤其是 20 世纪 80 年代的经典电影，如《甘地》《末代皇帝》《印度之旅》，以及 20 世纪 90 年代和 21 世纪前 10 年在亚洲拍摄的著名电影，包括汤姆·克鲁斯主演的《最后的武士》、克林特·伊斯特伍德导演的《硫磺岛来信》，以及全部由亚洲演员主演的《喜福会》和《艺伎回忆录》。许多西方电影观众对出生在中国台湾，在美国接受教育，曾获得奥斯卡最佳导演奖的李安十分熟悉。李安的著名电影有《断背山》《色戒》《卧虎藏龙》《少年派的奇幻漂流》。中国香港导演王家卫凭借《花样年华》及其续集《2046》等讲述人性中被压抑的欲望的电影赢得了国际赞誉。中国还有许多电影导演也获得了国际声誉，例如张艺谋，他有一部电影改编自莫言的同名小说《红高粱》，他还执导了 2008 年北京夏季奥运会壮观的开幕式和闭幕式。贾樟柯的电影《三峡好人》在 2006 年威尼斯电影节上获得金狮奖。2018 年夏，《摘金奇缘》更是一举征服美国的电影观众。

对好莱坞来说，中国的经济影响力表现在两个方面。一方面，中国每天都会有 20 多部新电影上映（包括提供沉浸式 4D 体验的电影），这让好莱坞电影公司对其票房的飙升垂涎三尺。从《侏罗纪公园》到《星球大战》，从《速度与激情》到漫威超级英雄电影，整个亚洲，尤其是中国，让众多电影在短时间内实现了 10 亿美元的国际收入。大连万达收购了美国经典电影有限电视台（AMC）、欧洲欧迪恩影院（Odeon）以及电影制作公司传奇娱乐，为电影制作注入了资金，使欧美电影能够更加为中国观众所接受。

亚洲其他国家的电影行业则采取了更商业化的方式。总部位于阿布扎比的电影公司 Image Nation 还为《黑衣人 3》和《圆圈》等好莱坞电影提供了资金，其政府则鼓励纽约大学在其学术园区旁边成立一个电影学院。韩国采取了一种纯粹的商业模式。仅凭延相昊导演的僵尸惊悚片《釜山行》和朴赞郁导演的电影《小姐》，韩国 2016 年的电影出口就增长了 82%，美国的 Netflix（提供在线影片租赁服务的公司）和亚马逊上线多部韩国电影，这两家公司在印度也展开了激烈的竞争，Netflix 推出了多部印度原创电视剧，比如由宝莱坞一线明星主演的《神圣游戏》。

好莱坞正寻求与亚洲电影业进行更多的合作。《贫民窟的百万富翁》在 2009 年横扫 8 项奥斯卡大奖（其中包括颁给英国导演丹尼·博伊尔和印度裔作曲家 A. R. 拉赫曼的奖项），为美国和亚洲电影文化架起了一座桥梁。但亚洲电影行业的最大转变在于跨亚洲合作。文化敏感性阻碍了亚洲主要文化市场之间的重要合作，但也有一些例外，比如中国台湾和日本混血演员金城武（被称为"亚洲的约翰尼·德普"），参演了中日两国的许多电影。2006 年的泰国电影《无形海浪》，主演是一名日本演员，其他演员分别来自中国香港和韩国，拍摄地点是中国澳门。中国和韩国的电影公司合作推出了一系列联合制作影片，比如《分手合约》和 3D 体育动作片《大明猩》。宝莱坞与中国电影的跨界合作挑战更大，但利益也更高。在成龙 2017 年主演的电影《功夫瑜伽》中，来自中国和印度的明星在需要的时候会说对方的语言，英语和阿拉伯语台词也出现在迪拜和其他地方的不同场景中。这部电影志在走出中国和印度，博得更广泛的亚洲地区的关注。尽管影片的文化背景很复杂，但《功夫瑜伽》在全球仍获得了约 2 亿美元的票房收入。2016 年，Image Nation 和中国洲际传播中心共同出资 3 亿美元，在位于沙特阿拉伯和中国之间的国家推广汉语和阿拉伯语电影的联合制作。有些人称之为“亚莱坞”电影中心。

商业的印度电影早已开始走向全球。早在 1946 年，印度电影就获得了戛纳电影节大奖，蜚声全球，获得该奖项的是凯坦·阿南德导演的电影《贫民窟》。孟加拉国电影制片人萨蒂亚吉特·雷伊备受马丁·斯科塞斯的尊敬，并在 1992 年获得了奥斯卡终身成就奖。韦斯·安德森在其 2007 年执导的电影《穿越大吉岭》中致敬了雷伊，这部电影主要在印度取景。印度以外的亚洲观众几十年来一直都是宝莱坞的影迷。早在 20 世纪 50 年代，拉杰·卡普尔的电影就曾在苏联风靡一时，可与好莱坞相提并论。宝莱坞电影如今在中亚和高加索地区仍然很受欢迎。20 世纪 80 年代，宝莱坞电影在埃及非常受欢迎，影响到了当地电影产业的收入，因此，埃及政府限制了印度电影的放映。如今，有 30 多个阿拉伯地区的电视频道播放宝莱坞电影，还有专门采访宝莱坞明星的脱口秀节目。有些宝莱坞电影获得了国际赞誉，如沙鲁克·汗的《有时快乐有时悲伤》和阿米尔·汗的《三傻大闹宝莱坞》。2010 年，维也纳大学举办了为期 3 天的关于沙鲁克·汗和全球宝莱坞的国际会议。[13] 阿米尔·汗 2016 年主演的传记片《摔跤吧！爸爸》讲述了印度女摔跤手的故事，在中国的票房收入超过了印度。随着沙特阿拉伯再次开放电影院（包括向女性开放），巴基斯坦电影成为首批被放映的电影之一，“拉莱坞”（Lollywood，即拉合尔的宝莱坞）计划针对沙特阿拉伯市场推出新电影。

宝莱坞在北美的观众在很大程度上仅限于印度侨民，不过，宝莱坞明星在美国各地巡演时，观众的数量足以填满新泽西州的整个体育场。尽管如此，从《辛普森一家》中带有讽刺意味的漫画角色阿普，到滑稽剧《猪头逛大街》中带有刻板印象的韩裔印度人，再到《初来乍到》（改编自华裔美国厨师黄颐铭的自传）的全亚洲主演阵容，每过 10 年，就有越来越多的亚洲明星进入美国主流电视业和电影业，亚裔群体的相关议题也被纳入美国社会议程。宝莱坞新星朴雅卡·乔普拉出演了美国广播公司黄金时段动作片《谍网》的主角，中国台湾歌手周杰伦出演的电影《青蜂侠》吸引了众多亚洲观众。美国主要的电视网现在都有很多来自东南亚的主播。

印度的文化输出远至拉丁美洲，自称“古鲁”的印度上师带领着大批人在瑜伽派对上冥想，印度摇滚乐队在巴西音乐节上巡回演出。2010 年，墨西哥女演员芭芭拉·默瑞在宝莱坞动作电影《风筝》中取得突破性进展，此后，众多渴望获得成功的拉丁美洲女演员参与到印度电影的制作中。[14] 波哥大国际电影节放映了十几部宝莱坞电影，而里约热内卢每年都会举办宝莱坞电影节。2009

年，有一部获奖的巴西肥皂剧以印度斋浦尔为故事背景，片中巴西演员随着宝莱坞舞曲翩翩起舞。截至 2016 年，超过 3 000 万巴西人观看过印度电影，巴西人到印度旅游的人数也增加了 7 倍。每一部在曼谷、迪拜、瑞士、西班牙、冰岛或新西兰拍摄的印度电影，都会在一年后吸引大批印度游客到这些地方。因此，芬兰、波兰、以色列和斐济等国的政府都对印度电影公司实行巨额退税政策。

宝莱坞在很大程度上已经成为印度社会的道德媒介。印度是一个多语言社会，电影能够比翻译的报纸和政府法令更有效地成为架起多语言文化的一座桥梁。如今，印度最热门的社会话题，如性别刻板印象、政府腐败、种姓仇恨，都是首先通过电影进行探讨的。电影巧妙地通过对神话史诗和反殖民主义历史的重新创作，激发了印度人的民族自豪感，就像阿米尔·汗在《印度往事》中描绘的那样，一群底层印度村民在板球比赛中用高超的球技打败了一队经验丰富的英国殖民军，从而为他们的村庄减轻了沉重的税收负担。重要的是，尽管印度的国家政治已经屈服于宗教沙文主义，但宝莱坞仍旧是一个世俗的社会，大约有 1/3 的明星演员是穆斯林（是印度总人口中穆斯林所占比例的两倍）。阿米尔·汗和其他电影明星唤起了人们的“公民责任”精神，从而使人们变得更加宽容。

民族文化正在取代根深蒂固的殖民规范。在电影和文学领域，地方语言再次繁荣起来。此外，南亚（以及东南亚）民众对美白的痴迷正受到一场新兴运动——“棕色就是美”的挑战。亚洲人认识到，无论是固守现状，还是将当前的社会弊病归咎于过去，都是没有用的。亚洲人不再为他人所分裂和统治，他们应该寻找更多的方式彼此融合。

亚洲人的思想

自冈仓天心、泰戈尔和梁启超提出泛亚洲主义起，已过去了一个世纪，亚洲人正在重新发现他们的智力协同效应，并创作出一种亚洲的叙事框架，这对西方不加批判的自我评价和现代西方政治思想的信条构成了重大挑战。为什么西方在支持那么多独裁政权的情况下，还标榜自己是全球人权的捍卫者？不受约束的个体自由真的是商业创新和成功的根本条件吗？资本主义对民主是必要的吗？那民主对资本主义就不是必要的吗？在选择政治领袖时，精英统治的训练是否比民主声望更重要？如同冷战时期亚洲的民族主义者，如果在西方教育亚洲人，培养的不是亲美派的傀儡，而是能够用西方话语对抗西方的知识分子。

如今，泛亚洲地区智识层面的融合与后殖民时代尼赫鲁的设想截然不同，这种融合更具建设性。今天的领导人并不渴望建立一个幻想中的“亚洲合众国”，而是希望建立一个更简单，但更富有成效的商业和学术联合体。尽管在亚洲出生、长大和受教育的亚洲人很少能在西方发声，但事实证明他们是正确的，因为他们能够真正理解亚洲的现实情况。

但亚洲人仍然需要更多的相互了解。虽然亚洲人有着相互关联的历史，但文化和语言的差异限制了泛亚洲思想的渗透。西方出版物填补了这一缺口。[15] 在西方，地缘政治事件，如“9·11”恐怖袭击事件以及中国的崛起使学术界增加了对阿拉伯世界和亚洲研究的资助。资金雄厚的北美大学和学术机构，如总部位于密歇根州安阿伯的亚洲研究协会，其旗舰刊物《亚洲研究期刊》在这一领域处于领先地位。亚洲大学的出版物，如新加坡国立大学出版的《亚洲社会科学杂志》，在亚洲和西方的影响力都明显较低。亚洲许多学术中心治学严谨，发表了优秀的学术成果，西方学者应该更加关注这些成果，而不应闭门造车。在过去几年里，我注意到了一些变化：美国“专家”现在来到亚洲是为了接受教育，而不是为了做讲座。

有许多以亚洲为中心的媒体对亚洲进行全方位报道。从 20 世纪 40 年代到 21 世纪初，《远东经济评论》因其对亚洲商业领域的广泛报道，在亚洲拥有众多读者。20 世纪 70 年代，两名《远东经济评论》的前记者创办了《亚洲周刊》(*Asia Week*)，其目标是“通过亚洲人的视角来了解亚洲”。到 20 世纪 80 年代，西方杂志社推出了《时代周刊》(亚洲版)、《财富》(亚洲版)和《亚洲地理》等杂志，亚洲传媒市场的竞争随之加剧，但这些杂志实际上仍是从西方进口的，亚洲本土的内容有限。《亚洲时报》于 1995 年在曼谷被创办，自称是“唯一一家专门面向英语用户的泛亚洲数字网站”。《亚洲时报》的读者有一半是亚洲人，一半是欧洲人和北美人。在以汉语为母语的世界里，在中国香港编辑发行的《亚洲周刊》（*Yazhou Zhoukan*）杂志以中国人的视角关注国际事务。总体而言，这些泛亚洲出版物可触及的读者群远远低于使用当地语言的国内媒体。

亚洲人在文学领域的成就远远超出传媒领域。由于拥有共同的语言和文化遗产，东亚人数百年来都很熟悉彼此的传统文学作品。《源氏物语》由日本贵族女性紫式部在11世纪早期创作，被广泛认为是世界上第一部心理小说，启发了包括博尔赫斯在内的许多作家。中国的四大名著——《水浒传》《三国演义》《西游记》《红楼梦》，其中创作时间最早的作品距今已有6个世纪，在韩国和日本也被广泛阅读。

在近几十年间，亚洲文学在国际上被认知的程度有了很大提高。中国、日本和印度培养了一批享誉全球的作家。1913年，泰戈尔成为第一位获得诺贝尔文学奖的亚洲人，直到1968年，日本的川端康成成为获此殊荣的第二个亚洲人。在那之后，大江健三郎于1994年，华裔作家高行健于2000年，中国作家莫言于2012年，日裔英籍作家石黑一雄于2017年分别获得诺贝尔文学奖。1966年，以色列作家萨缪尔·约瑟夫·阿格农获得诺贝尔文学奖。2006年，土耳其小说家奥尔罕·帕慕克获得诺贝尔文学奖。还有许多亚洲作家获得丁布克国际文学奖，如萨尔曼·拉什迪、阿拉文德·阿迪加、基兰·德赛和阿伦达蒂·罗伊，通过他们的作品，西方读者得以更加了解亚洲。韩国小说家韩江凭借作品《素食主义者》获得丁布克国际文学奖。

日本和印度的作家吸引了大批全球读者，尤其是村上春树（《挪威的森林》的作者）和阿米塔夫·高希（《玻璃宫殿》的作者），以及出生于阿富汗的作家卡勒德·胡赛尼（《追风筝的人》的作者）。在流行文学中，有一部分跨文化作品因尝试解决由种族差异带来的社会问题而广受追捧，例如谭恩美的《喜福会》、裘帕·拉希莉的《疾病解说者》、伍绮诗的《无声告白》《小小小小的火》和关凯文的《疯狂的亚洲富豪》。深入研究亚洲风情的美国作家的作品也长居畅销书排行榜，如邝丽莎的《蜂鸟巷茶女》和《上海女孩》。金庸的射雕三部曲常常被比作中国的《指环王》，射雕三部曲花了几十年时间才被翻译成英语，已经俘获了大批读者。

亚洲人在科学领域也取得了突出成就，他们非常关注最紧迫的社会需求。在亚洲，日本科学家对全球研究的贡献一直处于领先地位，曾多次获得诺贝尔生理学或医学奖和诺贝尔物理学奖，以及久负盛名的邵逸夫生命科学与医学奖和拉斯克医学奖。2012年诺贝尔生理学或医学奖得主——日本科学家山中伸弥因在干细胞研究领域的革命性成就，在亚洲相关领域的科学家中名列第一。2016年，大隅良典因对细胞自噬的研究而获得诺贝尔生理学或医学奖。2015年诺贝尔生理学或医学奖被授予中国药学家屠呦呦，以表彰她发现了治疗疟疾的青蒿素，同年获得该奖项的还有日本学者大村智。重要的是，屠呦呦是在中国接受的教育，并在中国中医研究院进行了她所有的研究。这些奖项表现出大众和医学界对中医和古印度阿育吠陀[①]疗法的认可。这两种传统医学认为，在治疗中身体和精神必须得到同等的重视。亚洲的科学和精神融合还不止这些：国际医学界和环保界越来越认同食素对人体和生态环境的好处。换句话说，如果每个人都像印度人那样吃饭，将更有利于世界的可持续发展。

① 阿育吠陀意为关于生命的知识，是印度传统的医学体系，也是世界上最古老的医学体系之一，其倡导的人与自然和谐共处的观念及药理研究对藏医及中医皆产生了深远影响。——编者注

尾　声　亚洲的全球化未来

曾经亚洲主导旧世界，后来西方引领新世界，而现在我们迎来了真正全球化的世界。今天这种多极化，拥有多元文化的世界秩序不会消失，西方主导的世界秩序已然不复存在，也不会再现。这个时代和任何其他时代一样，历史转折的发生都带有偶然性，我们需要一种更具包容性和稳定性的视野。我们要警惕那些历史将会重演的说法，日积月累的细小变革将会推动历史的车轮驶向新的方向。如今，这个跨越各大洲，由多种文明、多个地区和多方权力构成的强大的全球体系是前所未有的，在这种世界秩序中，每一个国家的成功都取决于其全球化程度。正如基辛格在其著作《世界秩序》中指出的，我们面临的任务是引导不同的历史经验和价值观……进入一个共同的秩序。[1]

全球化创造了一个全球性的社会。但正如杜克大学哲学教授欧文·弗拉纳根指出的，近几个世纪以来，世界通行的道德准则源自那些富裕的、受过西方教育的、工业化时代的民主主义者，而这是最不具有代表性的群体。此外，社会心理学家理查德·尼斯贝特提出，人口众多的亚洲人具有与西方人截然不同的认知过程，尤其是东亚人，他们不像西方人那样更关注事物本身而忽略其所处的背景环境，亚洲人更能发现事物与其所处背景间的复杂联系。东方哲学注重自我与他人、人与自然的统一，西方哲学则更重视个性的独立，以个人而非家庭或集体为中心。当西方哲学寻求真理或客观知识时，文化学者杜赞奇认为亚洲这种超验信仰是具有无限可能的：知识的形式不必拘泥于一格一态，它可以根据环境的变化而改变，其目的则可以是追求和谐共处这样的普世价值。这种复杂的相对主义似乎恰好适用于当今世界的时局。

全球化的思维需要的不仅是倾听他人的想法或平等对待不同的文化。亚洲已经全面认识到西方历史对现代亚洲造成的影响。而现在，西方必须考虑亚洲的崛起对其未来的影响，理解亚洲人的世界观，超越东西方局限，在国际法和科学伦理等全球问题上设立综合东西方价值观的标准。

现如今已经有更多具有融合性的交流活动正在进行中。有佛教徒认为，如果科学能够反驳某些佛教信念，那么科学就应该占上风。教皇方济各也开始与伊斯兰国家当局和中国政府展开对话，寻求共识。全球宗教机构都清楚地认识到，现代人的精神世界越来越多元化，这一历史过程是不可逆转的，而他们必须接纳彼此的坚定信念并寻求共存之道。世界的每一个角落都需要这样的意境融彻，不论是西方的个体主义和东方的集体主义，还是人文主义和科学唯物主义。从自由到和谐，从民主政治到技术统治，无一不充实着我们大家的阅历。

全球秩序并非一成不变的，它是一个复杂且不断演化的进程。今天的亚洲人重整旗鼓，正在重拾往日辉煌，他们不仅对自己的价值观感到自信，也乐于集思广益。亚洲人甚至完成了从学习到应用的转化，他们的创新可被全世界共享。世界中心之间的关系包括资本的流动、思想的重塑，以及应用新科技以获得全面改善。在殖民时代，欧洲在亚洲积聚了巨大的力量和利润，之后亚洲则通过承接美国和欧洲的外包业务实现了惊人的增长，而今天的美国和欧洲又受益于来自亚洲的投资和人才。这不是一种多方的较量，而是全球系统的本质。

我们只是处于全球亚洲化的早期阶段，因而必须继续探究未来几十年可能发生的改变。亚洲将如何应对当前的地缘政治变局以及经济、社会和技术变革的浪潮？资本主义、社会保守主义和技术治理的结合对那些还未采用这一模式的社会来说，是否仍旧是良方？西方和其他大国将如何应对亚洲的崛起？亚洲将对这些反应做出何种调整？

世界历史的新篇章已展开，东西方文化、北美人与欧亚人在这一新的历史阶段都担当了重要角色。今天，西方人强调维护“以规则为基础的国际秩序”，而亚洲人则更喜欢中国提出的“人类命运共同体”这一说法。我们将会认识到，这两种说法其实是一体两面的，不论是规则还是命运共同体都必须由东西方共同制定。这就是我们在世界历史进程中所处的位置。

致　谢

2012 年，我搬到新加坡，开始了对当代亚洲的沉浸式体验。尽管在之前的 20 年中，我曾多次造访亚洲各地，但我还是花了几年时间从内而外重新观察这个地区以及整个世界。我希望最终呈现的成果能够让所有亚洲人都感到愉悦，并受到启发。

在此我想感谢李光耀公共政策学院的同事们，他们对这个项目提供了诸多支持和独到见解，还要特别感谢李光耀公共政策学院前院长马凯硕和亚洲与全球化中心主任坎蒂·巴杰帕伊教授，他们为此书的研究工作提供了慷慨的资金支持。Danny Quah、Razeen Sally、Yuen Foong Khong、Tan Kong Yam、Siddharth Tiwari、James Crabtree、Francesco Mancini、Blake Berger、Byron Chong 等同事都为本书提供了重要意见。

学术界的新秀们也为此次研究提供了宝贵的新思想。毕业于李光耀公共政策学院的 Adan Ahmad 和 Ian Reinert 在收集、分析与贸易模式和财政政策相关的数据方面表现得非常出色。Allen Cho

巧妙地呈现了东北亚的工业面貌。Aditya Ramachandran 对亚洲和美国世界观的深入了解提醒了我，使我意识到下一代亚洲人是多么全球化。在这里我要特别感谢 Xiao You Mok，她是新加坡人，在日本获得学位后又到美国攻读博士学位。她天资聪颖，具有独到的审美能力，她一丝不苟的研究工作为本书增色不少。这些来自亚洲的千禧一代让我看到亚洲未来的巨大希望。

新加坡的朋友们总是能把握住亚洲的脉搏，洞察全局。在这里我要感谢 Pavel Bains、Beh Swan Gin、Alexander Bernard、Umej Bhatia、Ernesto Braam、Chan Chun Sing、Sangeet Paul Chaudary、Calvin Cheng、Eng Cheong Teo、Brooks Entwistle、Shaokai Fan、Nick Fang、Mark Fogle、Amol Gupte、Peter Ho、Tarun Kataria、Ron Kaufman、Gaurang Khemka、John Kim、Joshua Kuma、Ann Lavin、Frank Lavin、Lien Chen Lien、Joseph Liow、Kevin Lu、Eddy Malesky、Aaron Maniam、David Marx、Law Chung Ming、Daniel Lee、Adam Levinson、David Mann、Sopnendu Mohanty、Vignes Sellakannu、Caesar Sengupta、Satvinder Singh、Michelle Tan、Yinglan Tan、Sudhir Vadaketh、Sriram Vasudevan、Michael Vatikiotis、Ravi Velloor、Karsten Warnecke、George Yeo,Mikhail Zeldovich。特别感谢澳大利亚科技企业家 Philip Lutton，他对亚洲未来指数技术的发展进行了全方位的思考；感谢 Neeraj Seth，他对亚洲经济了解颇深；Ravi Chidambaram 则从宏观上思考了是什么推动了亚洲的发展。此外，我还要感谢 Flavio Damico、Mauricio

Baquero-Pardo、Braz Baracuhy、Federico Barttfeld、Manuel Talavera Espinar、Fredesman Turro Gonzalez、Alfredo Toro Hardy、Alfonso Murillo、James Sinclair 和 Natan Wolf，感谢他们对拉丁美洲如何看待亚洲崛起提供建议。

还有许多研究亚洲历史、哲学、政治和生态方面的专家对亚洲发展提供了非常有用的信息和见解，他们是：Graham Allison、Arjun Appadurai、Zubaid Ahmad、Richard Allen、Ali Aslan、Genevieve Bell、Karan Bhatia、Penny Burtt、Cliff Coonan、Patrick Cordes、Jack DeGioia、Prasenjit Duara、Jack Dwyer、Casper Ellerbaek、Andrew Field、Gordon Flake、Spencer Fung、Mishaal Gergawi、Alison Gilmore、Brad Glosserman、Michael Green、Steve Grubb、Guoliang Wu、Blair Hall、Nat Hansen、Jonathan Hausman、Rupert Hoogewerf、Ann Julian、Kosmo Kalliarekos、Robert Kaplan、Gerry Keefe、Kevin Kelly、Claudio Lilienfeld、Peggy Liu、Manish Kayshap、Suat Kiniklioglu、Udai Kunzru、Wolfgang Lehmacher、Scott Malcomson、Anna Marrs、Avinash Mehrotra、Simon Milner、Pankaj Mishra、Siddharth Mohandas、Yascha Mounk、Alexandre Parilusyan、Safdar Parvez、Chris Patten、Joseph Phi、Kai Poetschke、Noah Raford、Julia Raiskin、Laurent Ramsey、Sean Randolph、Rahul Reddy、Gideon Rose、Dan Rosen、Jim Rowan、Manuel Rybach、Richard Samans、Rana Sarkar、Jonas Schorr、Elliot Schrage、Chris Schroeder、John Seely Brown、Reva

Seth、Clara Shen、Philip ShetlerJones、Lutfey Siddiqui、Ben Simpfendorfer、SaritaSingh、Lauren Sorkin、Shantanu Surpure、Didi Kirsten Tatlow、Richard Threfall、Vijay Vaitheeswaran、Hal Varian、Andy Ventris、Steve Walt、Wang Gungwu、Justin Wood。再次感谢 Scott Malcomson 在编辑方面提出建议。

在研究与写作这本书时，我在柏林罗伯特·博世世界联合学院享受了数月的假期，在此感谢 Sandra Breka、Jannik Rust、Korbinian Bauer、Madeleine Schneider 的热情款待。感谢亚欧关系圆桌会议的主办方及参会者，还有与我共同探讨欧亚关系的其他德国政要和专家，他们是：Thomas Bagger、Laurence Bay、Bjoern Conrad、Patrick Donahue、Wolfram Eilenberger、Mark Hauptmann、Sebastian Heilmann、Julian Hermann、Hanns Guenther Hilpert、Wolfgang Ischinger、Josef Janning、Alex Kugel、Undine Ruge、Eberhard Sandschneider、Ulrich Sante、Wolfgang Schmidt、Frank-Walter Steinmeier、Tan Tah Jiun、Jan Techau。

我还想感谢其他为本书贡献了想法的驻欧专家，他们是：Valerie Amos、Giovanni Andornino、Ricardo Borges de Castro、Peter Burian、Carlotta Clivio、Norbert Czismadia、Peter Eigen、Theresa Fallon、Enrico Fardalla、Alex Fox、Giuseppe Gabusi、Thomas Geisel、David Giampaolo、Christoph Goeller、Nik Gowing、Jan-Friedrich Kallmorgen、Sebastian Kaempf、Daniel Korski、Taavi Kotka、Leah Kreitzman、Christin Kristofferson、Mark Leonard、

Bruno Macaes、Stanislav Matejka、Ann Mettler、Helmut Morent、Martina Poletti、Ulrich Schulte-Strathaus、Jeremy Shapiro、Kristin Shi-Kupfer、Francesco Silvestri、Pawel Swieboda、Irene Tinagli、Paul Unschuld、Taleh Ziyadov、Felix Zulauf。

我每次造访日本的体验都是不同的，近期在与以下人员的相处中我学习到了很多：Shiro Armstrong、Tetsuro Fukunaga、Yoichi Funabashi、Daisuke Iwase、Tadashi Maeda、Gen Miyazawa、Hiro Motoki、Sachio Nishioka、Kazumi Nishikawa、Teru Sato、Akihisa Shioaki、Makoto Takano、Tatsuya Terazawa、Hirotaka Unami、Takashi Yokota。在走访蒙古国期间，我有幸能够与新老朋友交流，获取了不少真知灼见，他们是：Ariunaa Batbold、Khaltmaagiin Battulga、Lundeg Bayartuul、Zorigt Enkhbat、Tsetseglen Galbadrakh、Tuvshinzaya Gantulga、Dulguun、Nomin Chinbat、Ganhuyag Hutagt、Ben Moyle、Ogi Moyle、Baatar Navaan、Lundeg Purevsuren、Erdenebold Sukhbaatar、Ganzorig Vanchig。我非常荣幸于2017年在堪培拉参加了克劳福德领导力论坛，在此感谢组织者、其他参与者及其他南半球的朋友：Stephen Bartos、Gareth Evans、Michael Feller、Evelyn Goh、Allan Gyngell、Greg Hunt、Sung Lee、Martine Letts、Jason Yat-Sen Li、Peter Singer。我要向不丹前首相 Tshering Tobgay 以及 Chewang Rinzin、Sigay Dem、Adrian Chan 表示最诚挚的感谢，感谢他们邀请我（和我热爱冒险的女儿）到魔法王国不丹。

我曾多次去往中国、俄罗斯、印度、巴基斯坦，以及中亚地区、海湾地区和所有东盟国家，我曾在之前的书中对来自这些国家和地区的朋友表示感谢。在此，我要特别感谢以下人员，因为近来和他们的对话直接促成了这本书的诞生，他们是：Rashid Amjad、Aluf Benn、Daniel Bell、Bing Song、Azam Chaudhry、Brahma Chellaney、Alisher Ali Djumanov、Dong Wang、Michael Eisenberg、Hassan Fattah、Yasar Jarrar、Angelo Jiminez、Mishaal Gergawi、Karl Gheysen、Mallika Kapur、Anusha Rehman Khan、Nasrullah Khan、Eric X. Li、Mersole Mellejor、Afshin Molavi、Antonio Morales、Roland Nash、Ramon Pastrana、Lubna Qassim、Abhijnan Rej、Jorge Sarmiento、Irina Schwarzburg、Jen Zhu Scott、Shahbaz Sharif、Aditya Dev Sood、Dmitry Suslov、Mudassir Tipu、Dmitri Trenin、Antonio Ver、Chris Weaver、Brian Wong、Tarik Yousef、Saadia Zahidi、Artem Zassoursky、Taleh Ziyadov.

一本没有信息图表的书是不完整的，我非常感谢哈佛大学地理分析中心的 Jeff Blossom 以及威斯康星大学麦迪逊分校的 Tanya Buckingham 和 Casey Kalman，他们为本书创作了一组富有洞察力的图表。

Jennifer Joel 知道，没有她的建议我永远不会贸然做出决策。她不仅仅是我的经纪人，也是我的好朋友。她将这份书稿交到西蒙与舒斯特出版社的 Ben Loehnen 手中，他是一位能力很强的人。仿佛命中注定一般，Loehnen 从我初次尝试出书的时候就已认识我了。他的团队非常专业和高效率，我们相处得十分融洽。

接下来的每一本书都不容易写，但是这些书的内容给我和家人在晚饭时间提供了许多新鲜的话题。我永远感激我的父母 Sushil 和 Manjula Khanna，我的岳父岳母 Javed 和 Zarene Malik，我的哥哥和嫂子 Anu Khanna 和 Gaurav，当然还有我深爱的妻子 Ayesha 和我们的孩子 Zara 与 Zubin，我很感激和他们一起探索我们亚洲的未来。

注　释

引　言　亚洲优先

1 Only the African Group in the United Nations has more members with fifty-four. Asia is home to 2,301 spoken languages, and Africa ranks second with just over 2,100 languages.

2 Branko Milanovic, "Global Income Inequality by the Numbers: In History and Now–An Overview," World Bank Policy Research Paper no. 6259, November 2012, http://documents.worldbank.org/curated/en/959251468176687085/pdf/wps6259.pdf.

3 Kishore Mahbubani, *Can Asians Think? Understanding the Divide Between East and West* (New York: Steerforth Press, 2001).

4 Asian Development Bank, *Key Indicators for Asia and the Pacific, 2015* (Manila: Asian Development Bank, 2015), https://www.adb.org/sites/default/files/publication/175162/ki2015.pdf.

5 Homi Kharas, "The Unprecedented Expansion of the Global Middle Class: An Update," Global Economy & Development Working Paper no. 100, Brookings Institution, February 2017, https://www.brookings.edu/wp-content/uploads/2017/02/global_20170228_global-middle-class.pdf.

6 Since most ancient cultures thought of themselves as the center of the world, Asian civilizations had names for one another but no word for "Asia." To this day, Chinese use the word "Yaxiya" and Japanese "Ajia" for the region.

7 The scholar of geography Harm de Blij presented a global cartography of twelve realms, half of which are explicitly Asian: Southwest Asia, South Asia, East Asia, Southeast Asia, Australasia, and the Pacific Islands. Russia was defined as

a separate realm, though it lies mostly within Asia.

8 North and South America together have a similar number of large states: Canada, the United States, Brazil, and Argentina.

9 As the scholar P. K. Basu argued in *Asia Reborn*, "The umbrella of colonialism and its post-colonial and Cold War effects masked the underlying unity of the Asian continent," Prasenjit K. Basu, *Asia Reborn: A Continent Rises from the Ravages of War and Colonialism to a New Dynamism* (New Delphi: Aleph, 2017.)

10 Barry Buzan and Richard Little, *International Systems in World History: Remaking the Study of International Relations* (London: Oxford University Press, 2000).

11 The United States is the top trading partner of Canada and Mexico, but for the United States, the European Union and China rank ahead of Canada and Mexico.

12 Yoichi Funabashi, "The Asianization of Asia," *Foreign Affairs* 72, no. 5 (November–December 1993): 75.

13 "GCC Trade with Asia Growing and Diversifying," *The Report: UAE: Dubai*, Oxford Business Group, 2015, https://oxfordbusinessgroup.com/analysis/gcc-trade-asia-growing-and-diversifying.

14 Xi Jinping, "New Asian Security Concept for New Progress in Security Cooperation," remarks at the Fourth Summit of the Conference on Interaction and Confidence Building Measures in Asia, Shanghai, May 21, 2014. Ministry of Foreign Affairs of the People's Republic of China. Retrieved from http://www.fmprc.gov.cn/mfa_eng/zxxx_662805/t1159951.shtml.

15 "Kevin Rudd, Toward an Asia-Pacific Union," Asia Society, June 4, 2008, https://asiasociety.org/kevin-rudd-toward-asia-pacific-union.

第一章 亚洲视角下的世界史

1 Sebastian Conrad, *What is Global History?* (Princeton: Princeton University Press, 2016).

2 The Eastern Zhou Dynasty, by contrast, was more dispersed, with kings still dependent on feudal lords and rival fiefdoms to maintain power.

3 Another prince of the same period, Vardhamana Mahavira, also undertook journeys of self-sacrifice and meditation that inspired the system of nonviolence and spiritual liberation known as Jainism.

4 In search of manpower for their global colonial empires, the Portuguese and Spanish, together with the Arabs, expanded the existing slave-trading routes across the Sahara Desert, through Egypt and Ethiopia, across the Red Sea to

the Indian Ocean, and soon after across the Atlantic Ocean from the Caribbean to Brazil. This sixteenth- and seventeenth-century slave trade morphed into rivalries among European powers to subjugate and partition Africa.

第二章 全世界都应吸取亚洲历史的教训

1 "The 112th Canton Fair Closes with US$30 Billion Turnover, Showing Stable Overall Trade Situation," PR Newswire, Nov. 12, 2017. http://www.prnewswire.co.uk/news-releases/the-112th-canton-fair-boosting-trade-with-asia-pacific-markets-170463406.html.

2 By 2050, Islam's world population is expected to match that of Christianity, with more than 2.5 billion believers each.

第三章 伟大亚洲的回归

1 KinLing Lo, "US Take Note: Chinese, Russian Militaries Are Closer than You Think, China's Defence Minister Says," *South China Morning Post*, April 4, 2018, https://www.scmp.com/news/china/diplomacy-defence/article/2140301/us-take-note-chinese-russian-militaries-are-closer-you.

2 The largest foreign group in Russia is Ukrainians, whose remittances make up 5 percent of Ukraine's GDP.

3 Margaret Coker, "Hoping for $100 Billion to Rebuild, Iraq Got Less than a Third," *New York Times*, Feb. 14, 2018.

4 For the same reasons, Israeli start-ups have made Singapore their regional hub to access the growing Southeast Asian market for advanced technologies.

5 Niv Elis, "Private Ashdod Port Building Ahead of Schedule, Says Ports Company," *Jerusalem Post*, April 12, 2016, https://www.jpost.com/Business-and-Innovation/Private-Ashdod-port-building-ahead-of-schedule-says-ports-company-451039.

6 Benjamin Netanyahu, "Full Text: Netanyahu's Speech on Iran in Munich," Feb. 18, 2018, https://www.haaretz.com/middle-east-news/full-text-netanyahu-s-speech-on-iran-in-munich-1.5826934.

7 The Shanghai Futures Exchange and its subsidiary International Energy Exchange have already launched renminbi-denominated oil contracts.

8 "GCC Needs to Invest $131bn to Meet Five-Year Power Demand," Arabian Business, Jan. 18, 2018, https://www.arabianbusiness.com/energy/387887-gcc-needs-to-invest-131bn-to-meet-five-year-power-demand.

9 Carlotta Gall, "In Afghanistan, U.S. Exits and Iran Comes In," *New York Times*,

Aug. 5, 2017.

10 Ziad Haider, "Can the U.S. Pivot Back to Asia? How Trump Should Respond to China's Belt and Road Initiative," *Foreign Affairs*, May 23, 2017, https://www.foreignaffairs.com/articles/china/2017-05-23/can-us-pivot-back-asia.

11 Xi Jinping, "Secure a Decisive Victory in Building a Moderately Prosperous Society in All Respects and Strive for the Great Success of Socialism with Chinese Characteristics for a New Era," speech delivered at the 19th National Congress of the Communist Party of China, Oct. 18, 2017, http://www.xinhuanet.com/english/download/Xi_Jinping's_report_at_19th CPC _National_Congress.pdf.

12 In 2017, the United States suspended military assistance to Pakistan for noncompliance with its counterterrorism objectives in Afghanistan.

13 https://www.timesnownews.com/international/article/pakistan-elections-2018-united-states-of-america-used-pakistan-as-hired-gun-pakistan-tehreek-e-insaf-imran-khan-nawaz-sharif-pakistan-muslim-league/257073.

14 https://en.dailypakistan.com.pk/pakistan/pakistan-should-not-become-scapegoat-for-us-policy-failure-imran-khan/.

15 The member states of ASEAN are Indonesia, Vietnam, Thailand, Singapore, Myanmar, Malaysia, the Philippines, Laos, Cambodia, and Brunei. East Timor and Papua New Guinea are expected to join in the coming years.

16 As if to emulate East Asian countries' aggressive innovation promotion strategies, Australia's Department of Education and Training issued a directive in 2018 that universities receiving public funding must demonstrate the contributions of their research to the economy, society, or culture and will be ranked by panels to determine future funding.

17 Leo Lewis and Shunsuke Tabeta, "Japan Business Leaders Urge Real Globalisation," *Financial Times*, Jan. 12, 2016, https://www.ft.com/content/80bb0344-78d6-11e5-a95a-27d368e1ddf7.

18 Takako Taniguchi and Kazunori Takada, "Japan Notches $18 Billion of Soured Deals amid M&A Boom," Bloomberg, June 6, 2017, https://www.bloomberg.com/news/articles/2017-06-05/japan-notches-18-billion-of-soured-deals-amid-record-m-a-boom.

19 "Record 2.38 Million Foreign Residents Living in Japan in 2016," *Japan Times*, March 17, 2017, https://www.japantimes.co.jp/news/2017/03/17/national/record-2-38-million-foreign-residents-living-japan-2016/#.W37WGooh2Uk.

20 Shusuke Murai and Tomoko Otake, "'Bakugai,' 'Toripuru Suri' Share Top Honors as This Year's Most Memorable Buzzwords in Japan," *Japan Times*, Dec. 1, 2015, https://www.japantimes.co.jp/news/2015/12/01/national/bakugai-toripuru-suri-share-top-honors-years-memorable-buzzwords-japan/#.W37WUooh2Uk.

21 Kate Springer, "Japan's Fukuoka Poised to Be the Country's Next Silicon Valley," CNN, Nov. 16, 2017, https://money.cnn.com/2016/11/16/technology/fukuoka-startup-city/index.html.

22 "Singapore, Korea and Japan Most Innovative Countries in Asia," HRM Asia, June 19, 2017, http://www.hrmasia.com/content/singapore-korea-and-japan-most-innovative-countries-asia.

23 Kenji E. Kushida, "Japan's Startup Ecosystem: From Brave New World to Part of Syncretic 'New Japan.'" *Asian Research Policy* 7, no. 1 (2016): 67–77.

24 Even though Japan has followed a nonnuclear policy since World War II, in 2017 its parliament approved an accord to sell nuclear reactor technology to India, which has long held out from signing the Treaty on the Non-Proliferation of Nuclear Weapons (NPT).

25 Doug Bandow, "Time to Let Japan Be a Regular Military Power," *The National Interest*, Oct. 29, 2017, https://nationalinterest.org/feature/time-let-japan-be-regular-military-power-22954.

26 Zhao Tingyang, "Rethinking Empire from a Chinese Concept 'All-Under-Heaven' (Tian-xia, 天下)." *Social identities* 12, no. 1 (2006): 29–41.

27 Zhang Weiwei, *The China Wave: Rise of a Civilizational State* (World Century Press, 2012).

28 China's ban on Korean cosmetics imports and halt of Chinese tourism to Korea's popular Jeju Island also pressured the Moon government.

第四章 亚洲经济

1 Stuart T. Gulliver, "Seizing the Asian Opportunity," Speech at the Asian Business Insights Conference, Duesseldorf, Germany, February 7, 2017.

2 World Trade Organization, *World Trade Statistical Review, 2016*, 2016, https://www.wto.org/english/res_e/statis_e/wts2016_e/wts2016_e.pdf.

3 It is worth noting, however, that trade *within* each Asian subregion has not necessarily grown due to internal frictions or insufficient comparative advantage. India's trade with its neighbors within the SAARC group, for

example, has been flat, as has trade within the GCC.

4 Indeed, because the demand for low-cost Chinese electronics is so high worldwide, the internal trade among China, South Korea, and Taiwan accounts for only 34 percent of their trade versus 70 percent in the European Union and 50 percent in the NAFTA zone. All data are from the World Trade Organization and International Monetary Fund.

5 For the purposes of economic statistics, World Bank data sets separate Hong Kong and Taiwan from China. Taiwan has intense trade ties with China, Japan, South Korea, and ASEAN totaling nearly $300 billion per year. Hong Kong's global exports amount to $500 billion per year.

6 Karl Lester M. Yap, "China Surpasses Japan as Asia's Top High-Tech Exporter, ADB Says," Bloomberg, Dec. 7, 2015, https://www.bloomberg.com/news/articles/2015-12-08/china-surpasses-japan-as-asia-s-top-high-tech-exporter-adb-says.

7 PricewaterhouseCoopers, "China's Impact on the Semiconductor Industry: 2016 Update," January 2017.

8 By 2015, ASEAN's top investors were in the European Union ($70 billion) and ASEAN itself ($65 billion), followed by Japan ($60 billion), then China (combined with Hong Kong) ($55 billion) and the United States ($35 billion).

9 Trade within the larger East Asian space is largely balanced: China has only recently begun to achieve a slight surplus of $40 billion in trade with its southern neighbors. Japan and ASEAN also have a balanced trade of nearly $250 billion per year, and South Korea is not too far behind with $130 billion in trade with ASEAN.

10 OAG, "*Busiest Routes*," February 2018; https://www.oag.com/hubfs/Free_Reports/Busiest%20Routes/OAG%20Busiest%20Routes%202018-A4.pdf?hsCtaTracking=5cf02a77-684e-42e5-aa7f-d56bbc799a4e%7Cd12dd304-c189-4484-9bf0-590a339253db.

11 Wee Kee Hwee, Jaya Prakash Pradhan, Maria Cecilia Salta et al., *ASEAN Investment Report, 2017: Foreign Direct Investment and Economic Zones in ASEAN* (Jakarta: ASEAN, 2017), http://asean.org/storage/2017/11/ASEAN-Investment-Report-2017.pdf.

12 Japan's foreign direct investment stock in Asia (outside China) remains far larger than China's: $260 billion versus only $58 billion.

13 Japan's largest mafia group, the Yakuza, operates in a similar fashion, consisting of nearly two dozen groups with 53,000 members and an estimated $7 billion in annual revenue from its role in industries such as entertainment, construction,

real estate, and finance.

14 China's debt-to-GDP ratio has climbed to 260 percent, and its capital output ratio (the amount of investment needed to generate additional income) has doubled since the mid-2000s.

15 The services sector has become the largest driver of employment as well (36 percent versus only 33 percent in industry and 30 percent in agriculture) and generates higher wages and profits than do state-owned enterprises. At the same time, private consumption now represents more than half of GDP while investment has fallen to one-third.

16 David Bain, "The Top 500 Family Businesses in the World," in *EY Family Business Yearbook 2015*, Ernst & Young, 2017, 182–87, https://familybusiness.ey-vx.com/pdfs/182-187.pdf.

17 "IMF Sees Room for Rising Tax-to-GDP Ratio for Indonesia," Indonesia-Investments, February 8, 2018, https://www.indonesia-investments.com/news/todays-headlines/imf-sees-room-for-rising-tax-to-gdp-ratio-for-indonesia/item8577?.

18 Only the most fragile Asian economies such as Georgia, Iraq, Jordan, Afghanistan, and Kyrgyzstan have standby credit arrangements with the IMF.

19 Japan remains Asia's largest net foreign creditor with more than $3.5 trillion in overseas assets, but with China's annual surpluses of $1 trillion and foreign exchange reserves of $3 trillion, China is expected to catch up with Japan by 2020. Together, Japan and China hold nearly $7 trillion in foreign assets across foreign currency reserves, portfolio investment, and direct investment. In terms of total FDI stock, China's nearly $1.4 trillion ranks just ahead of Japan.

20 Gemma B. Estrada, Donghyun Park, and Arief Ramayandi, "Taper Tantrum and Emerging Equity Market Slumps," ADB Economics Working Paper Series no. 451, Sept. 2015, https://www.adb.org/sites/default/files/publication/173760/ewp-451.pdf.

21 The Chiang Mai Initiative (CMI) and subsequent Asian Bond Markets Initiative (ABMI) facilitated local currency debt swaps among ASEAN and its main three trading partners, China, Japan, and South Korea.

22 Amy Lam, "China Drives Asia's Record International Bond Issuances for 2017," Nikkei Asian Review, Dec. 28, 2017, https://asia.nikkei.com/Business/Markets/Nikkei-Markets/China-Drives-Asia-s-Record-International-Bond-Issuances-For-2017-Dealogic.

23 Foreigners can now buy into interbank lending (currently a market of more than $10 trillion) and local government, central bank, financial institution, and

corporate bonds, as well as certificates of deposit- and asset-backed securities in the secondary market.

24 International Monetary Fund, *Regional Economic Outlook, April 2015: Stabilizing and Outperforming Other Regions*, April 2015.

25 Singapore, Malaysia, and Thailand established the ASEAN Trading Link in 2012 to provide a mechanism for transfer of orders across three participating exchanges, expanding into a mutual framework for clearing and settlement in 2014. Asian regulators are also adopting central counterparty clearinghouses (CCPs) as part of the G20 capital market reforms.

26 Preqin, "Preqin Special Report: Asian Private Equity & Venture Capital," Sept. 2017, http://docs.preqin.com/reports/Preqin-Special-Report-Asian-Private-Equity-and-Venture-Capital-September-2017.pdf.

27 Crunchbase, *Global Innovation Investment Report: 2016 Year in Review*, https://static.crunchbase.com/reports/annual_2016_yf42a/crunchbase_annual_2016.pdf.

28 Apple also made a $1 billion investment in DiDi in 2017.

29 Judith Balea, "Grab's Anthony Tan on His Unforgettable Meeting with Masayoshi Son, brotherhood with Didi," *Tech in Asia*, May 25, 2017; https://www.techinasia.com/grab-anthony-tan-on-his-unforgettable-meeting-with-masayoshi-son-and-brotherhood-with-didi.

30 India's trade in and consumption of gold is mostly private, while China's is mostly public, given that it is the world's largest producer and consumer of gold.

31 Philip J. Landrigan. Richard Fuller, Nereus J. R. Acosta, et al., "The *Lancet* Commission on Pollution and Health," *The Lancet* 391, no. 10119 (2017): 462–512.

32 Ye Qi and Tong Wu, "Putting China's Coal Consumption into Context," Brookings Institution, Nov. 30, 2015, https://www.brookings.edu/blog/up-front/2015/11/30/putting-chinas-coal-consumption-into-context/.

33 China projects 250 GW of wind power by 2020. See Daniel Cusick, "China Blows Past the U.S. in Wind Power," *Scientific American*, Feb. 2, 2016, https://www.scientificamerican.com/article/china-blows-past-the-u-s-in-wind-power/.

34 Due to spiking cobalt prices, all lithium-ion battery makers are researching new ratios of nickel-manganese-cobalt (NMC) to increase the cheaper nickel share and reduce the cobalt content.

35 Yiting Sun, "China's Massive Effort to Purify Seawater Is Drying Up," MIT Technology Review, July 11, 2016, https://www.technologyreview.com/s/601861/chinas-massive-effort-to-purify-seawater-is-drying-up/.

36 Across the Celebes Sea, the peoples of the southern Philippine Islands and the northern Moluku Islands of Indonesia are ethnically related.

37 Xi Jinping, "Secure a Decisive Victory in Building a Moderately Prosperous Society in All Respects and Strive for the Great Succss of Socialism with Chinese Characteristics for a New Era," speech delivered at the 19th National Congress of the Communist Party of China, Oct. 18, 2017, http://www.xinhuanet.com/english/download/Xi_Jinping's_report_at_19th_CPC_National_Congress.pdf.

38 The Nielsen Company, "The Sustainability Imperative: New Insights on Consumer Expectations," October 2015, http://www.nielsen.com/content/dam/nielsenglobal/co/docs/Reports/2015/global-sustainability-report.pdf.

39 Latin America and Africa have far poorer countries than even Yemen, such as Haiti and Congo, but neither region has nations as wealthy per capita as Qatar or Singapore.

40 Low-income countries are those with a per capita income between $1,000 and $4,000 (India, Pakistan, Indonesia, Vietnam, the Philippines) per year; and middle-income countries are those with a per capita income between $4,000 and $12,000 (Turkey, Iraq, Iran, China, Malaysia, Thailand); high-income countries are those with a per capita income of more than $12,000 (Singapore, Japan, South Korea).

41 "New 2025 Global Growth Projections Predict China's Further Slowdown and the Continued Rise of India," The Growth Lab, Center for International Development, Harvard University, June 28, 2017, https://growthlab.cid.harvard.edu/news/new-2025-global-growth-projections-predict-china%E2%80%99s-further-slowdown-and-continued.

42 Cristian Badarinza, Vimal Balasubramaniam, and Tarun Ramadorai, "The Indian Household Savings Landscape," paper presented at India Policy Forum 2016, July 12–13, 2016, http://www.ncaer.org/events/ipf-2016/IPF-2016-Paper-Badarinza-Balasubramaniam-Ramadorai.pdf.

43 Reliance Industries CEO Mukesh Ambani is Asia's richest man with a net worth estimated at $45 billion.

44 Alipay accounts for about 68 percent of third-party online payments, with Tencent far behind, although Tencent has 20 percent of the mobile payments market. WeChat has evolved from messaging to payments to personal finance with the launch of WeBank, an online-only bank, in 2014. Together, Alipay and WeBank account for an estimated 50 percent or more of bank deposits in China.

45 According to "EY FinTech Innovation Index, 2017," China and India rank ahead of the United Kingdom, Germany, and the United States in providing large-scale digital consumer banking and other financial products to the masses. https://www.ey.com/Publication/vwLUAssets/ey-fintech-adoption-index-2017/$FILE/ey-fintech-adoption-index-2017.pdf.

46 Mayuko Tani, "Asia's 'Tiger Cubs' Will Feast on FDI for the Next Decade," *Nikkei Asian Review*, August 2, 2017.

47 Geely's 800,000 car sales in Europe in 2016 were less than Volkswagen's 4 million, but for Geely, Europe is far less important than its core market of China itself. It considers overseas sales a bonus, not a necessity.

48 Jost Wübbeke, Mirjam Meissner, Max J. Zenglein, et al., "Made in China 2025: The Making of a High-Tech Superpower and Consequences for Industrial Countries," Mercator Institute for China Studies, December 2016, https://www.merics.org/sites/default/files/2017-09/MPOC_No.2_MadeinChina2025.pdf.

49 Commission on the Theft of American Intellectual Property, "Update to the IP Commission Report: The Theft of American Intellectual Property: Reassessments of the Challenge and United States Policy," National Bureau of Asian Research, 2017, p. 4, http://ipcommission.org/report/IP_Commission_Report_Update_2017.pdf.

50 Kyle A. Jaros, "Urban Champions or Rich Peripheries? China's Spatial Development Dilemmas," Harvard Kennedy School Ash Center for Democratic Governance and Innovation, April 2016, http://ash.harvard.edu/files/ash/files/261226_ash_jaros_web.pdf?m=1461696669.

51 The largest share of GDP represented by the informal economy is found in countries such as Russia, Thailand, the Philippines, Pakistan, and Bangladesh.

52 Emma Lee, "Nearly 90% Phones Sold in China in 2016 Came from Domestic Makers," TechNode, Jan. 12, 2017, https://technode.com/2017/01/12/nearly-90-of-560m-phones-sold-in-china-comes-from-domestic-makers-2016/.

53 Chris Cooper, "China to Surpass U.S. as World's Largest Aviation Market by 2024," Bloomberg, Oct. 20, 2016, https://www.bloomberg.com/news/articles/2016-10-21/china-to-surpass-u-s-as-world-s-largest-aviation-market-by-2024.

第五章　在美国的亚洲人和在亚洲的美国人

1 Pew Research Center, *Modern Immigration Wave Brings 59 Million to U.S., Driving Population Growth and Change Through 2065*, September 28, 2015, http://www.pewhispanic.org/files/2015/09/2015-09-28_modern-immigration-wave

_REPORT.pdf.

2 United States Census Bureau, "Asian Alone or in Any Combination by Selected Groups: 2015 American Community Survey 1-Year Estimates," https://www.census.gov/history/pdf/acs15yr-korean62017.pdf.

3 United States Census Bureau, "Annual Estimates of the Resident Population by Sex, Race Alone or in Combination, and Hispanic Origin for the United States, States, and Counties: April 1, 2010 to July 1, 2016," https://factfinder.census.gov/faces/tableservices/jsf/pages/productview.xhtml?src=bkmk.

4 Department of Homeland Security, "Persons Obtaining Lawful Permanent Resident Status by Region and Country of Birth: Fiscal Years 2013 to 2015," table 3 in *Yearbook of Immigration Statistics 2015*, https://www.dhs.gov/immigration-statistics/yearbook/2015/table3.

5 Ibid.

6 Gustavo López, Neil G. Ruiz, and Eileen Patten, "Key Facts About Asian Americans, a Diverse and Growing Population," Pew Research Center. Sept. 8, 2017, http://www.pewresearch.org/fact-tank/2017/09/08/key-facts-about-asian-americans/.

7 Pew Research Center, "Intermarriage across the U.S. by Metro Area," May 18, 2017, http://www.pewsocialtrends.org/interactives/intermarriage-across-the-u-s-by-metro-area/.

8 Pew Research Center, *Modern Immigration Wave Brings 59 Million to U.S.*

9 Pew Research Center, "Chinese in the U.S. Fact Sheet," Sept. 8, 2017, http://www.pewsocialtrends.org/fact-sheet/asian-americans-chinese-in-the-u-s/; United States Census Bureau, "Los Angeles County a Microcosm of Nation's Diverse Collection of Business Owners, Census Bureau Reports," Dec. 15, 2015, https://www.census.gov/newsroom/press-releases/2015/cb15-209.html.

10 López, Ruiz, and Patten, "Key Facts About Asian Americans."

11 Shalene Gupta, "Big Fat Indian Weddings Get Bigger and Fatter," *Fortune*, Aug. 8, 2014, http://fortune.com/2014/08/08/indian-weddings/.

12 Sari Horwitz and Emma Brown, "Justice Department Plans New Project to Sue Universities over Affirmative Action Policies," *Washington Post*, Aug. 1, 2017, https://www.washingtonpost.com/world/national-security/justice-department-plans-new-project-to-sue-universities-over-affirmative-action-policies/2017/08/01/6295eba4-772b-11e7-8f39-eeb7d3a2d304_story.html?noredirect=on&utm_term=.808b27e06276.

13 Vivek Wadhwa, "The Face of Success, Part I: How the Indians Conquered

Silicon Valley," *Inc.*, Jan. 13, 2012, https://www.inc.com/vivek-wadhwa/how-the-indians-succeeded-in-silicon-valley.html.

14 Ibid.

15 Jane Ciabattari, "Why Is Rumi the Best-Selling Poet in the US?," BBC, October 21, 2014, http://www.bbc.com/culture/story/20140414-americas-best-selling-poet.

16 Charles Lam, "The 115th Congress is History-Making for Asian Americans and Pacific Islanders," NBC News, Jan. 4, 2017, https://www.nbcnews.com/news/asian-america/115th-congress-history-making-asian-americans-pacific-islanders-n703261.

17 Statistics Canada, "Data Tables, 2016 Census: Citizenship, Place of Birth, Immigrant Status and Period of Immigration, Age and Sex for the Population in Private Households of Canada, Provinces and Territories, Census Metropolitan Areas and Census Agglomerations, 2016 Census—25% Sample Data," January 16, 2018, https://www12.statcan.gc.ca/census-recensement/2016/dp-pd/dt-td/Rp-eng.cfm?LANG=E&APATH=3&DETAIL=0&DIM=0&FL=A&FREE=0&GC=0&GID=0&GK=0&GRP=0&PID=110525&PRID=10&PTYPE=109445&S=0&SHOWALL=0&SUB=0&Temporal=2017&THEME=120&VID=0&VNAMEE=&VNAMEF=.

18 Wanyee Li, "More Mandarin than Cantonese Speakers in Metro Vancouver: Census," *Metro News*, Aug. 3, 2017.

19 Joshua Bateman, "China's Real Estate Investors on a $200B Global Spending Spree," CNBC, June 16, 2017, https://www.cnbc.com/2017/06/16/chinas-real-estate-investors-on-a-200b-global-spending-spree.html.

20 Ibid.

21 Institute of International Education, "Open Doors 2016 Executive Summary," https://www.iie.org/Why-IIE/Announcements/2016-11-14-Open-Doors-Executive-Summary.

22 Bethany Allen-Ebrahimian, "Chinese Students in America: 300,000 and Counting," *Foreign Policy*, Nov. 16, 2015, https://foreignpolicy.com/2015/11/16/china-us-colleges-education-chinese-students-university/.

23 Ibid.

24 Pew Research Center, "Race and Social Connections—Friends, Family and Neighborhoods," June 11, 2015, http://www.pewsocialtrends.org/2015/06/11/chapter-5-race-and-social-connections-friends-family-and-neighborhoods/.

25 Eva Li and Sarah Zheng, "Seeking Better Job Options, More Chinese Students Are Returning Home After Graduating," *South China Morning Post*, April 17,

2017, https://www.scmp.com/news/china/policies-politics/article/2088088/seeking-better-job-options-more-chinese-students.

26 Cai Muyuan, "Hangzhou a Top Choice for Overseas Returnees," *China Daily*, Sept. 5, 2016, http://www.chinadaily.com.cn/business/2016hangzhoug20/2016-09/05/content_26698859.htm.

27 Cheng Li and Lucy Xu, "Chinese Think Tanks: A New 'Revolving Door' for Elite Recruitment," Brookings Institution, Feb. 10, 2017, https://www.brookings.edu/opinions/chinese-think-tanks-a-new-revolving-door-for-elite-recruitment/.

28 Ka Ho Mok, "What Can We Learn from Returning Chinese Students?," *University World News*, July 7, 2017, http://www.universityworldnews.com/article.php?story=20170627134055924.

29 Liu, Cecilia, "Chinese Universities Ranked Among Global Elite," *China Daily*, May 31, 2018, http://www.chinadaily.com.cn/a/201805/31/WS5b0ef93ea31001b82571d42b.html.

30 Jacob Passy, "Why Millennials Can't Buy Homes," MarketWatch, Oct. 30, 2017, https://www.marketwatch.com/story/student-debt-is-delaying-millennial-homeownership-by-seven-years-2017-09-18.

31 Tamara Hardingham-Gill, "The World's Most Liveable Cities in 2018," CNN Travel, Aug. 14, 2018, https://www.cnn.com/travel/article/worlds-most-liveable-cities-2018.

32 Van Jay Symons and Suzanne Wilson Barnett, eds., *Asia in the Undergraduate Curriculum: A Case for Asian Studies in Liberal Arts Education* (New York: Routledge, 2015).

33 NAFSA, "Trends in U.S Study Abroad: Study Abroad Participation and Demographics Data," https://www.nafsa.org/Policy_and_Advocacy/Policy_Resources/Policy_Trends_and_Data/Trends_in_U_S__Study_Abroad/.

34 Institute of International Education, "Open Doors 2016 Regional Fact Sheet: Asia," 2016.

35 Asian Development Bank Institute, "Labor Migration, Skills & Student Mobility in Asia," 2014, https://www.oecd.org/migration/Labour-migration-skills-student-mobility-in-Asia.pdf.

36 The US government is one of the few in the world that does not track its overseas citizens systematically, but estimates for the years 1999, 2013, and 2016, have been made by the State Department and are reported in the following sources, respectively: Jason P. Schachter, "Estimation of Emigration from the United States Using International Data Sources," United Nations Secretariat, November

2006, https://unstats.un.org/unsd/Demographic/meetings/egm/migrationegm06/DOC%2019%20ILO.pdf; US Department of State, Bureau of Consular Affairs, "Consular Affairs by the Numbers," January 2013, https://travel.state.gov/content/dam/ca_fact_sheet.pdf; US Department of State, Bureau of Consular Affairs, "Consular Affairs by the Numbers," March 2018.

37 HSBC, "Expat Explorer Report 2014," https://www.expatexplorer.hsbc.com/survey/files/pdfs/overall-reports/2014/HSBC_Expat_Explorer_2014_report.pdf.

38 Angus Whitley, "Chinese Airlines Wave Wads of Cash to Lure Foreign Pilots," Bloomberg, Aug. 17, 2016, https://www.bloomberg.com/news/articles/2016-08-17/chinese-airlines-lure-expat-pilots-with-lucrative-pay-perks.

第六章　为何欧洲人热爱亚洲而非亚洲人

1 Wilhelm Hofmeister and Patrick Rueppel, eds., "The Future of Asia-Europe Cooperation," Konrad-Adenauer Stifung and European Union, 2015, http://www.kas.de/wf/doc/kas_40559-1522-2-30.pdf?160317100039, p. 6.

2 Max Bouchet and Joseph Parilla, "How Trump's Steel and Aluminum Tariffs Could Affect State Economies," Brookings Institution, March 6, 2018, https://www.brookings.edu/blog/the-avenue/2018/03/06/how-trumps-steel-and-aluminum-tariffs-could-affect-state-economies/.

3 "Countries and Regions: China," European Commission, April 16, 2018, http://ec.europa.eu/trade/policy/countries-and-regions/countries/china/.

4 European Central Bank, "ECB Completes Foreign Reserves Investment in Chinese Renminbi Equivalent to €500 million," June 13, 2017, https://www.ecb.europa.eu/press/pr/date/2017/html/ecb.pr170613.en.html.

5 German food companies are investing in deep-chill freezing techniques that would extend the shelf life of their goods by weeks, further expanding their offerings to far-off Asian markets.

6 Feng Xin, "China Railway Express: Freight Network Facilitates Trade Between China and Europe," CGTN, April 28, 2017, https://news.cgtn.com/news/3d55444f31597a4d/share_p.html.

7 In 2018, Balkrishna Doshi became the first Indian to win the Pritzker Architecture Prize; his architectural projects have long promoted sustainable and affordable housing.

8 From 2015 to 2017, China invested 40 percent of its FDI in Europe, 24 percent in the United States, and 12 percent in East Asia.

9 Aoife White and David McLaughlin, "ChemChina Gets EU Nod for Syngenta Deal One Day After US," Bloomberg, April 5, 2017, https://www.bloomberg.com/news/articles/2017-04-04/chemchina-wins-u-s-approval-for-43-billion-syngenta-takeover-j13z8ty8.

10 Jamie Robertson, "Qatar: Buying Britain by the Pound," BBC News, June 9, 2017, https://www.bbc.com/news/business-40192970.

11 "China Launches $11 Billion Fund for Central, Eastern Europe," Reuters, Nov. 6, 2016, https://www.reuters.com/article/us-china-eastern-europe-fund/china-launches-11-billion-fund-for-central-eastern-europe-idUSKBN13105N.

12 Mission of the European Union to ASEAN, "40 Years of EU-ASEAN Partnership & Prosperity: Trading and Investing Together," 2017, https://eeas.europa.eu/sites/eeas/files/eu_asean_trade_investment_2017.pdf.

13 World Travel & Tourism Council, *Travel & Tourism Economic Impact 2017: Iran*, https://www.wttc.org/-/media/files/reports/economic-impact-research/countries-2017/iran2017.pdf.

14 The European Union already gives 20 percent of its science and research grants to non-EU entities, especially in Asia, leading to growing numbers of academic exchanges and knowledge-based collaborations.

第七章　亚非欧大陆的回归

1 The Gulf nations, however, clearly don't coordinate their Africa policies. During the 2017 rift between the GCC countries and Qatar, countries such as Ethiopia, Sudan, and Somalia were caught in the diplomatic cross fire, forced to choose sides between Qatar, which has become a major political and aid donor across the region, and Saudi Arabia, which has been a major trade partner.

2 Irene Yuan Sun, "The World's Next Great Manufacturing Center," *Harvard Business Review*, May–June 2017, https://hbr.org/2017/05/the-worlds-next-great-manufacturing-center.

3 Yoon Jung Park, "One Million Chinese in Africa," *SAIS Perspectives*, May 12, 2016, http://www.saisperspectives.com/2016issue/2016/5/12/n947s9csa0ik6kmkm0bzb0hy584sfo.

4 Jacqueline Musiitwa, "Despite Slowdown, China's Migrants Rooted in Africa," *This is Africa*, March 30, 2016, https://www.thisisafricaonline.com/News/Despite-slowdown-China-s-migrants-rooted-in-Africa?ct=true.

5 Tom Hancock, "Chinese Return from Africa as Migrant Population Peaks,"

Financial Times, Aug. 28, 2017, https://www.ft.com/content/7106ab42-80d1-11e7-a4ce-15b2513cb3ff.

6 Lily Kuo, "China Now Owns More Than Half of Kenya's External Debt," Quartz Africa, June 15, 2016, https://qz.com/africa/707954/china-now-owns-more-than-half-of-all-of-kenyas-debt-2/.

7 Pavithra Rao and Franck Kuwonu, "India, Africa Rekindle Trade Ties," *AfricaRenewal*, August–November 2016, https://www.un.org/africarenewal/magazine/august-2016/india-africa-rekindle-trade-ties; "China, Africa Trade, Investment 'Off to a Flying Start' in 2017," Reuters, May 11, 2017, https://af.reuters.com/article/africaTech/idAFKBN1870LJ-OZATP.

8 "Data: Chinese Workers in Africa," China Africa Research Initiative, January 2018, http://www.sais-cari.org/data-chinese-workers-in-africa/; Deborah Brautigam, Margaret McMillan, and Xiaoyang Tang, "The Role of Foreign Investment in Ethiopia's Leather Value Chain," PEDL Research Note, ERG Project 106, 2013, https://cms.qz.com/wp-content/uploads/2016/11/08072-researchnote_brautigam_mcmillan_tang.pdf, p. 1.

9 Rao and Kuwonu, "India, Africa Rekindle Trade Ties"; IOM Global Migration Data Analysis Centre, "Global Migration Trends Factsheet," International Organization for Migration, http://gmdac.iom.int/global-migration-trends-factsheet.

10 His granddaughter Ela Gandhi was elected a member of the first postapartheid South African parliament in 1994.

11 Yun Sun, "Rising Sino-Japanese Competition in Africa," Brookings Institution, Aug. 31, 2016, https://www.brookings.edu/blog/africa-in-focus/2016/08/31/rising-sino-japanese-competition-in-africa/.

12 Wade Shepard, "India and Japan Join Forces to Counter China and Build Their Own New Silk Road," *Forbes*, July 31, 2017, https://www.forbes.com/sites/wadeshepard/2017/07/31/india-and-japan-join-forces-to-counter-china-and-build-their-own-new-silk-road/#563e3aeb4982.

13 Amadou Sy, "What Do We Know About the Chinese Land Grab in Africa?," Brookings Institution, Nov. 5, 2015, https://www.brookings.edu/blog/africa-in-focus/2015/11/05/what-do-we-know-about-the-chinese-land-grab-in-africa/.

14 Lily Kuo, "China's Xi Jinping Pledges $60 Billion to Help Africa Solve Its Problems Its Own Way," *Quartz,* December 4, 2015, https://qz.com/africa/565819/chinas-xi-jinping-pledges-60-billion-to-help-africa-solve-its-problems-its-own-way/.

第八章 新太平洋伙伴关系

1 After the US withdrawal, the TPP was replaced by the Comprehensive and Progressive Agreement for Trans-Pacific Partnership (CPTPP).

2 Rosalind Mowatt, "Trade Policy Issues in Latin America and the Caribbean: Views from Country Authorities and Current State of Pay," International Monetary Fund, March 2017, https://www.imf.org/~/media/Files/Publications/CR/2017/cr1766-ap-1.ashx, p. 11.

3 A key ingredient of tofu and source of cooking oil, soy is also crushed into soya meal for chickens, pigs, and fish.

4 Daniel Bellefleur, "Spanning the Economic Gap Between Asia and Latin America," *The Diplomat*, March 16, 2017, https://thediplomat.com/2017/03/spanning-the-economic-gap-between-asia-and-latin-america/.

5 Peter A. Petri and Michael G. Plummer, "US Must Get Back into the Game in the Asia Pacific," Peterson Institute for International Economics, Oct. 23, 2017, https://piie.com/commentary/op-eds/us-must-get-back-game-asia-pacific.

6 David Dollar, "China's Investment in Latin America," Geoeconomics and Global Issues Paper no. 4, Brookings Institution, January 2017, https://www.brookings.edu/wp-content/uploads/2017/01/fp_201701_china_investment_lat_am.pdf.

7 Kevin P. Gallagher, "China Steps into the Latin American Void Trump Has Left Behind," *Foreign Policy*, March 6, 2017, https://foreignpolicy.com/2017/03/06/china-steps-into-the-latin-american-void-trump-has-left-behind/.

8 "China Makes a Power Play in Brazil and Argentina," Stratfor, June 2, 2017, https://worldview.stratfor.com/article/china-makes-power-play-brazil-and-argentina.

9 Philippe Le Corre, Yun Sun, Amadou Sy, and Harold Trinkunas, "Other Perceptions of China: Views from Africa, Latin America, and Europe," Brookings Institution, May 27, 2015, https://www.brookings.edu/blog/order-from-chaos/2015/05/27/other-perceptions-of-china-views-from-africa-latin-america-and-europe/.

10 R. Viswanathan, "Trump Triggers Greater Latin American Interest in India," The Wire, March 9, 2017, https://thewire.in/external-affairs/donald-trump-triggers-greater-latin-american-interest-in-india.

11 Akio Hosono, "Asia-Pacific and Latin America: Dynamics of Regional Integration and International Cooperation," UN ECLAC International Trade

Series no. 132, 2017, https://repositorio.cepal.org/bitstream/handle/11362/41813/1/S1700439_en.pdf.

12 Antoni Estevadeordal, "How Trade, Investment, and Cooperation Between Japan and Latin America and the Caribbean Can Inspire Our Future Trade Relationship with Africa," Brookings Institution, Dec. 22, 2016, https://www.brookings.edu/blog/up-front/2016/12/22/how-trade-investment-and-cooperation-between-japan-and-latin-america-and-the-caribbean-can-inspire-our-future-trade-relationship-with-asia/.

第九章 亚洲国家治理模式的未来

1 "Dangerous World 2017," IPSOS, June 14, 2017, https://www.ipsos.com/en/dangerous-world-2017.

2 Justin McCarthy, "In U.S., 65% Dissatisfied with How Gov't System Works," Gallup, Jan. 22, 2014, https://news.gallup.com/poll/166985/dissatisfied-gov-system-works.aspx.

3 Martin Gilens and Benjamin I. Page, "Testing Theories of American Politics: Elites, Interest Groups, and Average Citizens," *Perspectives on Politics* 12, no. 3, (2014): 564–81.

4 John Helliwell, Richard Layard, and Jeffrey Sachs, eds., *World Happiness Report 2017*, Sustainable Development Solutions Network, 2017, https://s3.amazonaws.com/happiness-report/2017/HR17.pdf; Facundo Alvaredo, Lucas Chancel, Thomas Piketty, et al., eds., *World Inequality Report* (Cambridge, MA: Belknap Press, 2018).

5 James Henry, a former chief economist at McKinsey & Co., has written that US criminal justice for white-collar crimes is nothing but a "system of organized impunity" in which the top twenty Western banks and the dozens of accounting and consulting firms colluding with them have perpetrated hundreds of large-scale financial crimes leading to $300 billion in fines between 1998 and 2017 but without a single firm losing its license to operate or a single senior official being imprisoned. On the contrary, perpetrators become regulators in the revolving door of the United States' "bankster" system. See James S. Henry, "The Economics of the Global 'Bankster' Crime Wave," *The American Interest*, Oct. 25, 2017, https://www.the-american-interest.com/2017/10/25/economics-global-bankster-crime-wave/.

6 Roberto Stefan Foa and Yascha Mounk, "The Signs of Deconsolidation," *Journal of Democracy* 28, no. 1 (2017): 5–16.

7 Woodrow Wilson, "The Study of Administration," *Political Science Quarterly* 2, no. 2 (1887).

8 I began making this argument well before moving to Singapore in 2012. For example, one chapter of my book *The Second World* (2008) is titled "Singapore: Asia's First-World Inspiration."

9 Peter Ho, "The Challenge of Governance in a Complex World," IPS-Nathan Lecture Series, Singapore, May 17, 2017.

10 Philip Tetlock, *Expert Political Judgment* (Princeton, NJ: Princeton University Press, 2017).

11 Chua Beng Huat, *Liberalism Disavowed: Communitarianism and State Capitalism in Singapore* (National University of Singapore Press, 2017).

12 According to the World Bank's Worldwide Governance Indicators (WGI), most Asian countries made steady improvements in measures of state capacity between 2010 and 2016, with the most improvement reported in China, Indonesia, Thailand, Saudi Arabia, Vietnam, Iran, Kazakhstan, and the UAE. The worst backsliding was seen in Turkey and Malaysia.

13 Edmund Malesky, "Sincere Preference by Default: An Alternative Theory of Public Support for Party Labels in Single-Party Regimes," Presentation at Yale-NUS College, Singapore, November 22, 2017.

14 Tonia E. Ries, David M. Bersoff, et al., *2018 Edelman Trust Barometer*, Edelman, 2018, p. 6.

15 Tatyana Stanovaya, "Rotating the Elite: The Kremlin's New Personnel Policy," Carnegie Moscow Center, Jan. 30, 2018, http://carnegie.ru/2018/01/30/rotating-elite-kremlin-s-new-personnel-policy-pub-75379.

16 Neil Buckley, "Once-Repressive Uzbekistan Begins a Post-Karimov Opening," *Financial Times*, Feb. 12, 2018, https://www.ft.com/content/6c37419c-0cbf-11e8-8eb7-42f857ea9f09.

17 US Department of State, *Trafficking in Persons Report, June 2017*, https://www.state.gov/documents/organization/271339.pdf.

18 Danny Quah, "When Open Societies Fail," *Global Policy Journal*, Nov. 7, 2017, https://www.globalpolicyjournal.com/blog/07/11/2017/when-open-societies-fail.

第十章 亚洲走向世界：文明大融合

1 Hyuk-Rae Kim and Ingyu Oh, "Migration and Multicultural Contention in East Asia," *Journal of Ethnic and Migration Studies* 37, no. 10 (2011): 1563–81.

2 In 2017, the U.S.-China Economic and Security Review Commission recommended that Chinese journalists be reclassified as foreign agents and

required to register as such.

3 Jonathan McClory, “The Soft Power 30: Global Ranking of Soft Power,” Portland Communications and USC Center on Public Diplomacy, 2017, https://softpower30.com/wp-content/uploads/2017/07/The-Soft-Power-30-Report-2017-Web-1.pdf.

4 Kai-Ping Huang and Bridget Welsh, “Trends in Soft Power in East Asia: Distance, Diversity and Drivers,” *Global Asia* 12, no. 1 (2017): 112–17.

5 Indians also make up 22 percent of Kuwait’s population, 20 percent of Oman’s and Bahrain’s populations, and 16 percent of Qatar’s population.

6 Jung-Mee Hwang, “Local Citizenship and Policy Agenda for ‘Foreign Residents’ in East Asia,” in *Multicultural Challenges and Sustainable Democracy in Europe and East Asia*, ed. Nam-Kook Kim (New York: Palgrave Macmillan, 2014), 129–52.

7 Katharine H. S. Moon, “South Korea’s Demographic Changes and Their Potential Impact,” East Asia Policy Paper no. 6, Brookings Institution, October 2015, https://www.brookings.edu/wp-content/uploads/2016/06/South-Koreas-demographic-changes-and-their-political-impact.pdf.

8 It should be noted, however, that many Chinese women marrying Korean men are ethnically Korean, known as the Chosonjok/Chaoxianzu (Korean tribe). What began as a government-led strategy in 1992 to import Chosonjok women from China has expanded rapidly into moneymaking “marriage tours” by licensed matchmakers and unlicensed traveling marriage brokers.

9 Mark J. Hudson and Mami Aoyama, “Views of Japanese Ethnic Identity Amongst Undergraduates in Hokkaido,” *The Asia-Pacific Journal* 4, no. 5 (2006).

10 Heidi Østbø Haugen, “Destination China: The Country Adjusts to Its New Migration Reality,” Migration Policy Institute, March 4, 2015, https://www.migrationpolicy.org/article/destination-china-country-adjusts-its-new-migration-reality.

11 Arabs report the highest levels of racist sentiment in the world as expressed by people’s responses to questions such as whether they would accept as a neighbor someone from another religious or ethnic group. See Roberto Foa, “Creating an Inclusive Society: Evidence from Social Indicators and Trends,” presention at the UN Department of Economic and Social Affairs Expert Group Meeting, 2015.

12 UN World Tourism Organization, *UNWTO World Tourism Barometer*, vol. 15, March 2017, http://cf.cdn.unwto.org/sites/all/files/pdf/unwto_barom17_02_mar

excerpt.pdf.

13 Hindi-language Bollywood films make up less than half of India's total output of 2,000 films per year. India's highest-grossing film of all time comes from its Telugu-language productions ("Tollywood"), *Baahubali* (parts I and II).

14 R. Viswanathan, "India and Latin America: A New Perception and a New Partnership," Elcano Royal Institute, July 22, 2014, https://www.files.ethz.ch/isn/182336/ARI37-2014-Viswanathan-India-Latin-America-new-perception-new-partnership.pdf.

15 Notably, Western periodicals devoted to "Asia" have historically covered the full geographic spectrum of the region, not just East Asia. Most prominently, the British *Journal of the Royal Asiatic Society* has been publishing articles on the literature and arts of cultures from Arabia to Southeast Asia since 1834. The Royal Netherlands Institute of Southeast Asian and Caribbean Studies, part of the University of Leiden, has since 1851 been assembling anthropological materials on Indonesia especially and continues to be an important stop for regional researchers. The first US publication covering the wider Asian geography was titled *Asia*, the journal of the American Asiatic Association. From the 1920s to the 1940s, it provided glossy reportage on and coverage of European imperial machinations, as well as US entreaties to the region as the United States' presence across the Pacific grew stronger after the defeat of Spain in the Philippines in 1898.

尾 声 亚洲的全球化未来

1 Henry Kissinger, *World Order* (New York: Penguin Press, 2014).

参考文献

Abu-Lughod, Janet L. *Before European Hegemony: The World System, A.D. 1250–1350.* London: Oxford University Press, 1989.

Acharya, Amitav. "Asia Is Not One." *Journal of Asian Studies* 69, no. 4 (2010): 1001–13

——. *The End of American World Order.* London: Polity Press, 2014.

——, and Barry Buzan. *Non-Western International Relations Theory: Perspectives on and Beyond Asia.* City: Routledge, 2010.

Alden, Edward. *Failure to Adjust: How Americans Got Left Behind in the Global Economy.* New York: Rowan and Littlefield, 2016.

Alexievich, Svetlana. *Secondhand Time: The Last of the Soviets.* New York: Random House, 2017.

Allen, Barry. *Vanishing into Things: Knowledge in Chinese Tradition.* Cambridge, MA: Harvard University Press, 2015.

Allison, Graham, Robert D. Blackwill, Henry Kissinger, and Ali Wyne. *Lee Kuan Yew: The Grand Master's Insights on China, the United States, and the World.* Cambridge, MA: MIT Press, 2012.

Amrith, Sunil. *Crossing the Bay of Bengal: The Furies of Nature and the Fortunes of Migrants.* Cambridge, MA: Harvard University Press, 2013.

——. *Migration and Diaspora in Modern Asia.* Cambridge, UK: Cambridge University Press, 2011.

Amyx, Jennifer, and Peter Drysdale, eds. *Japanese Governance: Beyond Japan Inc.* New York: Routledge, 2003.

Asian Development Bank. *Asian Development Outlook 2014: Fiscal Policy for Inclusive*

Growth. Manila: Asian Development Bank, 2014.

——. *Asian Development Outlook 2016: Asia's Potential Growth*. Manila: Asian Development Bank, 2016.

——. *Asian Economic Integration Report 2016: What Drives Foreign Direct Investment in Asia and the Pacific?* Manila: Asian Development Bank, 2016.

—— and Asian Development Bank Institute. *Infrastructure for a Seamless Asia*. Manila: Asian Development Bank Institute, 2009.

Auslin, Michael. *The End of the Asian Century: War, Stagnation, and Risks to the World's Most Dynamic Region*. New Haven, CT: Yale University Press, 2017.

Ayoob, Mohammed. *Will the Middle East Implode?* London: Polity, 2014.

Ayres, Alyssa. *Our Time Has Come: How India Is Making its Place in the World*. New York: Oxford University Press, 2017.

Bagchi, Prabodh Chandra. *India and China: Interactions Through Buddhism and Diplomacy–A Collection of Essays by Professor Prabodh Chandra Bagchi*. Compiled by Bangwei Wang and Tansen Sen. Delhi: Anthem Press India, 2012.

Balazs, Étienne. *Chinese Civilization and Bureaucracy: Variations on a Theme*. Trans. H. M. Wright. New Haven, CT: Yale University Press, 1964.

Balwin, Richard E. *The Great Convergence: Information Technology and the New Globalization*. Cambridge, MA: Harvard University Press, 2016.

Banomyong, Ruth. "Supply Chain Dynamics in Asia," ADBI Working Paper no. 184, Asian Development Bank Institute, January 2010. https://www.adb.org/sites/default/files/publication/156039/adbi-wp184.pdf.

Basu, Prasenjit K. *Asia Reborn: A Continent Rises from the Ravages of Colonialism and War to a New Dynamism*. New Delhi: Aleph, 2017.

Bayly, Christopher. *The Birth of the Modern World, 1789–1914*. London: Blackwell, 2004.

Beckwith, Christopher I. *Empires of the Silk Road: A History of Central Eurasia from the Bronze Age to the Present*. Princeton, NJ: Princeton University Press, 2011.

Bell, Daniel. *The China Model: Political Meritocracy and the Limits of Democracy*. Princeton, NJ: Princeton University Press, 2015.

Benedict, Ruth. *The Chrysanthemum and the Sword*. New York: Houghton, Mifflin, 1946.

Bennett, Bruce W. "Preparing North Korean Elites for Unification." Santa Monica, CA: RAND Corporation, 2017.

Berger, Mark. *The Battle for Asia: From Decolonization to Globalization*. New York: Routledge, 2004.

Bestor, Theodore C. *Tsukiji: The Fish Market at the Center of the World*. Berkeley: University of California Press, 2004.

Bhabha, Homi K. *The Location of Culture.* New York: Routledge, 1994.

Biran, Michael, and Amitai Reuvan. *Nomads as Agents of Cultural Change: The Mongols and Their Eurasian Predecessors.* Manoa: University of Hawai'i Press, 2014.

Bose, Sugata. *A Hundred Horizons: The Indian Ocean in the Age of Global Empire.* Cambridge, MA: Harvard University Press, 2006.

Bourdaghs, Michael. *Sayonara Amerika, Sayonara Nippon: A Geopolitical Prehistory of J-Pop.* New York: Columbia University Press, 2012.

Brautigam, Deborah. *Will Africa Feed China?* New York: Oxford University Press, 2015.

Brierley, Saroo. *A Long Way Home: A Memoir.* New York: Penguin Books, 2014.

Bulman, David J. "Governing for Growth and the Resilience of the Chinese Communist Party." Harvard Kennedy School Ash Center for Democratic Governance and Innovation, April 2016. http://ash.harvard.edu/files/ash/files/261226_ash_bulman_web.pdf?m=1461352909.

Bunton, Martin, and William L. Cleveland. *A History of the Modern Middle East.* New York: Avalon Publishing, 2009.

Buzan, Barry. *Regions and Powers: The Structure of International Security.* Cambridge, UK: Cambridge University Press, 2003.

——, and Richard Little. *International Systems in World History: Remaking the Study of International Relations.* London: Oxford University Press, 2000.

Chakravorty, Sanjoy, Devesh Kapur, and Nirvikar Singh. *The Other One Percent: Indians in America.* New York: Oxford University Press, 2017.

Chaudhuri, Kirti N. *Asia Before Europe: Economy and Civilisation of the Indian Ocean from the Rise of Islam to 1750.* Cambridge, UK: Cambridge University Press, 1990.

Chellaney, Brahma. *Water, Peace, and War: Confronting the Global Water Crisis.* New York: Rowman & Littlefield, 2013.

Chong, Ja Ian. "Diverging Paths? Singapore-China Relations and the East Asian Maritime Domain." Maritime Awareness Project. April 26, 2017. http://maritimeawarenessproject.org/wp-content/uploads/2017/04/analysis_chong_04262017-1.pdf.

Chou, Rosalind, and Joe Feagin. *Myth of the Model Minority: Asian Americans Facing Racism.* New York: Paradigm Publishers, 2008.

Chua, Beng Huat. *Liberalism Disavowed: Communitarianism and State Capitalism in Singapore.* Singapore: National University of Singapore Press, 2017.

Clarke, Michael E. *Xinjiang and China's Rise in Central Asia–A History.* City: Routledge,

2011.
Coedis, George. Walter F. Vella, ed., Susan Brown Cowing, trans. *The Indianized States of Southeast Asia*. Manoa: University of Hawai'i Press, 1968.
Cohen, Warren I. *East Asia at the Center.* New York: Columbia University Press, 2000.
Cole, Bernard. *China's Quest for Great Power: Ships, Oil and Foreign Policy.* Annapolis: Naval Institute Press, 2016.
Coll, Steve. *Directorate S: The CIA and America's Secret Wars in Afghanistan and Pakistan.* New York: Penguin, 2018.
Conrad, Sebastian. *What Is Global History?* Princeton, NJ: Princeton University Press, 2016.
Cotterell, Arthur. *A History of Southeast Asia.* London: Marshall Cavendish, 2014.
Cunningham, Edward. "China's Most Generous: Understanding China's Philanthropic Landscape." Harvard Kennedy School Ash Center for Democratic Governance and Innovation, 2015. http://ash.harvard.edu/files/ash/files/china_philanthropy_report_final.pdf?m=1453851156.
Daly, Jonathan. *The Rise of Western Power: A Comparative History of Western Civilization.* London: Bloomsbury, 2013.
Desvaux, Georges, Jonathan Woetzel, Tasuku Kuwabara, Michael Chui, et al. "How a Private-Sector Transformation Could Revive Japan." McKinsey Global Institute, March 2015. https://www.mckinsey.com/featured-insights/employment-and-growth/how-a-private-sector-transformation-could-revive-japan.
Di Cosmo, Nicola. *Ancient China and Its Enemies: The Rise of Nomadic Power in East Asian History.* Cambridge, UK: Cambridge University Press, 2002.
Dikotter, Frank. *Mao's Great Famine: The History of China's Most Devastating Catastrophe, 1958–62.* London: Bloomsbury Publishing, 2010.
Dollar, David. "China as a Global Investor." Brookings Institution Asia Working Group Paper 4, May 2016.
Donald S. Lopez, Jr. *Living in the Chinese Cosmos: Understanding Religion in Late-Imperial China (1644–1911).* Princeton, NJ: Princeton University Press, 1996.
Dower, John. *Embracing Defeat: Japan in the Wake of World War II.* New York: W. W. Norton, 1999.
Duara, Prasenjit. *The Crisis of Global Modernity: Asian Traditions and a Sustainable Future.* Cambridge, UK: Cambridge University Press, 2015.
Dychtwald, Zak. *Young China: How the Restless Generation Will Change Their Country and the World.* New York: St. Martin's Press, 2018.

Ebinger, Charles K. "India's Energy and Climate Policy: Can India Meet the Challenge of Industrialization and Climate Change?" Brookings Institution Energy Security and Climate Initiative Policy Brief 16-01, June 2016. https://www.brookings.edu/wp-content/uploads/2016/07/india_energy_climate_policy_ebinger.pdf.

Economy, Elizabeth, and Michael Levi. *By All Means Necessary: How China's Resource Quest Is Changing the World.* New York: Oxford University Press, 2014.

Ehteshami, Anoushiravan. *Dynamics of Change in the Persian Gulf: Political Economy, War and Revolution.* New York: Routledge, 2013.

Eichengreen, Barry, and Masahiro Kawai, eds. *Renminbi Internationalization: Achievements, Prospects, and Challenges.* Washington, DC: Brookings Institution Press, 2015.

Ellis, Peter, and Mark Roberts. *Leverage Urbanization in South Asia: Managing Spatial Transformation for Prosperity and Livability.* Washington, DC: World Bank, 2015.

Emmerson, Donald K. "ASEAN Between China and America: Is It Time to Try Horsing the Cow?" *TRaNS: Trans-Regional and National Studies of Southeast Asia* 5, no. 1 (2017): 1–23.

Ferchen, Matt. "China, Economic Development, and Global Security: Bridging the Gaps." Carnegie-Tsinghua Center for Global Policy, December 2016. https://carnegieendowment.org/files/CP_289_Ferchen_China_Final.pdf.

Fingar, Thomas. *The New Great Game: China and South and Central Asia in the Era of Reform.* Stanford, CA: Stanford University Press, 2016.

Flanagan, Owen. *The Geography of Morals: Varieties of Moral Possibility.* New York: Oxford University Press, 2017.

Frank, Andre Gunder, and Barry Hills, eds. *The World System: Five Hundred Years or Five Thousand?* New York Routledge, 1994.

Frankopan, Peter. *The Silk Roads: A New History of the World.* London: Bloomsbury, 2015.

Freier, Nathan P. "At Our Own Peril: DoD Risk Assessment in a Post-Primacy World." Strategic Studies Institute and Army War College Press, June 2017. https://ssi.armywarcollege.edu/pdffiles/PUB1358.pdf.

French, Howard. *Everything Under the Heavens: How the Past Helps Shape China's Push for Global Power.* New York: Victoria Scribe Publications, 2017.

Friedrich, Johannes, Mengpin Ge, and Thomas Damassa. "Infographic: What Do Your Country's Emissions Look Like?" World Resources Institute, June 23, 2015. http://www.wri.org/blog/2015/06/infographic-what-do-your-countrys-emissions-look.

Frost, Ellen L. *Asia's New Regionalism.* Boulder: Lynne Rienner Publishers, 2008.

Fujitani, Takashi. *Race for Empire: Koreans as Japanese and Japanese as Americans During World War II.* Berkeley: University of California Press, 2013.

Fukuyama, Francis. *Political Order and Political Decay: From the Industrial Revolution to the Globalization of Democracy.* New York: Farrar, Straus and Giroux, 2014.

Fuller, Graham. *World Without Islam.* San Francisco: Back Bay, 2012.

Gabuev, Alexander. "China and Russia: Friends with Strategic Benefits." The Lowy Institute, April 7, 2017. https://www.lowyinstitute.org/the-interpreter/china-and-russia-friends-strategic-benefits.

Gerges, Fawaz. *Journey of the Jihadist: Inside Muslim Militancy.* New York: Houghton Mifflin Harcourt, 2006.

Golden, Peter B. *Central Asia in World History.* London: Oxford University Press, 2011.

Goody, Jack. "Eurasia and East-West Boundaries," *Diogenes* 50, no. 4 (2003): 115–18.

——. *The Eurasian Miracle.* New York Wiley, 2013.

Gordon, Andrew. *A Modern History of Japan: From Tokugawa Times to the Present.* New York: Oxford University Press, 2003.

Graham, Allison. *Destined For War: Can America and China Escape Thucydides's Trap?* New York: Houghton Mifflin Harcourt, 2017.

Green, Michael. *By More than Providence: Grand Strategy and American Power in the Asia Pacific Since 1783.* New York: Columbia University Press, 2017.

Gupta, Anil K., Girija Pande, and Haiyan Wang. *The Silk Road Rediscovered: How Indian and Chinese Companies are Becoming Globally Stronger by Winning in Each Other's Markets.* London: Jossey-Bass, 2014.

Hamid, Shadi, and William McCants, eds. *Rethinking Political Islam.* New York: Oxford University Press, 2017.

Hansen, Valerie. *The Silk Road: A New History.* New York: Oxford University Press, 2012.

Hardy, Alfredo Toro. *Understanding Latin America: A Decoding Guide.* London: World Scientific, 2017.

He, Baogang. *Contested Ideas of Regionalism in Asia.* New York: Routledge, 2017.

Hellenthal, Garrett, George B. J. Busby, Gavin Band, James F. Wilson, et al. "A Genetic Atlas of Human Admixture History." *Science* 343, no. 6172 (2014): 747–51.

Herberg-Rothe, Andreas, and Key-young Son. *Order Wars and Floating Balance: How the Rising Powers Are Reshaping Our Worldviews in the Twenty-first Century.* New York: Routledge, 2017.

Hobsbawm, Eric J. *The Age of Empire, 1875–1914.* New York: Pantheon, 1987.

Hodgson, Marshall G. S. *Islam: Conscience and History in a World Civilization.* Chicago: University of Chicago Press, 1974.

——. *Rethinking World History: Essays on Europe, Islam and World History.* Cambridge, UK: Cambridge University Press, 1993.

Holcombe, Charles. *The Genesis of East Asia, 221 B.C.–A.D. 907.* Ann Arbor: Association for Asian Studies and University of Hawai'i Press, 2001.

——. *A History of East Asia: From the Origins of Civilization to the Twenty-first Century.* Cambridge, UK: Cambridge University Press, 2010.

Hong, Euny. *The Birth of Korean Cool: How One Nation Is Conquering the World Through Pop Culture.* London: Picador, 2014.

Hoodbhoy, Pervez. "Saudizing Pakistan: How Pakistan Is Changing and What This Means for South Asia and the World" In *Routledge Handbook of Contemporary Pakistan*, ed. Aparna Pande. Abingdon, UK: Routledge, 2018.

Hopkins, Antony G., ed. *Globalization in Word History.* London: Palgrave Macmillan, 2006.

Hopkirk, Peter. *The Great Game: The Struggle for Empire in Central Asia.* London: Kodansha International, 1992.

Horsley, Jamie P. "Will Engaging China Promise Good Governance?" Brookings Institution John L. Thornton China Center Strategy Paper no. 2, Jan. 2017. https://www.brookings.edu/wp-content/uploads/2017/01/fp_201701_will_engaging_china_promote_good_governance2.pdf.

Huang, Jing, and Alexander Korolev, eds. *International Cooperation in the Development of Russia's Far East and Siberia.* New York: Palgrave Macmillan, 2015.

——, eds. *The Political Economy of Pacific Russia: Regional Developments in East Asia.* New York: Palgrave Macmillan, 2017.

Hu-DeHart, Evelyn, and Kathleen López. "Asian Diasporas in Latin America and the Caribbean: An Historical Overview." *Afro-Hispanic Review* 27, no. 1 (2008): 9–21.

Huebner, Stefan. *Pan-Asian Sports and the Emergence of Modern Asia, 1913–74.* Singapore: National University of Singapore Press, 2016.

Huntington, Samuel P. *The Clash of Civilizations and the Remaking of World Order.* New York: Simon & Schuster, 1996.

Ikeda, Satoshi. "The History of the Capitalist World-System vs. the History of East-Southeast Asia." *Review* 19, no. 1 (1996): 49–77.

Ito, Takatoshi, Hugh Patrick, and David E. Weinstein, eds. *Reviving Japan's Economy:*

Problems and Prescriptions. Cambridge, MA: MIT Press, 2005.
Jansen, Marius B. *The Making of Modern Japan*. Cambridge, MA: Harvard University Press, 2000.
Jaros, Kyle A. "Urban Champions or Rich Peripheries? China's Spatial Development Dilemmas." Harvard Kennedy School Ash Center for Democratic Governance and Innovation, April 2016. http://ash.harvard.edu/files/ash/files/261226_ash_jaros_web.pdf?m=1461696669.
Johnston, Alastair I. *Cultural Realism: Strategic Culture and Grand Strategy in Chinese History*. Princeton, NJ: Princeton University Press, 1995.
Joseph, Mathew C. "China-South Asia Strategic Engagements—2: Bhutan-China Relations." National University of Singapore Institute of South Asian Studies Working Paper no. 157, August 23, 2012. https://www.files.ethz.ch/isn/152366/ISAS_Working_Paper_157_-_Bhutan_-_China_23082012174042.pdf.
Kang, David C. *East Asia Before the West: Five Centuries of Trade and Tribute*. New York: Columbia University Press, 2012.
——. "Hierarchy and Legitimacy and International Systems: The Tribute System in Early Modern Asia," *Security Studies* 4, no. 19 (2010): 591–622.
——. "Why Was There No Religious War in Premodern East Asia?" *European Journa of International Relations* 20, no. 4 (2014): 965–86.
Kaplan, Robert D. *Marco Polo's World: War, Strategy, and American Interests in the 21st Century*. New York: Random House, 2018.
——. *Monsoon: The Indian Ocean and the Future of American Power*. New York: Random House, 2010.
Katzenstein, Peter J., ed. *Sinicization and the Rise of China: Civilizational Processes Beyond East and West*. City: Routledge, 2013.
——, and Takashi Shiraishi, eds. *Beyond Japan: The Dynamics of East Asian Regionalism*. New York: Cornell University Press, 2006.
Kavalski, Emilian. *The Guanxi of Relational International Theory*. New York: Routledge, 2018.
Keen, Andrew. *How to Fix the Future*. New York: Atlantic Monthly Press, 2018.
Kikuchi, Tomoo, and Wang Zi. "The Missing Link: Financial Development and Technology in Southeast Asia." Brink Asia, Feb. 23, 2017. http://www.brinknews.com/asia/the-missing-link-financial-development-and-technology-in-south-east-asia/.
King, Stephen D. *Grave New World: The End of Globalization, the Return of History*. New

Haven, CT: Yale University Press, 2017.
Kissinger, Henry. *On China.* New York: Penguin, 2011.
——. *World Order.* New York: Penguin, 2014.
Koo, Richard C. *The Other Half of Macroeconomics and the Fate of Globalization.* London: John Wiley & Sons, 2018.
Korolev, Alexander. "The Strategic Alignment Between Russia and China: Myths and Reality." Lee Kuan Yew School of Public Policy Research Paper no. 15–19, April 15, 2015.
——, and Jing Huang, eds. *International Cooperation in the Development of Russia's Far East and Siberia.* New York: Springer, 2015.
Kroeber, Arthur. *China's Economy: What Everyone Needs to Know.* New York: Oxford University Press, 2016.
Kulke, Hermann. "The Naval Expeditions of the Cholas in the Context of Asian History." In *Nagapattinam to Suvarnadwipa: Reflections on the Chola Naval Expeditions to Southeast Asia*, ed. Hermann Kulke, K. Kesavapany, and Vijay Sakhuja. Singapore: ISEAS-Yusof Ishak Institute, 2009.
Kumar, Niraj. *Asia in Post-Western Age.* New Delhi: KW Publishers, 2014.
Kushida, Kenji. "Japan's Startup Ecosystem: From Brave New World to Part of Syncretic 'New Japan.'" *Asian Research Policy* 7, no. 1 (2016): 66–77.
Kynge, James. *China Shakes the World: A Titan's Breakneck Rise and Troubled Future.* New York: Houghton Mifflin, 2006.
Lach, Donald F. *Asia in the Making of Europe.* Vol. 1: *The Century of Discovery.* Chicago: University of Chicago Press, 1965.
Lahoud, Nelly, and Anthony H. Johns, eds. *Islam in World Politics.* New York: Routledge, 2005.
Lai, Walton Look, and Tan Chee-Beng, eds. *The Chinese in Latin America and the Caribbean.* New York: Brill, 2010.
Lal, Vinay. *Empire and Knowledge: Culture and Plurality in the Global Economy.* London: Pluto Press, 2002.
Landes, David S. *The Wealth and Poverty of Nations: Why Some Are So Rich and Some So Poor.* New York W. W. Norton, 1998.
——. "Why Europe and the West? Why Not China?" *Journal of Economic Perspectives* 20, no. 2 (2006): 3–22.
Lankov, Andrei. *The Real North Korea: Life and Politics in the Failed Stalinist Utopia.* London: Oxford University Press, 2013.

Lapidus, Ira. *A History of Islamic Societies.* Cambridge, UK: Cambridge University Press, 1988.

Levitsky, Steven. *How Democracies Die.* New York: Crown, 2018.

Lewis, Martin M., and Karen Wigen. *The Myth of Continents: A Critique of Metageography.* Berkeley: University of California Press, 1997.

Li, Cheng. *Chinese Politics in the Xi Jinping Era: Reassessing Collective Leadership.* Washington, DC: Brookings Institution Press, 2016.

——, and Lucy Xu. "Chinese Think Tanks: A New 'Revolving Door' for Elite Recruitment." Brookings Institution, Feb. 10, 2017. https://www.brookings.edu/opinions/chinese-think-tanks-a-new-revolving-door-for-elite-recruitment/.

Lieberthal, Kenneth. *Governing China: From Revolution Through Reform.* New York: W. W. Norton, 1995.

Lipman, Jonathan. *Familiar Strangers: A History of Muslims in Northwest China.* Seattle:: University of Washington Press, 1998.

Liu, John Chung-En. "Assembling China's Carbon Markets: The Carbons, the Business, and the Marginalised." Harvard Kennedy School Ash Center for Democratic Governance and Innovation, June 2016. http://ash.harvard.edu/files/ash/files/assembling_chinas_carbon_markets.pdf?m=1466106853.

Lockard, Craig. *Societies, Networks, and Transitions: A Global History.* New York: Houghton Mifflin , 2010.

Ma, Debin. "The Great Silk Exchange: How the World was Connected and Developed." In *Pacific Centuries: Pacific and Pacific Rim History Since the Sixteenth Century*, ed. Dennis O. Flynn, Lionel Frost, and A.J.H. Latham. London: Routledge, 1999, 38–69.

Ma, Laurence J. C., and Carolyn Cartier, eds. *The Chinese Diaspora: Space, Place, Mobility, and Identity.* New York: Rowman & Littlefield, 2003.

Macaes, Bruno. *The Dawn of Eurasia: On the Trail of the New World Order.* London: Allen Lane, 2018.

MacFaquhar, Roderick. *The Politics of China: Sixty Years of the People's Republic of China.* Cambridge, UK: Cambridge University Press, 2011.

Maddison, Angus. *Contours of the World Economy, 1–2030 AD: Essays in Macro-Economic History.* New York: Oxford University Press, 2007.

Mahbubani, Kishore. *The Great Convergence: Asia, the West, and the Logic of One World.* New York: Public Affairs, 2013.

——. *The New Asian Hemisphere: The Irresistible Shift of Global Power to the East.* New York: Public Affairs, 2008.

——, and Jeffery Sng. *The ASEAN Miracle: A Catalyst for Peace*. Singapore: National University of Singapore Press, 2017.

Manuel, Anja. *This Brave New World: India, China, and the United States*. New York: Simon & Schuster, 2017.

Mao, Joyce. *Asia First: China and the Making of Modern American Conservatism*. Chicago: University of Chicago Press, 2015.

Masterson, Daniel M., and Sayaka Funada-Classen. *The Japanese in Latin America*. Urbana: University of Illinois Press, 2004.

McGregor, Richard. *Asia's Reckoning: China, Japan, and the Fate of U.S. Power in the Pacific Century*. New York: Viking, 2017.

McNeill, William Hardy. *The Rise of the West: A History of the Human Community*. Chicago: University of Chicago Press, 1964.

Miller, James, ed. *Chinese Religions in Contemporary Societies*. Santa Barbara, CA: ABC-CLIO Press, 2006.

Miller, Tom. *China's Asian Dream: Empire Building Along the New Silk Road*. London: Zed Books, 2017.

Millward, James A. *Eurasian Crossroads: A History of Xinjiang*. New York: Columbia University Press, 2007.

Mishra, Pankaj. *From the Ruins of Empire: The Intellectuals Who Remade Asia*. New York: Farrar, Staus and Giroux, 2012.

Mittal, Sachin, and James Lloyd. "The Rise of FinTech in China: Redefining Financial Services." DBS and Ernst & Young, November 2016. https://www.ey.com/Publication/vwLUAssets/ey-the-rise-of-fintech-in-china/$FILE/ey-the-rise-of-fintech-in-china.pdf.

Miyoshi, Masao, and H. D. Harootunian, eds. *Japan in the World*. Chapel Hill, NC: Duke University Press, 1993.

——, eds. *Learning Places: The Afterlives of Area Studies*. Chapel Hill, NC: Duke University Press, 2002.

——, eds. *Off Center: Power and Culture Relations Between Japan and the United States*. Chapel Hill, NC: Duke University Press, 1991.

——, eds. *Postmodernism and Japan*. Chapel Hill, NC: Duke University Press, 1989.

Morichi, Shigeru, and Surya Raj Acharya, eds. *Transport Development in Asian Megacities: A New Perspective*. New York: Springer, 2012.

Morris, Ian. *Why the West Rules–for Now: The Patterns of History, and What They Reveal About the Future*. New York: Profile, 2011.

Morris-Suzuki, Tessa. *Re-inventing Japan: Time, Space, Nation*. Armonk, NY: M. E. Sharpe, 1998.

Mounk, Yascha. *The People vs. Democracy: Why Our Freedom Is in Danger and How to Save It*. Cambridge, MA: Harvard University Press, 2018.

Nadella, Satya. *Hit Refresh: The Quest to Rediscover Microsoft's Soul and Imagine a Better Future for Everyone*. New York: HarperBusiness, 2017.

Nakane, Chie. *Japanese Society*. Berkeley: University of California Press, 1970.

National Geographic. "Asia: Human Geography." National Geographic, Jan. 4, 2012. https://www.nationalgeographic.org/encyclopedia/asia-human/.

National Geographic. "Asia: Physical Geography." National Geographic, Jan. 4, 2012. https://www.nationalgeographic.org/encyclopedia/asia/.

Needham, Joseph. *Science and Civilization in China*. Vol. 1. Cambridge, UK: Cambridge University Press, 1954.

Newland, Sara A. "Growing Apart? Challenges to High-Quality Local Governance and Public Service Provision on China's Ethnic Periphery." Harvard Kennedy School Ash Center for Democratic Governance and Innovation, July 2016. http://ash.harvard.edu/files/ash/files/growing_apart.pdf.

Nijman, Jan, Peter O. Muller, and Harm J. de Blij, eds. *Geography: Realms, Regions, and Concepts*. 17th ed. New York: Wiley, 2016.

Nisbett, Richard E. *The Geography of Thought: How Asians and Westerners Think Differently . . . And Why*. New York: Free Press, 2003.

Nussbaum, Felicity A., ed. *The Global Eighteenth Century*. Baltimore: Johns Hopkins University Press, 2003.

Ocampo, Anthony. *The Latinos of Asia: How Filipino Americans Break the Rules of Race*. Stanford, CA: Stanford University Press, 2016.

Orekhanov, Serafim. "Generation Youtube: How Millennials Are Shaping Russian Politics." Carnegie Moscow Centre, Apr. 2017.

Osnos, Evan. *Age of Ambition: Chasing Fortune, Truth, and Faith in the New China*. New York: Farrar, Straus and Giroux, 2014.

Pan, Zhongqi. "Guanxi, Weiqi and Chinese Strategic Thinking." *Chinese Political Science Review* 1, no. 2 (2016): 303–21.

Park, Cyn-Young Park. "Developing Local Currency Bond Markets in Asia," Asian Development Bank Economics Working Paper no. 495, August 2016. https://www.adb.org/sites/default/files/publication/190289/ewp-495.pdf.

Park, Jehoon, T. J. Pempel, and Gérard Roland, eds. *Political Economy of Northeast*

Asian Regionalism: Political Conflict and Economic Integration. London: Edward Elgar, 2008.

Park, Yeonmi. *In Order to Live: A North Korean Girl's Journey to Freedom*. New York: Penguin, 2015.

Pei, Minxin. *China's Crony Capitalism: The Dynamics of Regime Decay*. Cambridge, MA: Harvard University Press, 2016.

——. *China's Trapped Transition: The Limits of Developmental Autocracy*. Cambridge, MA: Harvard University Press, 2006.

——. *From Reform to Revolution: The Demise of Communism in China and the Soviet Union*. Cambridge, MA: Harvard University Press, 1994.

Pempel, T. J. *The Economic-Security Nexus in Northeast Asia*. New York: Routledge, 2012.

——, ed. *Remapping East Asia: The Construction of a Region*. New York: Cornell University Press, 2004.

——, and Keiichi Tsunekawa, eds. *Two Crises, Different Outcomes: East Asia and Global Finance*. New York: Cornell University Press, 2015.

Plummer, Michael G., Peter J. Morgan, and Ganeshan Wignaraja, eds. *Connecting Asia: Infrastructure for Integrating South and Southeast Asia*. London: Edward Elgar Publishing, 2016.

Pollack, Jonathan D.. "Order at Risk: Japan, Korea and the Northeast Asian Paradox." Brookings Institution Asia Working Group Paper 5, September 2016. https://www.brookings.edu/wp-content/uploads/2016/09/fp_20160901_north east_asian_paradox_v2.pdf.

Pomeranz, Kenneth. *The Great Divergence: China, Europe, and the Making of the Modern World Economy*. Princeton, NJ: Princeton University Press, 2000.

Porter, Michael E., Jan W. Rivkin, Mihir A. Desai, and Manjari Raman. "Problems Unsolved and a Nation Divided: The State of U.S. Competitiveness 2016." Harvard Business School, September 2016. https://www.hbs.edu/competitiveness /Documents/problems-unsolved-and-a-nation-divided.pdf.

Rachman, Gideon. *Easternisation: War and Peace in the Asian Century*. London: Bodley Head, 2016.

Rein, Shaun. *The War for China's Wallet: Profiting from the New World Order*. Boston: Walter de Gruyter, 2017.

Roberts, Anthea. *Is International Law International?* New York: Oxford University Press, 2017.

Roberts, John Morris, and Odd Arne Westad. *The History of the World*. New York:

Oxford University Press, 2013.

Robinson, Andrew. *India: A Short History*. London: Thames & Hudson, 2014.

Samuels, Richard J. *Securing Japan: Tokyo's Grand Strategy and the Future of East Asia*. New York: Cornell University Press, 2007.

Sanyal, Sanjeev. *The Ocean of Churn: How the Indian Ocean Shaped Human History*. New York: Penguin Random House, 2016.

Sato, Kazuo, ed. *The Transformation of the Japanese Economy*. Armonk, NY: M. E. Sharpe, 1999.

Schroder, Christopher. *Startup Rising: The Entrepreneurial Revolution Remaking the Middle East*. City: Palgrave Macmillan, 2013.

Schuman, Michael. *The Miracle: The Epic Story of Asia's Quest for Wealth*. New York: HarperBusiness, 2010.

Sen, Tansen. *India, China, and the World: A Connected History*. New York: Rowman & Littlefield, 2017.

——. "The Intricacies of Premodern Asian Connections." *The Journal of Asian Studies* 69, no. 4 (2010): 991–99.

Shambaugh, David. *China Goes Global: The Partial Power*. New York: Oxford University Press, 2013.

——. *China's Future*. Cambridge, UK: Polity Press, 2016.

——, and Michael Yahuda, eds. *International Relations of Asia*. New York: Rowman and Littlefield, 2008.

Sharma, Ashok. "Australia-India Relations: Trends and the Prospects for a Comprehensive Economic Relationship." ASARC Working Paper, February 2016. https://acde.crawford.anu.edu.au/sites/default/files/publication/acde_crawford_anu_edu_au/2016-09/asarc_wp_2016-02_sharma.pdf.

Shin, Gi-Wook, Michael H. Armacost, Takeo Hoshi, Karl Eikenberry, et al. "President Trump's Asia Inbox." Walter H. Shorenstein Asia-Pacific Research Center, Feb. 10, 2017. https://fsi-live.s3.us-west-1.amazonaws.com/s3fs-public/president_trumps_asia_inbox.pdf.

Simpfendorfer, Ben. *The New Silk Road: How a Rising Arab World Is Turning Away from the West and Rediscovering China*. New York: Palgrave Macmillan, 2011.

Singh, Daljit, Norshahril Saat, Malcolm Cook, and Tang Siew Mun. "Southeast Asia Outlook 2017." ISEAS Yusof Ishak Institute, January 2017. https://www.iseas.edu.sg/images/pdf/ISEAS_Perspective_2017_1.pdf.

Sioris, George A. "Buddhism in Asia: Tolerance and Syncretism." *The Tibet Journal*

13, no. 1 (1988): 20–29.

Smith, Patrick. *Somebody Else's Century: East and West in a Post-Western World.* London: Pantheon, 2010.

Sneider, Daniel C., Yul Sohn, and Yoshihide Soeya. "US-ROK-Japan Trilateralism: Building Bridges and Strengthening Cooperation." National Bureau of Asian Research Report no. 59, July 2016. http://www.nbr.org/publications/specialreport/pdf/sr59_trilateralism_july2016.pdf.

Spence, Jonathan. *The Chan's Great Continent: China in Western Minds.* New York: Penguin, 1999.

——. *The Search for Modern China.* New York: W. W. Norton, 1990.

Stanislaw, Joseph, and Daniel Yergin. *The Commanding Heights: The Battle for the World Economy.* New York: Free Press, 2008.

Steinfield, Edward S. *Playing Our Game: Why China's Rise Doesn't Threaten the West.* Oxford: Oxford University Press, 2012.

Stockwin, Arthur, and Kweku Ampiah. *Rethinking Japan: The Politics of Contested Nationalism.* Lanham, MD: Lexington Books, 2017.

Studwell, Joe. *How Asia Works: Success and Failure in the World's Most Dynamic Region.* New York: Grove Press, 2014.

Su, Fei, and Lora Saalman. "China's Engagement of North Korea: Challenges and Opportunities for Europe." Stockholm International Peace Research Institute, February 2017. https://www.sipri.org/sites/default/files/Chinas-engagement-North-Korea.pdf.

Sun, Yun. "Rising Sino-Japanese Competition in Africa." Brookings Institution, August 31, 2016. https://www.brookings.edu/blog/africa-in-focus/2016/08/31/rising-sino-japanese-competition-in-africa/.

Sunstein, Cass R. *Can It Happen Here? Authoritarianism in America.* New York: HarperCollins, 2018.

Tan, Chee Beng, and Walton Look Lai, eds. *The Chinese in Latin America and the Caribbean.* Leiden, Netherlands: Brill, 2010.

Tanaka, Nobuo. "What Should China and India Do to Cooperate Globally in Energy Policies?" Lee Kuan Yew School of Public Policy Research Paper no. 14-02, March 31, 2014.

Teets, Jessica C. *Civil Society Under Authoritarianism: the China Model.* Cambridge, UK: Cambridge University Press, 2014.

Tellis, Ashely J., Alison Szalwinski, and Michael Wills, eds. *Strategic Asia 2016–17: Understanding Strategic Cultures in the Asia-Pacific.* Seattle: National Bureau of Asian

Research, 2016.

Tharoor, Shashi. *Inglorious Empire: What the British Did to India*. London: Hurst, 2017.

Trenin, Dmitri. *What Is Russia Up to in the Middle East?* London: Polity Press, 2018.

Unschuld, Paul U. *The Fall and Rise of China: Healing the Trauma of History*. London: Reaktion Books, 2013.

Vaitheeswaran, Vijay. "What China Can Learn from the Pearl River Delta." *The Economist*, April 8, 2017.

Vlastos, Stephen. *Mirror of Modernity: Invented Traditions of Modern Japan*. Berkeley: University of California Press, 1998.

Vogel, Steven K. *Japan Remodeled: How Government and Industry Are Reforming Japanese Capitalism*. New York: Cornell University Press, 2006.

Wan, Ming. *The Political Economy of East Asia: Striving for Wealth and Power*. Washington, DC: CQ Press, 2008.

Weatherford, Jack. *Genghis Khan and the Making of the Modern World*. New York: Broadway Books, 2004.

Westad, Odd Arne. *The Global Cold War: Third World Interventions and the Making of Our Times*. Cambridge, UK: Cambridge University Press, 2007.

——. *Restless Empire: China and the World Since 1750*. New York: Basic Books, 2012.

Westerfield, H. Bradford. *Foreign Policy and Party Politics: Pearl Harbor to Korea*. New Haven, CT: Yale University Press, 1955.

White, Hugh. *The China Choice: Why We Should Share Power*. London: Oxford University Press, 2013.

Wood, Francis. *Great Books of China*. New York: BlueBridge, 2017.

World Atlas. "Asia." World Atlas, November 14, 2016. https://www.worldatlas.com/webimage/countrys/as.htm.

World Bank. "World Development Indicators." World Bank, 2017. http://databank.worldbank.org/data/reports.aspx?source=world-development-indicators.

World Economic Forum, "The Inclusive Development Index 2018: Summary and Data Highlights." World Economic Forum. http://www3.weforum.org/docs/WEF_Forum_IncGrwth_2018.pdf.

Wright, Robert. *Why Buddhism Is True: The Science and Philosophy of Meditation and Enlightenment*. New York: Simon & Schuster, 2017.

Wright, Tom. *All Measures Short of War: The Contest for the 21st Century and the Future of American Power*. New Haven, CT: Yale University Press, 2017.

Wu, Ellen. *The Color of Success*. Princeton, NJ: Princeton University Press, 2014.

Wu, Kang, and Jane Nakano. "The Changing Political Economy of Energy in China." Center for Strategic & International Studies, December 2016. https://csis-prod.s3.amazonaws.com/s3fs-public/publication/161214_WuNakano_PoliticalEconomyEnergyChina_Web.pdf.

Xuetong, Yan, Daniel A. Bell, and Sun Zhe, eds. *Ancient Chinese Thought, Modern Chinese Power.* Trans. Edmund Ryden. Princeton, NJ: Princeton University Press, 2011.

Xuetong, Yan. "The Instability of China-US Relations." *The Chinese Journal of International Politics* 3, no. 3 (2010): 263–92.

Yamamura, Kozo, and Yasukichi Yasuba, eds. *The Political Economy of Japan 1: The Domestic Transformation.* Stanford, CA: Stanford University Press, 1987.

Young, Louise. *Japan's Total Empire: Manchuria and the Culture of Wartime Imperialism.* City: University of California Press, 1998.

Youngshik, Bong, and T. J. Pempel, eds. *Japan in Crisis: What Will It Take for Japan to Rise Again?* Seoul: Asan Institute, 2012.

Zahidi, Saadia. *Fifty Million Rising: The New Generation of Working Women Transforming the Muslim World.* New York: Nation Books, 2018.

Zhao, Tingyang. "Rethinking Empire from a Chinese Concept 'All-under-Heaven' (Tian-xia, 天下)." *Social Identities* 12, no. 1 (2006): 29–41.

图表来源

XI Graphic by Casey Kalman

XIV Source: World Bank; graphic by Casey Kalman

111 Source: United Nations; graphic by Casey Kalman

118 Source: United Nations, *Atlas of Economic Complexity*; graphic by Casey Kalman

158 Source: *CIA World Factbook*; graphic by Casey Kalman

172 Source: World Bank; graphic by Casey Kalman

264 Source: World Bank, Economist Intelligence Unit; graphic by Casey Kalman